OAuth 2.0 쿡북

Spring Security를 이용한
OAuth 애플리케이션 개발

아돌포 엘로이 나시멘토 지음

윤우빈 옮김

Packt> i!i 에이콘

| 지은이 소개 |

아돌포 엘로이 나시멘토 ^{Adolfo Eloy Nascimento}

Elo7의 소프트웨어 엔지니어로서 컴퓨터 과학 학사 학위를 취득했고, 1999년부터 소프트웨어 개발 업무를 수행해왔다. 2003년에 ASP, PHP4/5, 자바스크립트와 자바(때로는 루비 온 레일즈 애플리케이션의 유지 보수 작업도 수행)를 이용한 웹 애플리케이션 개발을 시작했다. 마이크로서비스 아키텍처를 이용한 애플리케이션 설계와 퍼블릭 API를 모델링하고 상호작용하기 위해 2년 전부터 OAuth 2.0을 사용하기 시작했다.

기술 애호가로서 프로그래밍 언어와 새로운 기술에 대한 것을 읽고 배우는 것을 좋아한다. 또한 새로운 애플리케이션을 만드는 것뿐만 아니라 자신이 습득한 지식을 공유하는 것도 중요하다고 믿기 때문에 개인 블로그에 글을 쓰고 브라질에 있는 자바 매거진에 기사를 쓰거나 기술 도서를 집필하고 있다.

이 책을 쓰는 동안 모든 것을 지원하고 이해를 해준 제닌에게 감사를 드린다. 그녀의 지원이 없었다면 이 책을 쓰는 것은 불가능했을 것이다. 또한 내가 교육을 받을 수 있도록 지원을 아끼지 않은 부모님께도 감사를 드린다. 이 책의 리뷰를 수락하고 각 장의 품질을 개선할 수 있게 도움을 준 라파엘 몬테이로에게도 감사를 드린다. 마지막으로 팩트출판사에 감사를 드리며, 특히 라홀과 니키타는 이 책을 쓰는 내내 많은 도움을 줬다.

| 기술 감수자 소개 |

라파엘 몬테이로 페레이라 Rafael Monteiro e Pereira

브라질 상파울루에 있는 매켄지 대학에서 컴퓨터 과학을 전공했다. 언제나 필수적이며 고성능인 소프트웨어 개발을 좋아했다. 또한 소프트웨어 보안도 좋아했는데, 특히 칼리 리눅스와 그것이 제공하는 놀라운 툴을 가지고 노는 것을 좋아했다. 그리고 발견되길 기다리는 새로운 보안 취약점은 항상 존재한다고 믿는다.

스타트업 기업인 Elo7에서 빅데이터/검색 소프트웨어 엔지니어로서 일했으며, BM&F 보페스파 Bovespa와 같은 금융 관련 기업에서는 자체 트레이딩 플랫폼을 개발했다. 이타우-유니뱅코 Itaú-Unibanco에서는 새로운 빅데이터 플랫폼에 대한 선임 소프트웨어 엔지니어로 일했다.

| 옮긴이 소개 |

윤우빈(ybwbok@gmail.com)

기존의 IT 기술과 새로 만들어지고 있는 최신 기술을 보안이라는 관점에서 이해하고, 새로운 기술, 비즈니스 영역의 새로운 보안 위협과 그에 대한 대응 기술에 대해 고민하며, 에이콘출판사를 통해 다양한 보안 관련 지식을 공유하고자 노력 중이다. 지금도 여전히 새로운 분야에 대한 보안 기술 연구와 다양한 보안 기술 개발을 위해 진땀 흘리고 있다.

OAuth 2.0은 현재 광범위하게 사용되고 있는 인가^{Authorization} 프로토콜이다. 상대적으로 구현이 간단할 뿐만 아니라 다양한 확장성을 제공하고 있기 때문에 많이 사용된다고 할 수 있다. 즉, 데스크톱 애플리케이션, 모바일 앱, 그리고 웹 애플리케이션 등 다양한 형태의 애플리케이션에서 인가 플로우를 간단히 개발할 수 있게 해준다.

이 책을 통해 매우 다양한 형태의 OAuth 2.0 애플리케이션과 그 확장된 기능 구현에 대해 배울 수 있다. 즉, Spring Security를 이용해 다양한 형태의 OAuth 2.0 인가 플로우뿐만 아니라 동적 클라이언트 등록, 토큰 인트로스펙션, PKCE, JWT 액세스 토큰, OpenID Connect 같은 확장된 주제와 기능을 어떻게 구현하면 되는지 예제 코드를 기반으로 실질적으로 가이드한다. 또한 OAuth 2.0 클라이언트와 서버 간에 발생할 수 있는 보안 취약점과 그것을 방지하기 위한 방법을 제시한다.

OAuth 2.0은 엄밀히 말하면 인증^{Authentication} 프로토콜이 아닌 인가 프로토콜이기 때문에 인증 프로토콜이 추가로 필요한 애플리케이션인 경우 OAuth 2.0을 확장해서 인증을 구현하거나 별도의 인증 프로토콜을 구현하는 데 대해 좀 더 깊이 생각할 수 있는 계기가 되길 희망한다.

끝으로 언제나 좋은 IT 서적을 출판하기 위해서 노력하고 항상 가족처럼 대해주시는 에이콘출판사 가족들께 감사의 말을 전합니다.

| 차례 |

OAuth 2.0은 인가를 위한 표준 프로토콜이며, 클라이언트 개발자가 웹 애플리케이션과 데스크톱 애플리케이션, 모바일 폰 등을 위한 인가 플로우를 간단히 개발할 수 있게 하는 데 초점을 맞추고 있다. OAuth 스펙 문서가 있지만 복잡하다고 생각할 수도 있다. 이 책은 간단한 예제를 통해 OAuth 2.0을 이용할 수 있도록 도움을 준다. 흥미로운 예제를 통해 다양한 애플리케이션에 대한 특정 인가 플로우를 설명하며, Spring Security를 이용하고 안드로이드 애플리케이션을 만들어 실제적인 문제를 해결할 수 있는 유용한 방법을 제공한다.

▌ 이 책의 구성

1장, OAuth 2.0 기본에서는 독자가 페이스북이나 링크드인, 구글 같이 공개된 OAuth 2.0 API와 상호작용할 수 있도록 간단한 예제를 통해 OAuth 2.0의 기본을 설명한다.

2장, OAuth 2.0 프로바이더 구현에서는 OAuth 2.0 프로바이더 구현 방법을 설명하며, 인가 서버와 리소스 서버가 다른 OAuth 2.0 그랜트 타입을 고려하는 것에도 도움을 준다. 또한 다른 데이터베이스에 액세스 토큰을 저장함으로써 리프레시 토큰을 효과적으로 처리하는 방법도 설명한다.

3장, OAuth 2.0 보호 API에서는 OAuth 2.0 스펙에서 설명하는 모든 그랜트 타입과 상호작용할 수 있는 OAuth 2.0 클라이언트 애플리케이션 만드는 방법을 설명한다. 또한 클라이언트에서 리프레시 토큰을 관리하는 방법도 설명한다.

4장, OAuth 2.0 프로파일에서는 몇 가지 OAuth 2.0 프로파일과 Spring Security

OAuth2를 이용해 그것을 구현하는 방법을 설명한다. 프로파일은 토큰 폐기와 토큰을 원격에서 확인할 수 있게 해주는 토큰 인트로스펙션처럼 OAuth 2.0 스펙에서 다루고 있지 않는 특정 시나리오를 처리하는 데 이용된다. 또한 원격에서 토큰을 확인할 때 캐시를 사용하는 시기와 방법에 대한 몇 가지 가이드를 제공한다.

5장, JWT에서는 OAuth 2.0 액세스 토큰으로 JWT를 사용하는 방법을 설명하며, JWT 액세스 토큰에 의해 전달되는 내용을 보호하기 위해서 서명과 암호화를 제공하는 JWS 와 JWE 같은 확장된 JWT의 구현 방법을 설명한다. 또한 OAuth 2.0에서 소유 증명 키를 이용해 애플리케이션의 보안성을 향상시킬 수 있는 좋은 방법도 설명한다.

6장, 인증을 위한 OpenID Connect에서는 인가와 인증의 차이점, OAuth 2.0이 어떻게 인증 프로토콜을 구축하는지 설명한다. OpenID Connect의 사용 방법을 설명하기 위해 모든 예제는 OpenID Connect 프로바이더가 아닌 클라이언트 애플리케이션을 대상으로 한다.

7장, 모바일 클라이언트 구현에서는 안드로이드용 OAuth 2.0 네이티브 모바일 클라이 언트 구현 방법을 다룬다. 네이티브 앱을 위한 OAuth 2.0이라는 이름으로 최근에 공개된 스펙에서 기술하고 있는 몇 가지 가이드라인도 설명한다.

8장, 보안 취약점 방지에서는 OAuth 2.0 생태계에서 고려해야 하는 OAuth 2.0의 주 요 구성 요소를 좀 더 효과적으로 보호할 수 있는 방법을 설명한다.

▌ 준비 사항

이 책의 예제를 실행하려면 기본적으로 JDK 8과 메이븐^{Maven}, MySQL, 레디스^{Redis}가 필요하다. JDK 8은 http://www.oracle.com/technetwork/java/javase/downloads/ jdk8-downloads-2133151.html에서 다운로드할 수 있다. 메이븐은 https://maven. apache.org/download.cgi에서 다운로드하고 설치 방법을 볼 수 있다. MySQL은

https://dev.mysql.com/downloads/에서 독자의 운영체제에 맞는 커뮤니티 버전을 다운로드하면 된다. 일부 예제는 레디스를 사용하며, 레디스는 https://redis.io/download 에서 다운로드할 수 있다. 이 책에서 만드는 애플리케이션과 상호작용하기 위해 API에 HTTP 요청을 보내기 위한 툴도 필요하다. https://curl.haxx.se/download.html에서 다운로드할 수 있는 CURL과 https://www.getpostman.com/에서 다운로드할 수 있는 PostMan을 추천한다.

또한 코드를 작성하기 위한 자바 IDE와 네이티브 모바일 클라이언트를 위한 안드로이드 스튜디오도 필요하다.

▌ 이 책의 대상 독자

이 책은 API 보안과 OAuth 2.0에 대한 기술을 향상시키고자 하는 소프트웨어 엔지니어와 보안 전문가를 대상으로 한다. 또한 안드로이드 모바일 애플리케이션뿐만 아니라 Spring Boot 애플리케이션을 위한 OAuth 2.0 지원을 프로그램적으로 추가하고자 하는 개발자에게도 도움을 주고자 한다. 프로그래밍 지식과 기본적인 웹 개발에 대한 이해가 필요하다. 이 책 전반에 걸쳐 Spring Security OAuth2를 이용하기 때문에 사전에 Spring 프레임워크에 대한 경험이 있다면 도움이 될 것이다.

▌ 절의 구성

이 책에서는 준비, 예제 구현, 예제 분석, 부연 설명과 같은 제목이 자주 나온다. 예제를 잘 따라 할 수 있게 각 부분을 다음과 같이 사용한다.

준비

이번 예제에서 해야 할 것을 알아보고, 예제에 필요한 소프트웨어와 기타 기본 설정들을 살펴본다.

예제 구현

예제를 따라 하는 데 필요한 각 단계들이 들어 있다.

예제 분석

보통 앞 절에서 진행된 작업에 대한 자세한 설명이 들어 있다.

부연 설명

독자들이 예제를 통해 더 많은 지식을 얻을 수 있게 예제와 관련된 부가 정보들이 들어 있다.

참고 사항

예제와 관련된 유용한 정보가 있는 링크를 제공한다.

▌ 편집 규약

이 책에서는 독자의 이해를 돕고자 다루는 정보에 따라 글꼴 스타일을 다르게 적용했다. 이러한 스타일의 예제와 의미는 다음과 같다.

텍스트에서 코드 단어와 데이터베이스 테이블 이름, 폴더 이름, 파일 이름, 파일 확장자, 경로, 더미 URL, 사용자 입력, 트위터 핸들은 다음과 같이 표시한다.

"src/main/resources/templates 디렉토리 안에 첫 번째 웹 페이지인 index.html을 만들어보자."

코드 블록은 다음과 같이 표시한다.

```
public class Entry {
    private String value;
    public Entry(String value)
    { this.value = value; }
    public String getValue( )
    { return value; }
}
```

커맨드라인 입력이나 출력은 다음과 같이 표시한다.

```
curl -X POST --user clientapp:123456 http://localhost:8080/oauth/token -H
"content-type: application/x-www-form-urlencoded" -d "code=5sPk8A&grant_
type=authorization_code&redirect_uri=http%3A%2F%2Flocal
```

새로운 용어와 중요한 단어는 고딕체로 표시한다. 예를 들어 메뉴나 대화상자에서 화면에 표시되는 단어는 다음과 같이 표시한다.

"리다이렉트 URI 콜백으로 다시 리다이렉트되게 Authorize를 클릭한다."

 경고나 중요한 내용은 이와 같이 나타낸다.

 팁이나 요령은 이와 같이 나타낸다.

▌ 독자 의견

독자로부터의 피드백은 항상 환영한다. 이 책에 대해 무엇이 좋았는지 또는 좋지 않았는지 소감을 알려주길 바란다. 독자 피드백은 앞으로 더 좋은 책을 발행하는 데 매우 중요하다.

일반적인 피드백을 우리에게 보낼 때는 간단하게 feedback@packtpub.com으로 이메일을 보내면 되고, 메시지의 제목에 책 이름을 적으면 된다.

여러분이 전문 지식을 가진 주제가 있고, 책을 내거나 책을 만드는 데 기여하고 싶다면 www.packtpub.com/authors에서 저자 가이드를 참고하길 바란다.

▌ 고객 지원

팩트출판사의 구매자가 된 독자에게 도움이 되는 몇 가지를 제공하고자 한다.

예제 코드 다운로드

이 책에 사용된 예제 코드는 http://www.packtpub.com의 계정을 통해 다운로드할 수 있다. 다른 곳에서 구매한 경우에는 http://www.packtpub.com/support를 방문해 등록하면 파일을 이메일로 직접 받을 수 있다.

코드를 다운로드하려면 다음과 같이 한다.

1. 팩트출판사 웹사이트(http://www.packtpub.com)에서 이메일 주소와 암호를 이용해 로그인하거나 계정을 등록한다.
2. 맨 위에 있는 SUPPORT 탭으로 마우스 포인터를 이동한다.
3. Code Downloads & Errata 항목을 클릭한다.
4. Search 입력란에 책 이름을 입력한다.

5. 코드 파일을 다운로드하려는 책을 선택한다.

6. 드롭다운 메뉴에서 이 책을 구매한 위치를 선택한다.

7. Code Download 항목을 클릭한다.

팩트출판사 홈 페이지에 있는 이 책의 웹 페이지에서 Code Files 버튼을 클릭해 소스 코드 파일을 다운로드할 수도 있다. Search 박스에서 책의 이름을 입력하면 해당 페이지로 갈 수 있다. 주의할 점은 팩트 계정으로 로그인해야 한다는 것이다.

파일을 다운로드한 후에는 다음과 같은 압축 프로그램의 최신 버전을 이용해 파일의 압축을 해제한다.

- **윈도우** WinRAR, 7-Zip
- **맥** Zipeg, iZip, UnRarX
- **리눅스** 7-Zip, PeaZip

코드는 깃허브의 https://github.com/PacktPublishing/OAuth-2.0-Cookbook에서도 다운로드할 수 있다.

다음 주소에서 팩트출판사의 다른 책과 동영상 강좌의 코드도 다운로드할 수 있다.

https://github.com/PacktPublishing/

또한 에이콘출판사의 도서정보 페이지인 http://www.acornpub.co.kr/book/oauth-2-cookbook에서도 예제 코드를 다운로드할 수 있다.

컬러 이미지 다운로드

책에서 사용한 스크린샷/다이어그램의 컬러 이미지를 담고 있는 PDF 파일을 제공한다. 컬러 이미지를 보면 출력 결과의 변화를 더 쉽게 이해할 수 있다. https://www.packtpub.com/sites/default/files/downloads/OAuth2.0Cookbook_ColorImages.

pdf에서 파일을 다운로드할 수 있다.

에이콘출판사의 도서정보 페이지 http://www.acornpub.co.kr/book/oauth-2-cookbook 에서도 컬러 이미지를 다운로드할 수 있다.

정오표

내용을 정확하게 전달하기 위해 최선을 다했지만, 실수가 있을 수 있다. 팩트출판사의 도서에서 문장이든 코드든 간에 문제를 발견해서 알려준다면 매우 감사하게 생각할 것이다. 그런 참여를 통해 그 밖의 독자에게 도움을 주고, 다음 버전의 도서를 더 완성도 높게 만들 수 있다. 오탈자를 발견한다면 http://www.packtpub.com/submiterrata 를 방문해 책을 선택하고, 구체적인 내용을 입력해주길 바란다. 보내준 오류 내용이 확인되면 웹사이트에 그 내용이 올라가거나 해당 서적의 정오표 부분에 그 내용이 추가될 것이다. http://www.packtpub.com/support에서 해당 도서명을 선택하면 기존 정오표를 확인할 수 있다.

한국어판은 에이콘출판사의 도서정보 페이지 http://www.acornpub.co.kr/book/oauth-2-cookbook에서 찾아볼 수 있다.

저작권 침해

인터넷에서의 저작권 침해는 모든 매체에서 벌어지고 있는 심각한 문제다. 팩트출판사에서는 저작권과 사용권 문제를 매우 심각하게 인식한다. 어떤 형태로든 팩트출판사 서적의 불법 복제물을 인터넷에서 발견한다면 적절한 조치를 취할 수 있도록 해당 주소나 사이트명을 알려주길 부탁한다.

의심되는 불법 복제물의 링크는 copyright@packtpub.com으로 보내주길 바란다. 저자와 더 좋은 책을 위한 팩트출판사의 노력을 배려하는 마음에 깊은 감사의 뜻을 전한다.

질문

이 책과 관련해 질문이 있다면 questions@packtpub.com으로 문의하길 바란다. 최선을 다해 질문에 답하겠다. 한국어판에 관한 질문은 이 책의 옮긴이나 에이콘출판사 편집 팀(editor@acornpub.co.kr)으로 문의해주길 바란다.

OAuth 2.0 기본

1장에서 다루는 내용은 다음과 같다.

- OAuth 2.0을 위한 기반 환경 준비
- 클라이언트 측에서 페이스북 사용자의 연락처 읽기
- 서버 측에서 페이스북 사용자의 연락처 읽기
- 링크드인의 보호된 리소스에 접근
- 사용자 세션에 바운딩된 구글의 보호된 리소스에 접근

▌ 소개

1장의 목적은 사람들이 많이 사용하는 웹 애플리케이션과 소셜 미디어의 통합을 돕고, 그와 동시에 OAuth 2.0 스펙의 기본 원칙을 숙지하는 데 있다.

몇 가지 사용 예를 자세히 살펴보기 전에 대부분의 시나리오에 포함되는 공통적인 큰 그림을 먼저 살펴보자. 그럼으로써 OAuth 2.0 스펙의 몇 가지 중요한 개념을 알 수 있고, 이 책의 전체에서 어떤 용어가 사용되는지 인지할 수 있을 것이다.

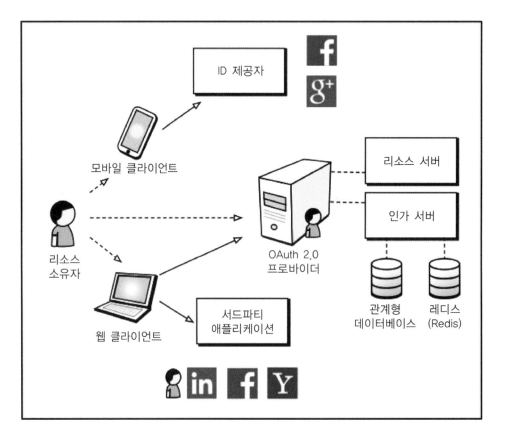

이 그림은 OAuth 2.0의 네 가지 주요 구성 요소를 보여준다.

- 리소스 소유자^{Resource Owner}

24

- 인가 서버^{Authorization Server}
- 리소스 서버^{Resource Server}
- 클라이언트^{Client}

각 구성 요소의 목적을 살펴보면 리소스 소유자는 자신의 리소스를 사용할 수 있게 서드파티 애플리케이션에게 권한을 위임하는 사용자다. 여기선 언급된 서드파티 애플리케이션은 클라이언트를 의미하며, 모바일 클라이언트^{Mobile client}와 웹 클라이언트^{Web Client}로 표현된다. 일반적으로 사용자의 리소스는 리소스 서버에 의해 유지되고 보호된다. 리소스 서버는 인가 서버와 함께 하나의 구성 요소로 구현되기도 한다. OAuth 2.0으로 보호되는 애플리케이션의 용어를 단순화시키기 위해 인가 서버와 리소스 서버의 조합을 OAuth 2.0 프로바이더^{Provider}라고 한다.

▋ 기반 환경 준비

이 책의 대부분 예제가 자바로 작성되기 때문에 IDE^{Integrated Development Environment}가 필요하고, 간단한 웹 애플리케이션(OAuth 2.0 프로토콜은 HTTP를 사용하게 설계됐음)을 작성하는 데 필요한 Spring과 같은 괜찮은 프레임워크가 필요하다. 이 절에서는 Spring 관련 기술의 사용을 단순화하기 위해 Spring Boot를 사용해서 애플리케이션을 준비하는 방법을 설명한다. 즉, 예제 엔드포인트를 제공하고 Maven을 사용해서 프로젝트를 실행하는 방법을 알아본다.

준비

앞서 언급했듯이 Spring 프레임워크를 기반으로 하는 애플리케이션을 쉽게 개발할 수 있게 도와주는 Spring Boot 프레임워크를 이용한다. 이를 위해서 인터넷을 통해 파일을 다운로드할 수 있는 환경과 올바로 설정된 자바 8과 CURL 툴이 필요하다.

CURL은 커맨드라인에서 HTTP 요청을 실행시킬 수 있는 툴이다. 리눅스와 맥 OS에서는 기본으로 탑재돼 있지만, 윈도우에서는 그렇지 않기 때문에 설치해야 한다. https://curl.haxx.se/download.html에서 다운로드한 다음 압축을 풀고 윈도우의 PATH 환경 변수에 실행 파일의 경로를 추가하면 된다.

예제 구현

다음은 기반 환경을 준비하고 Spring Initializr 웹 사이트에서 간단한 프로젝트를 만드는 방법과 Maven 명령으로 실행하는 방법이다.

1. https://start.spring.io/에 방문해서 Spring Initializr 서비스로 프로젝트를 생성한다. Spring Initializr는 프로젝트를 시작하기 위한 여러 가지 옵션을 제공한다. 즉, 프로젝트 종속성을 관리하기 위해서 Maven을 사용할 것인지 아니면 Gradle을 사용할 것인지, 그리고 어떤 버전의 Spring Boot를 사용할 것인지 설정할 수 있다. 심지어는 사용할 언어(Java, Groovy, Kotlin)를 선택할 수도 있다.

2. 간단한 테스트를 위해 프로젝트 관리는 기본 설정 값인 Maven Project를 사용하고, 1.5.7 버전의 Spring Boot와 Java 언어를 선택한다.

3. Project Metadata의 Group 필드를 com.packt.example로 변경한다.

4. Project Metadata의 Artifact 이름을 simplemvc로 변경한다.

5. Dependencies 섹션에는 web을 입력해서 Full-stack web development with Tomcat and Spring MVC를 선택한다. 그러면 Selected Dependencies 바로 아래에 Web 태그를 볼 수 있을 것이다.

Dependencies

Add Spring Boot Starters and dependencies to your application

Search for dependencies

```
Web, Security, JPA, Actuator, Devtools...
```

Selected Dependencies

`Web ×`

6. 모든 필요한 설정을 한 다음에는 Generate Project 버튼을 클릭한다. 그러면 브라우저가 Downloads 폴더에 ZIP 파일을 다운로드하기 시작할 것이다.

7. 파일 다운로드가 완료되면 해당 파일의 압축을 풀고 생성된 프로젝트의 구조를 살펴보기 위해 IDE로 임포트한다. 이클립스 사용자라면 Maven 프로젝트로 임포트하기만 하면 된다.

8. SimplemvcApplication 클래스를 열면 IDE에서 다음과 같은 코드를 보게 될 것이다.

```
@SpringBootApplication
public class SimplemvcApplication {
    public static void main(String[] args) {
        SpringApplication.run(SimplemvcApplication.class, args);
    }
}
```

9. SimplemvcApplication 클래스에 @Controller 어노테이션을 추가해서 컨트롤러로 만든다.

```
@Controller @SpringBootApplication
public class SimplemvcApplication {
    public static void main(String[] args) {
        SpringApplication.run(SimplemvcApplication.class, args);
```

```
        }
    }
```

10. 클래스가 컨트롤러로 선언됐기 때문에 엔드포인트를 정의할 수 있고, 프로젝트가 제대로 동작하는지 확인할 수 있다. SimplemvcApplication 클래스에 다음과 같은 getMessage 메소드를 추가한다.

```
@GetMapping("/message")
public ResponseEntity<String> getMessage() {
    return ResponseEntity.ok("Hello!");
}
```

11. 이클립스 IDE 내에서 프로젝트를 실행시키려면 SimplemvcApplication 클래스를 자바 애플리케이션으로 실행시키면 된다. 즉, 클래스 이름에서 마우스 오른쪽 클릭을 한 다음 Run As ❯ Java Application 메뉴를 선택하면 된다.

12. 애플리케이션이 실행되면 다음과 같은 출력 콘솔에서 메시지를 보게 될 것이다.

```
Started SimplemvcApplication in 13.558 seconds (JVM running for 14.011)
```

13. 애플리케이션이 정상적으로 동작하는지 확인하기 위해서 다음과 같은 명령을 실행한다(Hello라는 문자가 출력되는지 확인하면 된다).

```
curl http://localhost:8080/message
```

14. 커맨드라인 명령을 좋아한다면 다음과 같은 Maven 명령으로 애플리케이션을 실행할 수도 있다(커맨드라인에서 Maven으로 애플리케이션을 실행시키려면 Maven을 설치해야 한다. Maven 설치에 대해서는 다음 절에서 설명한다).

```
mvn spring-boot:run
```

15. Maven을 설치하지 않았다면 먼저 https://maven.apache.org/download.cgi 에서 최신 버전을 다운로드해야 한다. 이 책을 쓰는 시점의 최신 버전은 apache-maven-3.5.0-bin.tar.gz다.

16. 파일을 다운로드한 다음에는 해당 파일의 압축을 원하는 곳에 해제한 후 Maven 명령을 실행시키면 된다.

17. Maven 웹 사이트에서 압축 파일을 다운로드해 압축을 해제한 디렉토리의 전체 경로를 복사한다. 맥 OS나 리눅스를 사용한다면 커맨드라인으로 해당 디렉토리로 이동해서 pwd 명령으로 전체 경로를 구하면 된다.

18. 그런 다음에는 Maven 디렉토리 경로를 PATH 환경 변수에 추가해야 한다. 리눅스나 맥 OS를 사용한다면 .bash_profile 파일에 MVN_HOME 변수를 만들어서 PATH 환경 변수의 끝부분에 MVN_HOME을 추가한다.

```
MVN_HOME=/Users/{your_user_name}/maven-3.5.0
export PATH=$PATH:$MVN_HOME/bin
```

 .bash_profile 파일은 사용자의 디렉토리에 존재해야 한다. 따라서 그 파일을 수정하려면 /Users/{your_user_name}/.bash_profile을 열거나 좀 더 간단히 말하면 ~/.bash_profile 파일을 열어야 한다. 윈도우를 사용한다면 그래픽 사용자 인터페이스를 통해 모든 환경 변수를 수정할 수 있다.

19. 파일을 수정한 이후에는 source ~/.bash_profile 명령으로 수정된 내용을 다시 로드해야 한다.

20. Maven이 완벽히 실행되는지 확인하려면 다음과 같은 명령을 실행해보면 된다.

```
mvn --version.
```

참고 사항

- OAuth 2.0 스펙인 RFC 6749는 https://tools.ietf.org/html/rfc6749에서 참고할 수 있다.
- Spring Boot에 대해서는 https://docs.spring.io/spring-boot/docs/current/reference/htmlsingle/을 참고하면 된다.

예제 분석

Spring Boot를 사용하기 때문에 Spring MVC와 Spring Security 같은 프로젝트를 이용할 수 있다. 그 Spring 프로젝트들은 웹 애플리케이션, REST API를 작성하는 데 도움이 되며, 애플리케이션의 보안성을 높이는 데도 도움이 된다. 예를 들어 Spring Security OAuth2 프로젝트를 이용하면 클라이언트와 마찬가지로 OAuth 2.0 프로바이더를 구성할 수 있다. 자신의 OAuth 프로바이더를 작성하려고 하는 사람이 너무 많은 세부 사항을 다뤄야 한다는 점 때문에 안전하지 않은 OAuth 프로바이더가 자연스럽게 만들어질 수 있다. 하지만 Spring Security OAuth2는 개발자가 고려해야 하는 주요 사항들을 해결해준다.

또한 Spring Boot는 애플리케이션의 초기 구동 단계를 쉽게 만들어준다. Spring Boot 없이 Spring 프로젝트를 생성하면 라이브러리의 종속성과 충돌을 직접 처리해야 한다. 이 문제를 해결하기 위해 Spring Boot는 미리 구성된 몇 가지 모듈을 제공한다. 예를 들어 Spring Data JPA를 이용하는 애플리케이션이 있다면 `hibernate`와 `entity-manager`, `transaction-api`를 위한 모든 종속성을 선언하지 않고 `spring-boot-starter-data-jpa`만 선언하면 자동으로 필요한 모든 것이 임포트된다.

Spring Boot를 사용하면서 Pivotal(현재 Spring을 관리)이 제공하는 Spring Initializr 서비스를 사용하면 더 쉬워질 수 있다.

부연 설명

자바로 표현되는 예제들은 모두 자바 IDE에서 실행시킬 수 있지만 이 책에서는 그 대신 전 세계 개발자들 사이에서 가장 널리 사용되는 이클립스를 사용한다. 이클립스가 아닌 선호하는 IDE가 있다면 그것을 사용해도 된다.

요즘에는 많은 프로젝트가 Gradle을 이용하는 추세지만 그럼에도 불구하고 여전히 많은 개발자가 Maven을 이용해서 자신의 프로젝트를 만들고 프로젝트와 종속성을 관리한다. 따라서 IDE 플러그인의 버그와 기타 여러 가지 유형의 이슈를 피하기 위해 Maven을 사용할 것이다. 또한 이 책을 집필할 때를 기준으로 봤을 때 이클립스 IDE에 Maven 플러그인이 포함돼 있지만, Gradle의 경우에는 그렇지 않았다. 따라서 이클립스에서 Gradle로 프로젝트를 실행시키려면 특정 플러그인을 설치해야만 한다.

참고 사항

Spring Boot는 다양한 툴과 라이브러리를 이용하는 애플리케이션 개발에 도움이 되는 많은 Starter를 제공한다. 좀 더 자세한 것을 알아보려면 http://docs.spring.io/spring-boot/docs/1.5.7.RELEASE/reference/htmlsingle/#using-boot-starter를 참고하면 된다.

▌ 클라이언트 측에서 페이스북 사용자의 연락처 읽기

이번 절에서는 사용자의 웹 브라우저에서 직접 실행되는 공개용 클라이언트에 적합한 암시적 그랜트^{Implicit grant} 타입을 이용해서 페이스북과 연동하는 방법을 설명한다.

 이미 알고 있겠지만, 그랜트 타입은 애플리케이션이 인가 서버에게 액세스 토큰을 요청하는 방법을 정의한다. 그리고 개발되는 클라이언트의 유형에 따라 특정 그랜트 타입이 적용될 수 있다. OAuth 2.0 스펙에서는 public과 confidential이라는 두 가지 유형의 클라이언트를 정의한다.

준비

먼저 Spring Boot로 웹 애플리케이션을 생성해야 한다. 또한 애플리케이션을 페이스 북에 등록할 필요도 있다. 이는 OAuth 2.0에서 중요한 과정 중 하나다. OAuth 프로바이더로서 페이스북은 어떤 클라이언트가 액세스 토큰을 요청하는지 알 필요가 있고, 리소스 소유자(사용자) 또한 누가 자신의 프로파일에 접근하고자 하는지를 알아야 하기 때문이다.

예제 구현

OAuth 2.0의 클라이언트 측 플로우를 이용해서 페이스북과 연동하는 클라이언트 애플리케이션을 만들기 위해 다음 과정을 수행한다.

1. 우선 페이스북 계정이 있어야 하고, 새로운 애플리케이션은 페이스북에 등록해야 한다는 점을 기억해야 한다. https://developers.facebook.com/apps/으로 가면 다음과 같은 화면을 보게 될 것이다.

2. 애플리케이션 등록을 하기 위해 Create a New App을 클릭하면 애플리케이션
   의 이름을 정의할 수 있는 인터페이스를 보게 된다.

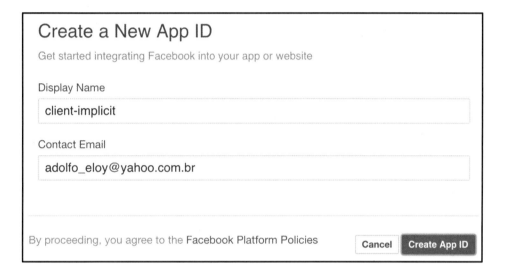

3. Create App ID를 클릭하면 다음과 같은 새로 생성된 애플리케이션 대시보드
   를 보게 될 것이다.

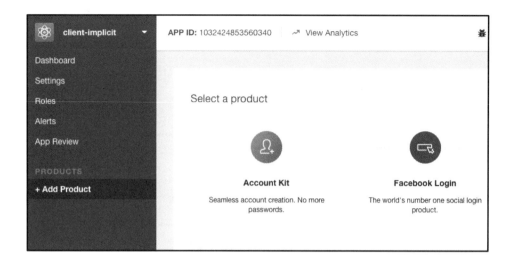

4. 페이스북의 Graph API를 사용해서 사용자의 연락처 정보를 얻으려면 먼저 페이스북이 제공하는 몇 가지 제품 중 하나를 선택해야 한다. 필요한 것을 얻기 위해 Facebook Login 박스에서 Set Up 버튼을 클릭한다.

5. Set Up 버튼을 클릭한 다음에는 Web 플랫폼을 선택한다.

6. Web platform을 선택한 다음에는 애플리케이션의 Site URL을 입력한다. 여기서는 존재하는 않는 URL인 http://clientimplicit.test를 사용할 것이다.

7. URL을 저장한 이후에는 Continue를 클릭한다.

8. 이제는 왼쪽 패널의 Settings를 클릭해서 애플리케이션의 리다이렉트 URI를 설정해야 한다. 지금 설정하는 것이 실제 제품의 애플리케이션을 위한 것이 아니기 때문에 리다이렉트 URI를 http://localhost:8080/callback으로 설정한다. 그리고 잊지 말고 설정한 것을 저장한다.

9. 왼쪽 패널의 Dashboard를 클릭해서 각각 OAuth 2.0 스펙의 `client_id`와 `client_secret`에 매핑되는 App ID와 App Secret을 확인한다.

10. 다음 스크린샷에 보이는 것처럼 대시보드에서 App ID와 App Secret을 복사한다. 이는 이후의 코딩 작업에 이용된다.

11. 애플리케이션을 페이스북에 등록했다면 이제는 암시적 그랜트^{Implicit grant} 타입 (클라이언트에서 액세스 토큰을 요청)으로 OAuth 2.0 액세스 토큰을 획득하기 위한 코드를 작성할 차례다.

12. Spring Initializr(https://start.spring.io/)를 이용해서 새로운 웹 애플리케이션을 만들고 다음 내용을 정의한다.

    ○ Group을 `com.packt.example`로 설정

    ○ Artifact를 `client-implicit`로 정의

    ○ Dependencies에는 `Web`과 `Thymeleaf`를 추가한다.

13. src/main/resources 디렉토리에 있는 templates 폴더에 client.html 파일을 생성한다.

14. client.html 파일의 내용을 다음과 같이 채운다.

```
<!DOCTYPE html>
<html xmlns:th="http://www.thymeleaf.org">
<head><title>Facebook - client side integration</title></head>
<body>
```

```
Press the following button to start the implicit flow.
<button id="authorize" type="button">Authorize</button>
<div id="box"></div>
</body>
</html>
```

15. client.html 페이지에 추가한 버튼에는 어떤 동작도 정의돼 있지 않다. 따라서
사용자가 암시적 그랜트 타입을 시작하게 만들기 위해 다음과 같은 자바스크
립트 코드를 body 태그 안에 추가한다.

```
<script
src="https://ajax.googleapis.com/ajax/libs/jquery/3.2.1/jquery.min
.js"></script>
<script type="text/javascript" th:inline="javascript">
/*<![CDATA[*/
$(document).ready(function() {
    $("#authorize").click(makeRequest);
});

function makeRequest() {
    var auth_endpoint = "https://www.facebook.com/v2.9/dialog/oauth",
        response_type = "token",
        client_id = "1948923582021549",
        redirect_uri = "http://localhost:8080/callback",
        scope = "public_profile user_friends";
    var request_endpoint = auth_endpoint + "?" +
        "response_type=" + response_type + "&" +
        "client_id=" + client_id + "&" +
        "redirect_uri=" + encodeURI(redirect_uri) + "&" +
        "scope=" + encodeURI(scope);

    window.location.href = request_endpoint;
}
/*]]>*/
```

```
</script>
```

16. 애플리케이션을 실행시키기 전에 작성한 HTML 코드가 렌더링되도록 URL 패턴을 매핑해야 한다. 이를 위해 ClientImplicitApplication.java 클래스를 다음과 같이 작성한다.

```
@Controller @SpringBootApplication
public class ClientImplicitApplication {
    public static void main(String[] args) {
        SpringApplication.run(ClientImplicitApplication.class, args);
    }

    @GetMapping("/")
    public String client() { return "client"; }
}
```

17. 이 코드에서는 애플리케이션의 루트를 client.html 웹 페이지로 매핑했다. 이제 인가 서버(이 경우에는 페이스북)가 애플리케이션에게 보호된 리소스(친구 목록)에 대한 접근 권한을 부여할 수 있게 됐다. 애플리케이션을 실행시키고 http://localhost:8080/을 방문해보기 바란다.

18. 암시적 그랜트 플로우를 시작하기 위해 client.html의 Authorize 버튼을 클릭하고 페이스북에 로그인한 다음 client-implicit 애플리케이션(client.html 파일에 jquery가 올바로 선언됐는지 확인하기 바란다)이 요청하는 권한을 승인한다.

19. 사용자 동의 페이지에서 요청된 모든 권한을 승인하면 페이스북에 클라이언트를 등록하는 과정에서 설정한 http://localhost:8080/callback URL로 리다이렉트된다. Continue를 클릭한 후 브라우저의 주소 창에 URL 프래그먼트와 수신된 내용을 확인한다. 다음과 같은 형태로 전달된다.

```
http://localhost:8080/callback#access_token=EAAbsiSHMZC60BANUwKBDC
YeySZCjcBpvFuUO1gXsfTGwWjnZAFTAZBIJB62jdUroAcNuZAVWO24yeqo0iazWYyt
VgrQ1bgNWI8vm07Ws4ZCHXpGridHfZB6PQ1rzM4BzP29IljgTTuBLZBFQBEnEn2LJi
OWJjA8J6Y73BLcjIe2vVMZB9c2GnZBpiK4iZAWEtkTsMEZD&expires_in=7152
```

20. 이제는 # 문자 이후에 위치하는 access_token과 expires_in 파라미터를 추출한 후 페이스북의 Graph API를 이용해서 사용자의 친구 목록을 얻으면 된다.

21. 가장 먼저 할 수 있는 것은 디폴트 컨트롤러인 ClientImplicitApplication을 통해서 또 다른 URL 매핑을 만드는 것이다. 파일을 열고 다음과 같은 메소드를 추가해서 페이스북의 리다이렉트를 처리한다.

```
@GetMapping("/callback")
public String callback() { return "callback_page"; }
```

22. 이 코드에서 callback 메소드는 callback_page 문자열을 반환하기 때문에 자동으로 callback_page.html 파일로 매핑된다. 따라서 src/main/resources 프로젝트 디렉토리 안의 templates 폴더에 callback_page.html 파일을 만들어야 한다. 먼저 callback_page.html 파일에 다음과 같은 HTML 콘텐츠를 추가한다.

```
<!DOCTYPE html>
<html>
<head><title>Insert title here</title></head>
<body>
Friends who has also granted client-implicit
<div id="friends">
    <ul></ul>
</div>
</body>
</html>
```

23. URL 프래그먼트로 access_token을 전달받았기 때문에 자바스크립트 코드로 페이스북의 Graph API를 호출해서 사용자의 친구 정보를 가져와 각각의 친구 정보를 <ul> 태그 안에 넣을 것이다. body 태그 이후에 다음과 같은 자바스크립트 코드를 추가한다.

```
<script
src="https://ajax.googleapis.com/ajax/libs/jquery/3.2.1/jquery.min.
js"></script>
<script type="text/javascript">
/*<![CDATA[*/
$(document).ready(function() {
    var fragment = window.location.hash;
});
/*]]>*/
</script>
```

24. fragment 변수에 프래그먼트의 내용이 포함돼 있으므로 자바스크립트 코드의 끝부분에 다음과 같은 함수를 추가한다.

```
function getResponse(fragment) {
    var attributes = fragment.slice(1).split('&');
    var response = {};

    $(attributes).each(function(idx, attr) {
        var keyValue = attr.split('=');
        response[keyValue[0]] = keyValue[1];
    });

    response.hasError = function() {
        return !response['access_token'];
    };

    return response;
```

```
    }
```

---

25. 이 코드에서는 access_token이나 에러 내용이 저장될 response라는 이름의
    객체를 만든다. 안타깝게도 페이스북은 OAuth 2.0 스펙대로 프래그먼트를
    이용하는 대신 URL 질의 파라미터를 이용해서 모든 에러 데이터를 반환한다.
    하지만 getResponse 함수에서 반환하는 객체를 통해 에러가 있는지 정도는
    알 수 있다.

26. 이제는 메인 자바스크립트 코드를 업데이트해보자. 다음 코드는 URL 프래그
    먼트에서 응답을 추출하고 보안을 위해 URL의 프래그먼트를 제거한다. 에러
    가 발생한다면 <div> HTML 태그로 에러 내용을 출력한다.

```
$(document).ready(function() {
    var fragment = window.location.hash;
    var res = getResponse(fragment);
    window.location.hash = '_#';
    if (res.hasError()) {
        $("<div>Error trying to obtain user's
                authorization!</div>").insertBefore('#friends');
        return;
    }
});
```

27. 이제 access_token을 사용해서 페이스북 Graph API와 연동하는 부분을 작성
    해보자. 자바스크립트 코드의 끝부분에 다음과 같은 코드를 추가한다.

```
function getFriends(accessToken, callback) {
    var baseUrl = 'https://graph.facebook.com/v2.9/';
    var endpoint = 'me/friends';
    var url = baseUrl + endpoint;
```

```
$.ajax({
   url: url,
   beforeSend: function(xhr) {
      xhr.setRequestHeader("Authorization", "Bearer " +
            accessToken);
   },
   success: function(result){
      var friends = result.data;
      callback(friends);
   },
   error: function(jqXHR, textStatus, errorThrown) {
      console.log(textStatus);
   }
});
}
```

28. 그리고 이 코드를 호출하도록 메인 자바스크립트 코드를 다음과 같이 수정한다.

```
$(document).ready(function() {
   var fragment = window.location.hash;
   var res = getResponse(fragment);
   window.location.hash = '_#';
   if (res.hasError()) {
      $("<div>Error trying to obtain user's
            authorization!</div>").insertBefore('#friends');
      return;
   }

   getFriends(res['access_token'], function(friends) {
      $(friends).each(function(index, friend) {
         $('#friends').find('ul').append('<li>' + friend.name +
               '</li>');
      });
   });
});
```

```
        });
```

29. 이제는 client-implicit 애플리케이션을 실행시켜 OAut 2.0과 페이스북 Graph API가 실제로 어떻게 사용되는지 살펴볼 차례다.

30. 애플리케이션을 실행시킨다.

31. http://localhost:8080/에서 Authorize 버튼을 클릭한다.

32. 요청된 권한을 승인한다.

33. client-implicit로 리다이렉트되면 웹 브라우저상에서 다음과 같은 형태의 내용을 보게 것이다.

34. 애플리케이션이 아무런 사용자 정보도 출력하지 않을 수도 있다. 페이스북은 애플리케이션을 인가한 친구 정보만을 제공하기 때문이다. 따라서 다른 사용자가 client-implicit 애플리케이션의 사용자이어야 하고, 해당 사용자를 애플리케이션의 테스터로 등록해야 한다.

 버전 42 이상의 파이어폭스를 사용한다면 사용자를 추적하는 도메인에서 로드된 콘텐츠를 차단하기 위해 파이어폭스가 제공하는 추적 방지(Tracking Protection) 기능을 비활성화해야 한다.

예제 분석

OAuth 2.0에서 정의하는 보호된 리소스를 사용하기 위해 사용자 승인을 통한 access_token을 요청하기 전에 client-implicit 애플리케이션을 OAuth 2.0 프로바이더(페이스북)에 등록해야 한다. 클라이언트의 데이터를 관리하는 것은 인가 서버가 담당한다. 페이스북을 이용할 때 인가 서버와 리소스 서버의 경계가 분명하지는 않다. 여기서 가장 중요한 점은 페이스북이 OAuth 2.0 프로바이더 역할을 한다는 것이다.

OAuth 스펙에서 정의한 바와 같이 클라이언트 등록 과정에서 세 개의 중요한 작업을 수행했다. 즉, 클라이언트의 유형을 선택했고, 리다이렉트 URI를 등록했고, 애플리케이션 정보를 입력했다.

애플리케이션을 등록하면 client_id와 client_Secret을 받을 수 있지만 암시적 그랜트 플로우를 사용하기 때문에 client_Secret을 필요로 하지 않는다. 이 첫 번째 예제 애플리케이션은 웹 브라우저에서 직접 실행되기 때문이다. 따라서 client_Secret을 안전하게 보호할 수 있는 방법이 없다. client_Secret을 사용하지 않을 때는 사용자가 자신의 리소스에 대한 접근을 허용한 후 URL 프래그먼트로 전달되는 access_token이 노출되지 않게 조심해야 한다. 애플리케이션이 액세스 토큰을 노출하지 않게 하는 방법 중 하나는 전달된 URL 프래그먼트 부분을 제거하는 것이다.

또 다른 방법으로는 access_token을 외부 서비스로 전송하는 것과 같은 자바스크립트 코드를 사용하지 않는 것이다.

애플리케이션을 등록한 이후에는 페이스북의 Graph API와 효과적으로 상호작용할 수 있게 된다. 이 책을 쓸 당시 Graph API의 최신 버전은 2.9였다. 페이스북은 사용자 로그인을 위한 두 가지 방법을 제공한다.

- 페이스북 SDK를 이용하는 방법
- 로그인 플로우를 직접 만드는 방법

명시적으로 OAuth 2.0 사용을 나타내기 위해 여기서는 로그인 플로우를 직접 만들었다. 따라서 사용자 인증과 인가 절차를 수행하기 위해 `client-implicit` 애플리케이션은 다음과 같은 인가 서버를 위한 URL을 만든다.

```
var request_endpoint = auth_endpoint + "?" +
    "response_type=" + response_type + "&" +
    "client_id=" + client_id + "&" +
    "redirect_uri=" + encodeURI(redirect_uri) + "&" +
    "scope=" + encodeURI(scope);

window.location.href = request_endpoint;
```

사용자가 인가 서버의 엔드포인트로 리다이렉트되면 페이스북은 필요하다면 사용자 인증을 수행하고, 사용자는 클라이언트 애플리케이션이 자신의 리소스를 이용할 수 있게 인가하거나 인가를 거절한다. 일단 사용자가 클라이언트를 인가하면 다시 등록한 리다이렉트 URI인 http://localhost:8080/callback으로 리다이렉트된다.

`access_token`이 전달되면 URL 프래그먼트에서 토큰을 추출하고 그것을 이용해서 페이스북 Graph API를 호출하면 된다.

부연 설명

연습으로 페이스북 SDK를 이용할 수도 있다. 페이스북 SDK는 앞서 설명한 작업을 SDK API로 추상화하는 데 있어서 좀 더 사용하기 간단해야 한다. 페이스북 SDK를 이용하든 그렇지 않든 CSRF^{Cross Site Request Forgery} 공격을 피하기 위해 상태^{state} 파라미터를 이용하도록 코드를 추가하는 것이 중요하다.

CSRF는 악의적인 사용자가 다른 사용자(피해자)의 이름으로 어떤 작업을 수행할 수 있게 해주는 공격이다. 웹 애플리케이션에서 CSRF 공격을 피하기 위한 유효한 접근 방법은 클라이언트가 어떤 임의의 문자열 변수를 서버로 전달하게 만들고, 서버의 응답으로부터 다시 전달되는 값이 앞서 전달한 값과 동일한 것인지 확인하는 것이다.

보안과 관련해서 한 가지 제안을 하다면 access_token을 서버로 전달함으로써 애플리케이션의 모든 웹 페이지에서 새로운 액세스 토큰을 요청할 필요가 없게 만드는 것이다(하지만 액세스 토큰의 만료 시간은 주의해야 한다).

참고 사항

- 기반 환경 준비
- 서버 측에서 페이스북 사용자의 연락처 읽기

▌ 서버 측에서 페이스북 사용자의 연락처 읽기

이제는 페이스북의 로그인 절차와 Graph API 사용에 대해 완벽히 친숙해졌을 것이다. 하지만 페이스북에서 연락처(또는 친구) 정보를 얻기 위한 사용자 인가를 좀 더 안전한 방법으로 수행하기 위해 이번에는 OAuth 2.0 스펙의 인가 코드 그랜트^{Authorization Code} ^{grant} 타입을 사용하는 방법을 알아본다.

준비

이번에도 앞의 client-implicit 애플리케이션에서 했던 것과 동일한 방법으로 간단 웹 애플리케이션을 만들어야 한다. 서버 측에서 페이스북과 상호작용하는 애플리케이션을 개발할 때는 많은 코드 작성이 요구된다. 하지만 너무 많은 코드를 작성하는 것보다는 Spring Social Facebook 프로젝트를 이용하자. `client-implicit`의 경우처럼 중요한 단계가 있다. 그것은 페이스북 클라이언트로서 새로운 애플리케이션을 등록하는 것이다.

예제 구현

OAuth 2.0의 서버 측 플로우를 이용해서 페이스북과 상호작용하는 클라이언트 애플리케이션을 만들려면 다음과 같은 단계를 수행하면 된다.

1. https://developers.facebook.com/apps/에서 Add a New App을 클릭해 새로운 애플리케이션을 추가한다.

2. Display Name을 `social-authcode`로 지정하고 새로운 클라이언트 애플리케이션을 페이스북에 등록한다.

3. 페이스북 Product 중 하나를 선택하라는 안내를 보게 된다. 그러면 Set Up을 클릭해서 Facebook Login을 선택하고 Web 플랫폼을 선택한다.

4. URL로 http://socialauthcode.test/를 입력한다.

5. 페이스북에서 애플리케이션을 생성한 다음에는 왼쪽 패널의 Facebook Login을 클릭해서 리다이렉트 URI를 http://localhost:8080/connect/facebook로 설정한다.

6. 왼쪽 패널의 Dashboard를 클릭해서 App ID와 App Secret을 확인한다. 이미 알겠지만 그것은 각각 `client_id`와 `client_secret`으로 매핑되면 이후에 클라이언트 애플리케이션을 구현할 때 사용할 것이다.

7. 이제는 Spring Initializr를 이용해서 프로젝트를 생성한다. https://start.spring.io/에서 다음 내용을 설정한다.

   - Group을 `com.packt.example`로 설정

   - Artifact를 `social-authcode`로 정의

   - Dependencies에는 `Web`과 `Thymeleaf`를 추가

8. 프로젝트를 IDE에 임포트한다. 이클립스를 사용한다면 Maven 프로젝트로 임포트하기만 하면 된다.

9. Spring Social Facebook 지원을 추가하기 위해 pom.xml 파일에 다음 내용을 추가한다.

```xml
<dependency>
    <groupId>org.springframework.social</groupId>
    <artifactId>spring-social-config</artifactId>
</dependency>
<dependency>
    <groupId>org.springframework.social</groupId>
    <artifactId>spring-social-core</artifactId>
</dependency>
<dependency>
    <groupId>org.springframework.social</groupId>
    <artifactId>spring-social-web</artifactId>
</dependency>
<dependency>
    <groupId>org.springframework.social</groupId>
    <artifactId>spring-social-facebook</artifactId>
</dependency>
```

10. src/main/resources에 있는 templates 디렉토리에 friends.html이라는 이름의 HTML 파일을 만든다.

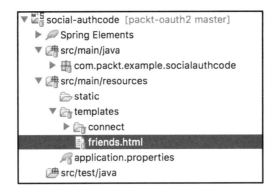

11. friends.html 파일을 열어 다음 내용을 추가한다.

```html
<!DOCTYPE html>
<html xmlns:th="http://www.thymeleaf.org">
<head>
    <title>Friends</title>
</head>
<body>
    <h3>Hello, <span th:text="${facebookProfile.name}">User
        </span>!</h3>
    <h4>Your friends which also allowed social-authcode:</h4>
    <div th:each="friend:${friends}">
        <b th:text="${friend.id}">[id]</b> -
        <b th:text="${friend.name}">[name]</b>
        <hr/>
    </div>
</body>
</html>
```

12. 이제는 작성한 HTML 파일을 브라우저로 볼 수 있게 URL을 할당해야 한다. 이를
위해 com.packt.example.socialauthcode 패키지 안에 FriendsController라
는 이름의 새로운 자바 클래스를 다음과 같은 내용으로 만든다.

```
@Controller @RequestMapping("/")
public class FriendsController {
    @GetMapping
    public String friends(Model model) { return "friends"; }
}
```

13. 알아차렸겠지만 friends.html은 facebookProfile과 friends라는 이름의 객체에 의존한다. 객체 facebookProfile은 name 속성을 가져야 하고, friends 객체는 id와 name 속성을 가진 객체의 리스트다. 다행스러운 점은 그런 객체를 위한 클래스를 따로 선언할 필요가 없다는 점이다. Spring Social에서 이미 제공하기 때문이다. 따라서 해당 객체를 이용할 수 있게 유효한 사용자 연결만 있으면 되고, 그러기 위해 FriendsController 클래스에 다음과 같은 속성을 추가하면 된다.

```
@Autowired
private Facebook facebook;
@Autowired
private ConnectionRepository connectionRepository;
```

14. ConnectionRepository 클래스로 프로바이더(현재는 페이스북)에 대한 사용자 연결을 저장하거나 얻을 수 있다. ConnectionRepository를 이용해 페이스북에 대한 사용자 연결이 있는지 확인해보자. 있다면 사용자가 social-authcode 애플리케이션이 보호된 리소스에 접근을 인가할 수 있도록 리다이렉트시켜야 한다. FriendsController 클래스의 friends 메소드를 다음과 같은 코드로 교체한다.

```
@GetMapping
public String friends(Model model) {
```

```
    if (connectionRepository.findPrimaryConnection(Facebook.class)
            == null) {
        return "redirect:/connect/facebook";
    }
    return "friends";
}
```

15. 이제는 연결을 확인하는 if문 이후에 다음과 같은 소스코드를 추가한다. 다음 코드 블록은 페이스북에 대한 사용자 연결이 있을 때 실행된다(User와 Reference 클래스를 임포트할 때는 org.springframework.social.facebook.api 패키지에서 임포트하는 것인지 확인해야 한다).

```
String [] fields = { "id", "email", "name" };
User userProfile = facebook.fetchObject("me", User.class, fields);

model.addAttribute("facebookProfile", userProfile);
PagedList<Reference> friends =
        facebook.friendOperations().getFriends();
model.addAttribute("friends", friends);
```

16. 이 간단한 메소드는 인가 코드 그랜트 타입을 이용해서 사용자의 프로파일과 연락처 정보를 구하기 위해 필요한 모든 것을 수행하지만, 몇 가지 설정 클래스를 만들 필요가 있다. 설정 클래스를 좀 더 잘 그룹화하기 위해 com.packt.example.socialauthcode 안에 facebook이라는 이름의 새로운 패키지를 만든다. 그 안에는 다음과 같은 클래스가 포함될 것이다.

17. facebook 패키지 안에 EnhancedFacebookProperties 클래스를 만들어서 client_id와 client_secret으로 애플리케이션 속성을 설정한다(각 속성 값을 설정하고 조회하기 위한 것도 만들어야 한다).

```
@Component
@ConfigurationProperties(prefix = "facebook")
public class EnhancedFacebookProperties {
    private String appId;
    private String appSecret;
    private String apiVersion;
    // 간단한 설명을 위해 값을 조회하고 설정하는 메소드는 생략
}
```

18. 다른 클래스들을 계속해서 만들기 전에 appSecret과 apiVersion 값을 설정해서 애플리케이션인 social-authcode가 access_token을 요청할 수 있게 만들어야 한다. EnhancedFacebookProperties 클래스는 @ConfigurationProperties로 애노테이션돼 application.properties 파일에 다음과 같은 속성들을 정의할수 있다.

```
facebook.app-id=1948923582021549
facebook.app-secret=1b4b0f882b185094a903e76a661c7c7c
facebook.api-version=2.9
```

19. 이제는 CustomFacebookServiceProvider 클래스를 만들 차례다. 이 클래스는 페이스북 API 버전을 효과적으로 설정할 수 있게 해주는 OAuth2Template의 커스텀 인스턴스를 만든다(이 글을 쓸 때 페이스북 API 버전은 2.9였다).

```
public class CustomFacebookServiceProvider extends
        AbstractOAuth2ServiceProvider<Facebook> {
```

```
        private String appNamespace;
        private String apiVersion;

        public CustomFacebookServiceProvider(
            String appId, String appSecret, String apiVersion) {
            super(getOAuth2Template(appId, appSecret, apiVersion));
            this.apiVersion = apiVersion;
        }

        private static OAuth2Template getOAuth2Template(
            String appId, String appSecret, String apiVersion) {
            String graphApiURL = "https://graph.facebook.com/v" +
                apiVersion + "/";
            OAuth2Template template = new OAuth2Template(appId, appSecret,
                "https://www.facebook.com/v" + apiVersion +
                "/dialog/oauth", graphApiURL + "oauth/access_token");
                template.setUseParametersForClientAuthentication(true);
            return template;
        }

        @Override
        public Facebook getApi(String accessToken) {
            FacebookTemplate template = new FacebookTemplate(accessToken,
                appNamespace);
            template.setApiVersion(apiVersion);
            return template;
        }
    }
```

20. CustomFacebookServiceProvider를 올바로 만들기 위해 다음과 같은
    CustomFacebookConnectionFactory 클래스를 만든다.

```
public class CustomFacebookConnectionFactory extends
        OAuth2ConnectionFactory<Facebook> {
    public CustomFacebookConnectionFactory(String appId,
```

```
                    String appSecret, String apiVersion) {
                super("facebook", new CustomFacebookServiceProvider(appId,
                        appSecret, apiVersion),
                        new FacebookAdapter());
            }
        }
```

21. 그리고 마지막으로 FacebookConfiguration 클래스를 다음과 같은 내용으로 만든다.

```
@Configuration @EnableSocial
@EnableConfigurationProperties(FacebookProperties.class)
public class FacebookConfiguration extends
        SocialAutoConfigurerAdapter {
    @Autowired
    private EnhancedFacebookProperties properties;

    @Override
    protected ConnectionFactory<?> createConnectionFactory() {
        return new
            CustomFacebookConnectionFactory(this.properties.getAppId(),
            this.properties.getAppSecret(),
            this.properties.getApiVersion());
    }
}
```

22. FriendsController의 내용을 보면 페이스북 Graph API로 상호작용하는 API를 제공하는 Facebook의 인스턴스를 사용한다는 것을 알게 될 것이다. Facebook의 인스턴스는 FacebookConfiguration 안에서 다음과 같은 Spring bean으로 선언돼 만들어져야 한다(Connection 클래스를 임포트할 때는 org.springframework. social.connect 패키지에서 임포트한 것인지 확인해야 한다).

```
@Bean
@ConditionalOnMissingBean(Facebook.class)
@Scope(value = "request", proxyMode = ScopedProxyMode.INTERFACES)
public Facebook facebook(ConnectionRepository repository) {
    Connection<Facebook> connection =
            repository.findPrimaryConnection(Facebook.class);
    return connection != null ? connection.getApi() : null;
}
```

23. Spring Social을 이용하기 때문에 대부분의 리다이렉트는 Spring Social에 의해 선언되는 ConnectController 클래스에 의해 처리된다. 하지만 Spring Social은 리다이렉트 URI 구축을 어떻게 알 수 있을까? 애플리케이션은 도메인을 제공하지 않았다. 기본적으로 Spring Social은 리다이렉트 URL을 자동으로 만들기 위해 요청 데이터를 이용한다. 하지만 애플리케이션이 프록시 뒷단에 배포되기 때문에 프로바이더는 사용자를 ConnectController에 정의된 콜백 URL로 다시 리다이렉트시킬 수 없을 것이다. 이 문제를 해결하기 위해 FacebookConfiguration 클래스에 다음과 같은 메소드를 선언한다.

```
@Bean
public ConnectController connectController(ConnectionFactoryLocator
        factoryLocator, ConnectionRepository repository) {
    ConnectController controller = new
            ConnectController(factoryLocator, repository);
    controller.setApplicationUrl("http://localhost:8080");
    return controller;
}
```

24. 이 컨트롤러는 OAuth 2.0의 인가 플로우을 처리하기 위해 필요한 모든 것을 제공한다. 또한 {provider}Connect와 {provider}Connected라는 이름을 가진 두 개의 뷰를 처리할 수 있게 해준다. 여기서 프로바이더는 facebook이다.

두 개의 뷰를 위해 src/main/resources 프로젝트 디렉토리의 templates/
connect 폴더에 다음과 같은 HTML 파일을 두 개를 만든다.

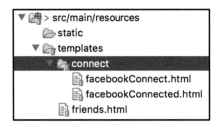

25. facebookConnect.html 파일에는 다음과 같은 내용을 추가한다.

```html
<html>
<head>
    <title>Social Authcode</title>
</head>
<body>
    <h2>Connect to Facebook to see your contacts</h2>

    <form action="/connect/facebook" method="POST">
        <input type="hidden" name="scope" value="public_profile
            user_friends" />
        <input type="hidden" name="response_type" value="code" />
        <div class="formInfo">
            Click the button to share your contacts with
            <b>social-authcode</b>
        </div>
        <p><button type="submit">Connect to Facebook</button></p>
    </form>

</body>
</html>
```

26. facebookConnected.html 파일에는 다음과 같은 내용을 추가한다.

```
<html>
    <head><title>Social Authcode</title></head>
    <body>
        <h2>Connected to Facebook</h2>
        <p>Click <a href="/">here</a> to see your friends.</p>
    </body>
</html>
```

27. 다 됐다. 이제는 SocialAuthcodeApplication 클래스를 실행시켜 애플리케
    이션을 시작시킬 수 있다.

예제 분석

1장에서는 애플리케이션 등록 방법과 인가 코드 그랜트 타입을 사용해 페이스북과
연결하는 방법을 알아봤다. 인가 코드 그랜트 타입은 서버 측 플로우이기 때문에 클라
이언트 측(즉, 암시적 그랜트 타입)의 경우보다는 안전하다고 할 수 있다. social-
authcode 애플리케이션과 페이스북 사이의 통신을 처리하는 코드를 작성하는 대신
Spring Social을 이용한다. Spring Social이 제공하는 ConnectController 클래스를
이용하면 인가 플로우를 시작할 수 있을 뿐만 아니라 애플리케이션을 등록할 때 전달
되는 모든 콜백을 수신할 수 있다.

애플리케이션이 어떻게 동작하는지 좀 더 잘 이해하기 위해 자바 코드로서 Social
AuthcodeApplication 클래스를 실행시켜 http://localhost:8080/에 접속하면 페이스
북에 연결할 수 있는 페이지를 보게 된다. Connect to Facebook을 클릭하면 (OAuth
2.0의 스펙대로) 페이스북 인증 페이지로 리다이렉트된다.

사용자 인증 후에 페이스북은 클라이언트 애플리케이션이 요청하는 권한 범위를 나타
내는 사용자 동의 페이지를 보여준다. Continue를 클릭하면 요청된 권한이 인가된다.

public_profile과 friend_list에 대한 접근 권한이 부여되면 사용자는 인가 코드(이

는 ConnectController가 자동으로 추출하고 확인한다)가 포함돼 localhost:8080/connect로 리다이렉트돼야 한다.

ConnectController는 다음과 같은 facebookConnected 뷰를 보여준다.

here 링크를 클릭하면 애플리케이션은 social-authcode를 인가한 친구들의 정보를 가져오게 된다. 결국, 내용을 다르겠지만 다음과 같은 페이지를 보게 될 것이다.

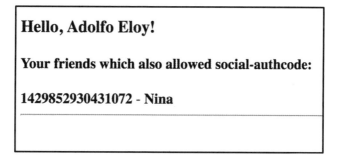

부연 설명

페이스북에 애플리케이션을 등록할 때 리다이렉트 URI를 http://localhost:8080/connect로 설정했다. http://localhost:8080/callback이 아니라 그렇게 설정한 이유가 무엇일까? /connect 엔드포인트를 이용하면 ConnectController에서 정의한 엔드포인트를 이용할 수 있게 된다. Spring Social을 사용하고 싶지 않다면 상태 파라미터를 이용해서 인가 코드를 직접 검증해야 한다. 또한 Spring Social을 이용하면 Facebook Login Product 설정에서 설정되는 De-authorize Callback URL's와 같은 페이스북 프로바이더의 콜백을 활용할 수 있게 된다.

Spring Social Facebook을 이용함에도 불구하고 Spring Social Facebook이 제공하는 클래스 중에서 몇 개는 여전히 만들어야 한다. 그것은 클래스 이름이 Custom으로 시작하는 클래스들이다. FacebookTemplate 클래스뿐만 아니라 OAuth2Template 클래스의 인스턴스를 만드는 방법도 사용자 정의할 수 있기 때문이다. 페이스북 프로바이더는 지원하는 Spring Social의 버전을 정의하며, 이 책을 쓰는 시점의 버전은 2.5였다. 이는 곧 최신 버전으로 대체될 수 있다.

클라이언트와 OAuth 2.0 프로바이더(이 경우에는 페이스북) 간의 상호작용에 대해 언급할 필요가 있는 중요한 사항이 있다. 그것은 TLS/SSL을 이용하지 않는 리다이렉트 URI를 등록한다는 것이다. 즉, 등록한 URI는 HTTPS가 아닌 HTTP였다. 이 책에서는 예제를 쉽게 작성할 수 있게 HTTP를 URI로 사용할 것이다. 하지만 실제 제품에서는 애플리케이션과 프로바이더 간에 전송되는 데이터의 무결성과 기밀성을 보장하기 위해 HTTPS를 사용해야 한다.

애플리케이션을 개선할 수 있는 또 다른 사항으로는 관계형 데이터베이스 관리 시스템 RDBMS, Relational Database Management System을 사용해 프로바이더와의 연결 정보를 유지시키는 것이다. 애플리케이션이 명시적으로 연결 정보를 유지시키는 방법을 정의하지 않으면 Spring Social은 인메모리를 이용하기 때문에 서버를 재시작시킬 때마다 사용자의 연결이 끊어지게 된다. 데이터베이스를 이용하려면 JdbcUsersConnectionRepository 타입을 선언하고 데이터베이스 안에 다음과 같은 테이블을 만든다.

```
create table UserConnection (userId varchar(255) not null,
    providerId varchar(255) not null,
    providerUserId varchar(255),
    rank int not null,
```

```
        displayName varchar(255),
        profileUrl varchar(512),
        imageUrl varchar(512),
        accessToken varchar(512) not null,
        secret varchar(512),
        refreshToken varchar(512),
        expireTime bigint,
        primary key (userId, providerId, providerUserId));
create unique index UserConnectionRank on UserConnection(userId, providerId,
rank);
```

좀 더 자세한 내용을 보려면 Spring Social의 공식 문서인 http://docs.spring.io/spring-social/docs/1.1.4.RELEASE/reference/htmlsingle/#section_establishingConnections 를 참고하기 바란다.

참고 사항

- 기반 환경 준비
- 클라이언트 측에서 페이스북 사용자의 연락처 읽기
- 사용자 세션에 바운딩된 구글의 보호된 리소스에 접근

▌ 링크드인의 보호된 리소스에 접근

이번에는 OAuth 2.0을 이용한 사용자 인가와 OAuth 2.0 프로토콜의 인가 코드 그랜트 타입의 모든 플로우를 추상화하는 Spring Social을 이용해서 링크드인^{LinkedIn} 사용자의 프로파일을 얻는 방법을 알아본다.

준비

먼저 Spring Boot으로 간단한 웹 애플리케이션을 만든다. OAuth 2.0 그랜트 타입의 구현을 쉽게 만들고 추상화시켜며, 링크드인 API 사용에 도움을 받기 위해 `spring-social-linkedin` 프로젝트를 이용할 것이다.

예제 구현

OAuth 2.0 프로토콜에서 설명된 대로 클라이언트 애플리케이션은 인가 서버(이 경우에는 링크드인)에 등록돼야 한다.

1. 먼저 링크드인에 애플리케이션을 등록하기 위해 https://www.linkedin.com/developer/apps/으로 이동한다.
2. Create Application을 클릭하면 다음과 같이 애플리케이션에 대한 기본적인 정보를 입력할 수 있는 페이지로 리다이렉트된다.

Create a New Application

Company Name: *

OAuth2-cookbook

Name: *

social-linkd

Description: *

OAuth 2.0 sample application

Application Logo: *

Select File to Upload

3. 다른 OAuth 2.0 프로바이더와 달리 링크드인은 애플리케이션의 로고 이미지를 요구한다. 링크드인은 또한 웹 사이트 URL과 비즈니스 이메일, 전화번호 같은 비즈니스 데이터를 추가로 요구한다.

4. 필요한 내용을 입력하고 Submit 버튼을 클릭한다. 그러면 다음과 같은 애플리케이션 대시보드 화면에서 Authentication Keys와 리다이렉트 URL을 정의할 수 있는 필드를 볼 수 있다.

5. Spring Social을 이용하므로 connect/linkedin과 같은 형태로 URL을 추가한다. Redirect URL에 URL을 입력하고 Add 버튼을 클릭한 후 Update 버튼을 클릭한다.

6. 이제는 다음 단계에서 만들게 될 애플리케이션을 위해 Authorization Keys(즉, client_id와 client_secret)를 따로 저장해둔다.

7. Spring Initializr를 이용해서 프로젝트를 만들고 https://start.spring.io/로 가서 다음과 같은 데이터를 정의한다.

   ○ Group을 com.packt.example로 설정

   ○ Artifact를 social-linkd로 정의(원한다면 다른 이름을 사용해도 되지만 이후의 linkd 부분을 함께 변경해줘야 한다)

   ○ Dependencies에는 Web과 Thymeleaf를 추가

8. IDE에서 프로젝트를 임포트한다(이클립스를 사용한다면 Maven 프로젝트로서 임포트하기만 하면 된다).

9. pom.xml 파일에 다음 내용을 추가한다.

```
<dependency>
    <groupId>org.springframework.boot</groupId>
    <artifactId>spring-boot-starter-social-linkedin</artifactId>
</dependency>
```

10. Spring Social 프로바이더는 Spring Boot을 지원하기 위한 잘 정의된 자동 설정을 제공한다. 따라서 쉽게 애플리케이션을 생성할 수 있으며, 클라이언트의 자격증명에 대한 설정만을 신경 쓰면 된다. application.properties 파일을 열어서 다음과 같은 내용(해당 앱에 대해서 만들어진 자격증명 정보를 이용해서)을 추가한다.

```
spring.social.linkedin.app-id=77a1bnosz2wdm8
spring.social.linkedin.app-secret=STHgwbfPSg0Hy8b0
```

11. 이제는 링크드인 API를 이용해서 사용자의 프로파일 정보를 가져오는 역할을 수행하는 ProfileController 클래스를 만든다. 이 클래스는 com.packt. linkedin.example.sociallinkd 패키지 내부에 만들어야 한다.

12. ProfileController의 내용을 다음과 같이 만든다.

```
@Controller
public class ProfileController {
    @Autowired
    private LinkedIn linkedin;
    @Autowired
    private ConnectionRepository connectionRepository;
```

```
@GetMapping
public String profile(Model model) {
    if (connectionRepository.findPrimaryConnection(
            LinkedIn.class) == null) {
        return "redirect:/connect/linkedin";
    }
    String firstName = linkedin.profileOperations().
            getUserProfile().getFirstName();
    model.addAttribute("name", firstName);
    return "profile";
}
}
```

13. 예상했겠지만 애플리케이션은 사용자가 링크드인과 social-linkd 클라이언
    트 애플리케이션을 연결했을 때만 사용자의 프로파일 정보를 가져올 수 있다.

14. 사용 가능한 연결이 없다면 사용자는 Spring Social의 ConnectController
    에 의해 매핑되는 /connect/linkedin으로 리다이렉트된다. 그러면
    linkedinConnect에 의해 정의된 linkedinConnect.html로 리다이렉트되며,
    linkedinConnect.html 파일은 src/main/resources 프로젝트 디렉토리에 있는
    templates/connect 디렉토리에 만들어진다.

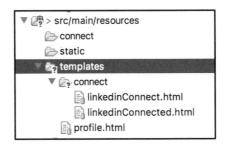

15. 앞의 캡처 화면을 살펴보면 linkedinConnected.html 파일도 보일 것이다.
    linkedinConnected.html 파일은 social-linkd 애플리케이션을 위한 사용자
    의 연결이 유효한 경우에 보이는 페이지다.

16. linkedinConnect.html을 보여줄지 linkedinConnected.html을 보여줄지 결정하는 모든 로직은 `ConnectController` 클래스의 `connectionStatus` 메소드에서 이뤄진다. 그 주요 로직은 다음과 같은 코드로 정의된다.

```
if (connections.isEmpty()) {
    return connectView(providerId);
} else {
    model.addAttribute("connections", connections);
    return connectedView(providerId);
}
```

17. linkedinConnect.html에 다음과 같은 HTML 콘텐츠를 추가한다.

```
<html>
<head><title>Social LinkedIn</title></head>
<body>
    <h2>Connect to LinkedIn to see your profile</h2>
        <form action="/connect/linkedin" method="POST">
            <input type="hidden" name="scope" value="r_basicprofile" />
            <div class="formInfo">
                Click the button to share your profile with
                <b>social-linkedin</b>
            </div>
            <p><button type="submit">Connect to LinkedIn</button></p>
        </form>
</body>
</html>
```

18. linkedinConnected.html 파일에는 다음 내용을 추가한다.

```
<html>
    <head>
```

```
        <title>Social LinkedIn</title>
    </head>
    <body>
        <h2>Connected to LinkedIn</h2>
        <p>Click <a href="/">here</a> to see your profile.</p>
    </body>
</html>
```

19. 사용자 정보를 출력하기 위해 templates 디렉토리에 다음과 같은 내용의 profile. html 파일을 만든다.

```
<!DOCTYPE html>
<html xmlns:th="http://www.thymeleaf.org">
<head>
    <title>LinkedIn integration</title>
</head>
<body>
    <h3>Hello, <span th:text="${name}">User</span>!</h3>
    <br/>
</body>
</html>
```

20. 이제는 모든 것이 완벽하게 설정됐다. 애플리케이션을 실행시키고 인가 플로우를 시작하기 위해 http://localhost:8080으로 이동한다.

예제 분석

이번에는 OAuth 2.0 프로토콜을 이용해서 애플리케이션이 사용자의 프로파일을 가져오기 위해 링크드인과 상호작용하는 방법을 살펴봤다. 링크드인을 위한 Spring Social 프로바이더를 이용하면 OAuth 2.0 콜백을 처리하기 위한 컨트롤러뿐만 아니라 인가 요청과 토큰 요청을 위한 URL을 별도로 만들지 않아도 된다. 이번에는 Spring Social

을 이용하는 이전의 예와는 다르다. Spring Boot의 자동 설정 기능을 지원하는 프로바이더 구현을 이용하므로 설정을 위한 어떤 클래스도 만들지 않았기 때문이다.

Spring Social에 의해 OAuth 2.0의 많은 세부적인 내용이 추상화됐을 뿐만 아니라 애플리케이션이 실행될 때의 모든 단계와 인가 플로우도 추상화됐다. 사실 인가 코드 그랜트 타입을 사용하면 애플리케이션은 액세스 토큰을 얻기 위해 두 단계를 거친다. 즉, 인가 요청과 토큰 요청이다.

사용자의 링크드인 계정과 social-linkd 애플리케이션 간에 연결이 없는 상태에서 인가 플로우을 시작하려면 http://localhost:8080/으로 이동해야 하고, 그러면 /connect/linkedin으로 리다이렉트돼야 한다.

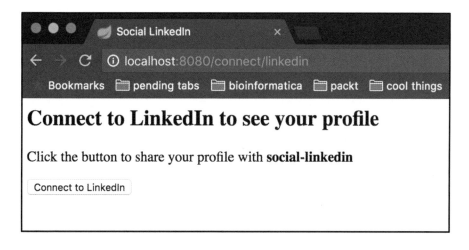

리다이렉트는 ProfileController 클래스의 profile 메소드에서 수행된다. 컨트롤러와 profile 메소드에서 요청을 위한 어떤 경로도 정의하지 않기 때문에 기본적으로은 /로 정의된다. 다음의 코드를 보면 알겠지만, 메소드가 가장 먼저 하는 일은 현재 사용자가 자신의 계정을 social-linkedin 애플리케이션과 연결했는지 확인하는 것이다.

```
if (connectionRepository.findPrimaryConnection(LinkedIn.class) == null) {
    return "redirect:/connect/linkedin";
}
```

엔드포인트 /connect/linkedin은 Spring Social의 ConnectController 클래스에 있는 connectionStatus 메소드로 직접 매핑된다. 아무런 연결도 없다면 connectionStatus 메소드는 private 메소드인 connectView를 호출한다. connectView는 {providerId} Connect 이름을 만드는데, 링크드인의 경우에는 linkedinConnect라는 이름을 만들게 된다. 이는 정확히 linkedinConnect.html을 위한 이름이라고 할 수 있다.

linkedinConnect.html 파일을 열어 애플리케이션이 링크드인에 대한 어떤 권한 범위를 요청하는지 확인한다. 그것은 바로 r_basicprofile이다. 링크드인에 의해 정의된 권한 범위는 모두 Default Application Permissions 섹션에 있는 애플리케이션 대시보드를 통해 얻는다.

linkedinConnect 뷰가 만들어내는 페이지로 돌아가서 Connect to LinkedIn 버튼을 클릭하면 링크드인으로 리다이렉트돼 사용자의 자격증명과 동의를 요구한다.

다른 OAuth 2.0 프로바이더와는 달리 링크드인은 사용자를 인증하는 동시에 권한을 요구한다. Allow Access를 클릭하고 인증 양식에 자격증명을 보내면 social-linkd는 인가 코드를 수신하고 그것을 이용해서 액세스 토큰을 얻고 애플리케이션 내에서 현재 사용자를 위한 연결을 만든다. 연결이 만들어지면 ConnectController의 private 메소드인 connectedView가 호출돼 linkedinConnected.html의 내용이 출력된다.

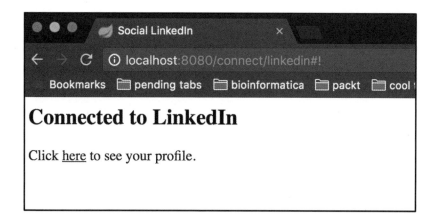

here를 클릭하면 메인 페이지로 리다이렉트돼 여러분의 프로파일 이름이 출력될 것이다.

부연 설명

이번에는 어떤 설정을 위한 클래스도 만들지 않았다. 하지만 콜백 리다이렉션을 위한 베이스 URL을 정의하길 원한다면 다음과 같이 ConnectController를 사용자 정의하는 설정 클래스를 만들어야 한다.

```
@Configuration
public class LinkedInConfiguration {
```

```
@Bean
public ConnectController connectController(ConnectionFactoryLocator
        locator, ConnectionRepository repository) {
    ConnectController controller = new ConnectController(locator,
            repository);
    controller.setApplicationUrl("http://localhost:8080");
    return controller;
    }
}
```

이와 같이 설정하면 애플리케이션이 실행될 때 프록시로 인해 발생할 수 있는 문제를 피할 수 있다. 리다이렉트 URI는 프록시 뒤에서 실행되는 애플리케이션의 요청 정보를 이용해 자동으로 만들어진다. 그렇게 되면 OAuth 2.0 프로바이더는 프록시에 의해서 숨겨지기 때문에 올바른 콜백 URL로 리다이렉트할 수 없게 된다. 따라서 설정을 통해 프록시의 URL을 설정하게 된다.

OAut 2.0 프로바이더에 있는 동일한 리다이렉트 URL을 정의해야 하고, 모든 통신은 TLS/SSL을 통해 수행돼야 한다는 점을 잊어서는 안 된다.

참고 사항

- 기반 환경 준비
- 서버 측에서 페이스북 사용자의 연락처 읽기
- 사용자 세션에 바운딩된 구글의 보호된 리소스에 접근

▌ 사용자 세션에 바운딩된 구글의 보호된 리소스에 접근

이번에는 사용자의 구글 계정을 통해 구글 플러스[Google Plus]의 사용자 프로파일을 가져오는 방법을 알아본다. Spring Social을 사용해서 인가와 구글 플러스 API 사용을 추상화하고, Spring Security로 사용자의 구글 연결을 강화해서 로그인된 사용자별로 사용자 연결을 관리할 수 있게 한다.

준비

먼저 Spring Boot로 간단한 웹 애플리케이션을 만든다. OAuth 2.0 그랜트 타입의 구현을 쉽게 만들고 추상화시키며, 구글 플러스 API 사용에 도움을 받기 위해 spring-social-google 프로젝트와 spring-security 프로젝트를 이용한다.

예제 구현

다음은 애플리케이션을 구글에 등록하는 방법과 Spring Social Google과 Spring Security를 이용해서 구글 플러스 API와 상호작용하는 방법에 대한 기본적인 절차다.

1. 구글 개발자 콘솔인 https://console.developers.google.com로 가서 애플리케이션 등록을 시작한다.
2. 아직 어떤 프로젝트도 만든 것이 없다면 다음과 같은 화면을 보게 될 것이다.

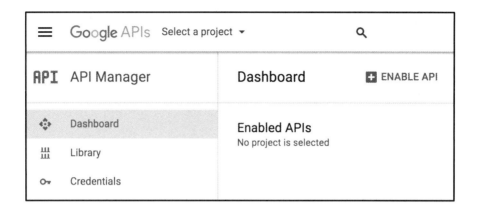

3. 새로운 애플리케이션을 만들기 위해 Select a project를 클릭하면 다음과 같은 화면을 보게 될 것이다.

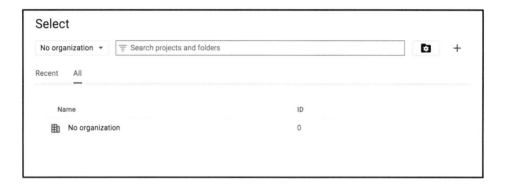

4. 새로운 애플리케이션 등록을 위해서 + 버튼을 클릭하면 다음과 같은 화면을 보게 될 것이다.

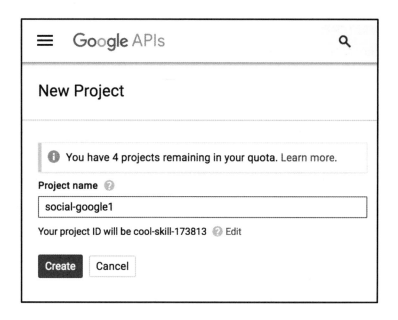

5. 프로젝트의 이름을 정의한다. 화면에서는 social-google1이라는 이름으로
   정했지만 원하는 다른 이름으로 정의해도 된다(하지만 이후에 나오는 모든 이
   름을 여러분이 정한 것으로 변경해줘야 한다). 이름을 정한 다음에 Create를 클
   릭하면 다음과 같이 새로운 애플리케이션이 표시되는 대시보드로 리다이렉
   트된다.

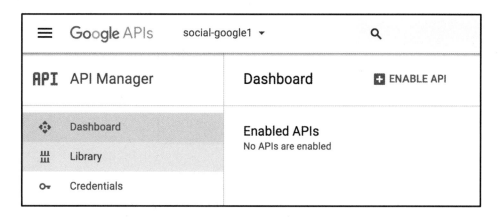

6. 이제는 사용자의 프로파일을 가져올 수 있게 구글 플러스 API를 활성화해야한다. 구글 API 목록을 보기 위해 ENABLE API 링크를 클릭하거나 대시보드 왼쪽의 Library를 클릭한다.

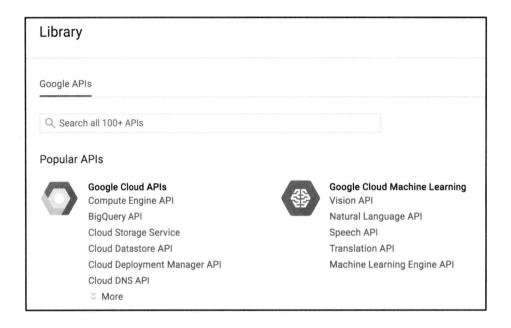

7. 그다음에는 Search all 입력 텍스트로 검색해서 Google+ API를 선택하거나 다음과 같이 표시되는 Library 페이지에서 링크를 선택한다.

8. 페이지 상단의 ENABLE 링크를 클릭한다.

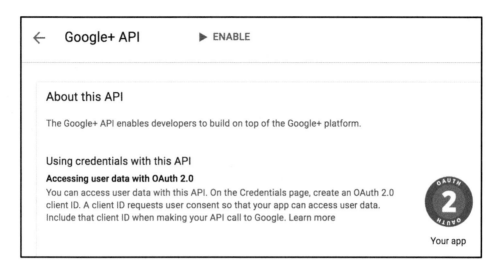

9. API를 활성화한 다음에는 구글 플러스 API와 상호작용하기 위해 필요한 OAuth 2.0 자격증명을 만들어야 한다. 왼쪽의 Credentials를 클릭한다.

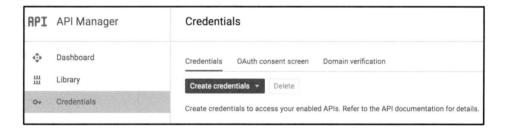

10. Create credentials를 클릭해서 다음과 같이 OAuth client ID를 선택한다.

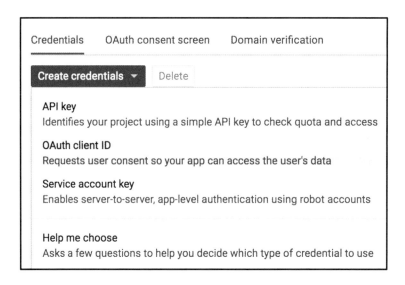

11. Application Type으로는 Web application을 선택해야 한다.

12. 다음과 같은 화면에서 JavaScript origins와 인가 리다이렉트 URI를 위한 URL
을 입력한다.

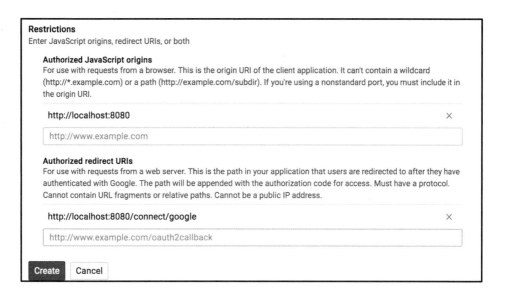

13. Create를 클릭하고 화면에 표시된 클라이언트 ID와 클라이언트 시크릿을 따로 저장해둔다.

14. 이제 social-google1 프로젝트를 만들기 위해 필요한 모든 작업을 수행했다.

15. Spring Initializr를 이용해서 프로젝트를 만들고 https://start.spring.io/로 가서 다음과 같은 데이터를 정의한다.

   ○ Group을 com.packt.example로 설정

- Artifact를 social-google1으로 정의(원한다면 다른 이름을 사용해도 되지만 이후의 social-google1 부분을 함께 변경해줘야 한다)

- Dependencies에는 Web과 Thymeleaf, Security를 추가

16. IDE에서 프로젝트를 임포트한다(이클립스 사용한다면 Maven 프로젝트로서 임포트하기만 하면 된다).

17. pom.xml 파일에 다음 내용을 추가한다.

```
<dependency>
    <groupId>org.springframework.social</groupId>
    <artifactId>spring-social-google</artifactId>
    <version>1.0.0.RELEASE</version>
</dependency>
<dependency>
    <groupId>org.springframework.social</groupId>
    <artifactId>spring-social-security</artifactId>
</dependency>
```

18. com.packt.example.socialgoogle1.config 패키지에 GoogleProperties 클래스를 만들고 다음과 같은 내용을 추가한다.

```
@ConfigurationProperties("spring.social.google")
public class GoogleProperties {
    private String appId;
    private String appSecret;

    public String getAppId() { return this.appId; }
    public void setAppId(String appId) { this.appId = appId; }
    public String getAppSecret() { return this.appSecret; }
    public void setAppSecret(String appSecret) { this.appSecret =
        appSecret; }
}
```

19. 이제 **GoogleProperties** 클래스에 정의된 속성과 매핑되는 속성을 application. properties 파일에 추가한다(여러분이 등록한 애플리케이션의 자격증명 값으로 다음 내용을 변경하면 된다).

```
spring.social.google.appId=688645170704
spring.social.google.appSecret=OIRTUxhs
```

20. com.packt.example.socialgoogle1.config 패키지 안에 다음과 같은 내용의 GoogleConfigurerAdapter 클래스를 만든다.

```
@Configuration @EnableSocial
@EnableConfigurationProperties(GoogleProperties.class)
public class GoogleConfigurerAdapter extends
SocialConfigurerAdapter {
    @Autowired
    private GoogleProperties properties;
}
```

21. 구글 프로바이더를 위한 ConnectionFactory를 설정하기 위한 메소드를 추가한다(이 메소드는 GoogleConfigurerAdapter 내에 선언돼야 한다).

```
@Override
public void addConnectionFactories(ConnectionFactoryConfigurer
        configurer, Environment environment) {
    GoogleConnectionFactory factory = new
        GoogleConnectionFactory(this.properties.getAppId(),
        this.properties.getAppSecret());
    configurer.addConnectionFactory(factory);
}
```

22. 구글 API를 위한 DSL^{Domain Specific Language}을 제공하기 위한 메소드를 추가한다 (Scope 클래스는 org.springframework.context.annotation 패키지에서 임포트해야 하고, Connection 클래스는 org.springframework.social.connect 패키지에서 임포트해야 한다).

```
@Bean
@Scope(value = "request", proxyMode = ScopedProxyMode.INTERFACES)
public Google google(final ConnectionRepository repository) {
    final Connection<Google> connection =
            repository.findPrimaryConnection(Google.class);
    return connection != null ? connection.getApi() : null;
}
```

23. Spring Social의 문서에 의하면 ConnectionRepository는 Session을 이용해 서 설정해야 한다. 즉, ConnectionRepository는 사용자를 기준으로 만들어 져야 한다. 이를 위해 GoogleConfigurerAdapter 안에 다음과 같은 두 메소드 를 선언한다.

```
@Override
public UsersConnectionRepository
getUsersConnectionRepository(ConnectionFactoryLocator
        connectionFactoryLocator) {
    return new
        InMemoryUsersConnectionRepository(connectionFactoryLocator);
}
```

```
@Override
public UserIdSource getUserIdSource() {
    return new AuthenticationNameUserIdSource();
}
```

24. AuthenticationNameUserIdSource 클래스는 Spring Security 컨텍스트에서 로그인한 사용자 정보를 가져오기 때문에 Spring Security를 설정해야 한다. 즉, 애플리케이션을 보호하는 방법과 사용자를 인증하는 방법을 정의한다. com.packt.example.socialgoogle1.security 패키지에 SecurityConfiguration 클래스를 만들고 다음과 같은 코드를 추가한다.

```
@EnableWebSecurity
public class SecurityConfiguration extends
        WebSecurityConfigurerAdapter {
}
```

25. 그다음에는 무엇을 보호해야 하고 무엇을 보호할 필요가 없는지, 그리고 인증 방법(폼 기반의 인증을 정의)을 정의하기 위해 SecurityConfiguration 클래스에 다음과 같은 메소드를 추가한다.

```
@Override
protected void configure(HttpSecurity http) throws Exception {
    http.authorizeRequests()
    .antMatchers("/connect/google?*").permitAll()
    .anyRequest().authenticated().and()
    .formLogin().and()
    .logout().permitAll().and()
    .csrf().disable();
}
```

26. 미리 정의된 사용자 정보를 추가하는 메소드를 SecurityConfiguration 클래스에 추가한다.

```
@Override
protected void configure(AuthenticationManagerBuilder auth) throws
```

```
    Exception {
auth.inMemoryAuthentication()
.withUser("adolfo").password("123").authorities("USER")
.and()
.withUser("jujuba").password("123").authorities("USER");
}
```

27. 사용자를 언제 프로바이더의 인증과 인가 페이지로 리다이렉트시키는지를 결정하고, 구글 플러스 API와 상호작용해서 사용자의 프로파일을 가져오는 메인 컨트롤러를 만든다. com.packt.example.socialgoogle1 패키지에 다음과 같은 내용의 GooglePlusController 클래스를 만든다.

```
@Controller
public class GooglePlusController {
    @Autowired
    private Google google;
    @Autowired
    private ConnectionRepository connectionRepository;

    @GetMapping
    public String profile(Model model) {
        if (connectionRepository.findPrimaryConnection(Google.class)
                == null) {
            return "redirect:/connect/google";
        }

        String name = google.plusOperations().getGoogleProfile().
                getDisplayName();
        model.addAttribute("name", name);
        return "profile";
    }
}
```

28. 이제는 뷰 페이지를 만들 차례다. 먼저 src/main/resources 프로젝트 디렉토리에 있는 templates 디렉토리에 profile.html을 만든다.

```html
<!DOCTYPE html>
<html xmlns:th="http://www.thymeleaf.org">
<head>
<title>LinkedIn integration</title>
</head>
<body>
    <h3>
    Hello, <span th:text="${name}">User</span>!
    </h3>
    <br />
</body>
</html>
```

29. templates/connect 디렉토리에 googleConnect.html과 googleConnected.html 파일을 만든다.

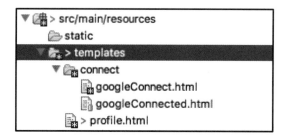

30. googleConnect.html에는 다음과 같은 내용을 추가한다.

```html
<html>
<head>
<title>Social Google+</title>
</head>
```

```
<body>
    <h2>Connect to Google+ to see your profile</h2>
    <form action="/connect/google" method="POST">
        <input type="hidden" name="scope"
            value="https://www.googleapis.com/auth/plus.me" />
        <div class="formInfo">
            Click the button to share your profile with
            <b>google plus</b>
        </div>
        <p>
            <button type="submit">Connect to Google</button>
        </p>
    </form>
</body>
</html>
```

31. googleConnected.html에는 다음과 같은 내용을 추가한다.

```
<html>
    <head><title>Social Google Plus</title></head>
    <body>
        <h2>Connected to Google</h2>
        <p>Click <a href="/">here</a> to see your profile.</p>
    </body>
</html>
```

32. 이제 애플리케이션을 실행시킬 준비가 됐다. 애플리케이션을 실행시킨 후 구글 플러스 API를 호출하기 위해 http://localhost:8080에서 인가 프로세스를 시작한다.

예제 분석

여기서 중요한 점은 애플리케이션 사용자를 개별적인 OAuth 2.0 프로바이더(구글)와 연결했다는 점이다. Spring Social을 이용한 다른 경우와 달리 사용자별로 연결되기 때문에 중요하다고 할 수 있다. 하지만 사용자가 스스로 social-google1 애플리케이션에 등록하는 것을 허용하지 않고 다음과 같은 코드로 미리 정의된 사용자 자격증명을 이용했다.

```
auth.inMemoryAuthentication()
    .withUser("adolfo").password("123").authorities("USER")
    .and()
    .withUser("jujuba").password("123").authorities("USER");
```

따라서 애플리케이션이 실행된 상태에서 브라우저로 http://localhost:8080에 가면 다음과 같은 인증 폼을 보게 될 것이다.

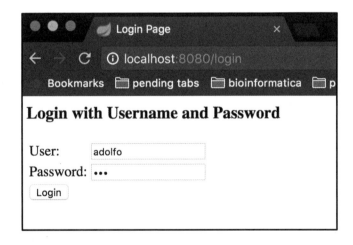

SecurityConfiguration 클래스에 선언한 사용자 자격증명 정보 중 하나를 입력하고 Login 버튼을 클릭하면 다음과 같은 페이지를 보게 될 것이다.

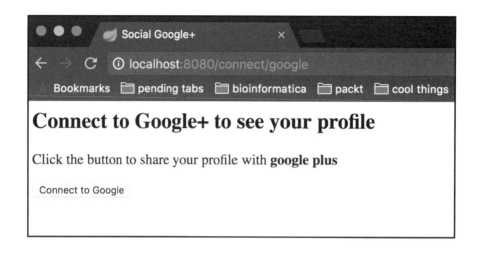

다음은 Connect to Google을 클릭해서 구글의 인증과 인가 폼으로 리다이렉트된 페이지를 보여준다.

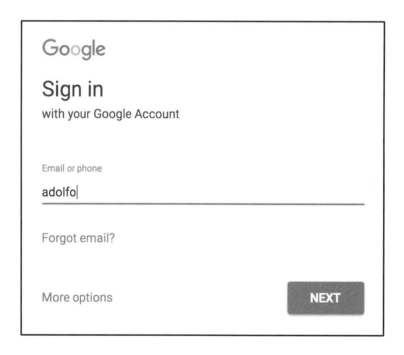

인증을 수행하고 요청된 권한이 인가되면 다음과 같은 페이지로 리다이렉트된다.

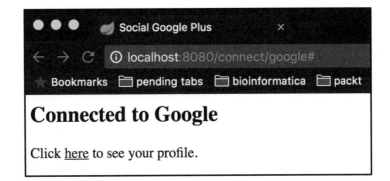

here 링크를 클릭하면 구글 플러스 API를 통해 사용자 이름을 보여주는 HTML 페이지가 나타난다. 이제 http://localhost:8080/logout로 가면 로그아웃되고, 다른 사용자로 로그인하려고 하면 로그인한 사용자마다 개별적인 연결을 한다는 것을 증명하는 새로운 연결 플로우가 시작된다.

부연 설명

여기서는 애플리케이션이 프록시 뒷단에서 실행될 때 발생하는 이슈를 피하기 위한 베이스 URL을 설정하지 않았다. 해당 이슈를 피하기 위해 GoogleConfigurerAdapter에 다음과 같은 코드를 추가한다.

```
@Bean
public ConnectController connectController(
        ConnectionFactoryLocator locator,
        ConnectionRepository repository) {

    ConnectController controller = new ConnectController(locator,
            repository);
    controller.setApplicationUrl("http://localhost:8080");
    return controller;
}
```

OAuth 2.0 프로바이더를 위한 동일한 리다이렉트 URL을 정의하는 것을 잊어서는 안 되며, 모든 통신은 TLS/SSL을 통해 수행돼야 한다.

보안성을 향상시키기 위해 모든 사용자의 자격증명 정보를 암호화해서 데이터베이스에 저장할 수도 있다(이는 Spring Security가 제공하는 기능이고, 자세한 것은 공식 문서인 https://projects.spring.io/spring-security/를 참조하기 바란다).

참고 사항

- 기반 환경 준비
- 서버 측에서 페이스북 사용자의 연락처 읽기
- 링크드인의 보호된 리소스에 접근

02

OAuth 2.0
프로바이더 구현

2장에서 다루는 내용은 다음과 같다.

- 인가 코드 그랜트 타입을 이용한 리소스 보호

- 암시적 그랜트 타입 지원

- OAuth 2.0 이전을 위한 리소스 소유자 패스워드 자격증명 그랜트 타입

- 클라이언트 자격증명 그랜트 타입

- 리프레시 토큰 지원

- 토큰과 클라이언트 정보를 저장하기 위한 관계형 데이터베이스 이용

- Redis를 이용한 토큰 저장

- 클라이언트 등록 구현

- 중간에서 OAuth 2.0 프로바이더의 분리

- 공유된 데이터베이스를 이용한 토큰 유효성 검사 과정을 Gatling으로 테스트

▌ 소개

요즘에는 많은 서비스와 상호작용하면서 동시에 네트워크를 통해 API를 분산된 서비스로 제공하는 애플리케이션이 요구된다. 그럼에도 불구하고 일반적으로 애플리케이션 사용자는 서드파티 애플리케이션에 권한을 부여할 필요가 있기 때문에 OAuth 2.0이 좋은 대안으로 여겨져 왔다.

2장에서는 OAuth 2.0 스펙에서 설명하는 모든 유형의 그랜트 타입에 대한 시나리오별로 OAuth 2.0 프로바이더를 만들고, 설정하고, 배포하는 방법, 관계형 데이터베이스와 Redis, NoSQL 데이터베이스를 이용해서 각기 다른 액세스 토큰들을 어떻게 관리하는지에 대해 알아본다. 2장의 모든 예제는 Spring Security OAuth2(이 글을 쓸 때의 최신 버전은 2.2.0.RELEASE 버전이었다. Spring Security OAuth2의 공식 문서인 http://projects.spring.io/spring-security-oauth/docs/oauth2.html을 참조하기 바란다)를 이용할 것이다. 요즘에는 애플리케이션 간에 매우 많은 연동이 이뤄지기 때문에 OAuth 2.0 프로바이더 자체를 설정하는 방법을 배우는 것이 중요하다. 또한 2장을 읽으면 Spring Security OAuth2를 통해 실질적인 OAuth 2.0 스펙의 세부 사항들을 모두 적용할 수 있다.

 TLS/SSL를 사용하면 클라이언트와 OAuth 2.0 프로바이더 간에 전달되는 모든 데이터를 보호할 수 있다는 점을 기억하기 바란다. 이는 이 책의 모든 예제에 대해서도 동일하게 고려돼야 하며, OAuth 2.0 애플리케이션을 실행시킬 때는 TLS/SSL을 이용하는지 확인해야 한다.

인가 코드 그랜트 타입을 이용한 리소스 보호

OAuth 2.0 그랜트 타입 중에서 가장 잘 알려진 인가 코드 그랜트^{Authorization Code Grant} 타입을 설정하는 방법을 알아보자. 인가 서버^{Authorization Server}와 리소스 서버^{Resource Server}로 구성된 OAuth 2.0 프로바이더에 대한 설정이 이뤄졌으면 인가 코드 그랜트 타입을 이용하는 애플리케이션은 리소스 사용을 위해 필요한 모든 리소스 소유자^{Resource Owner}의 인가를 제공한다(리소스는 리소스 서버에 의해 보호되는 API를 통해서 사용이 가능하다).

준비

먼저 자주 사용하는 IDE와 자바 8, Maven 설치가 필요하다. 예제 애플리케이션을 실행시키기 위해 CURL 커맨드라인 툴을 이용하거나 직관적으로 HTTP 요청을 만들수 있게 해주는 Postman 애플리케이션 설치를 추천한다. Postman을 이용하길 원한다면 https://www.getpostman.com/에서 설치 파일을 다운로드하면 된다. 이번에는 Spring Security OAuth2 프레임워크를 사용하고 가능한 한 데이터베이스를 이용하지 않을 것이다. 즉, 클라이언트의 세부 정보와 액세스 토큰을 저장하기 위해 inmemory 설정을 할 것이다.

그리고 소스코드는 https://github.com/PacktPublishing/OAuth-2.0-Cookbook/tree/master/Chapter02/auth-code-serve에서 다운로드할 수 있다.

예제 구현

다음은 OAuth 2.0 프로바이더를 처음부터 구현(이는 매우 비생산적이고 보안적으로도 문제가 발생할 가능성이 크다)할 필요 없이 Spring Security OAuth2를 이용해서 인가 서버와 리소스 서버를 설정하는 방법이다.

1. 이 책의 다른 예제와 마찬가지로 Spring Initializr로 프로젝트를 만든다. https://start.spring.io/에서 다음 내용을 설정한다.

   - Group을 `com.packt.example`로 설정
   - Artifact를 `auth-code-server`로 정의
   - Dependencies에는 `Web`과 `Security`를 추가

2. `auth-code-server` 프로젝트를 만든 다음에는 IDE에서 임포트한다. 이클립스를 사용한다면 Maven 프로젝트로 임포트하기만 하면 된다.

3. pom.xml 파일을 열어 Spring Security OAuth2 프로젝트(최신의 Spring Security OAuth2를 이용하려면 Spring Boot이 제공하는 버전으로 오버라이드해야 한다)를 이용한다는 내용을 추가한다.

```
<dependency>
    <groupId>org.springframework.security.oauth</groupId>
    <artifactId>spring-security-oauth2</artifactId>
    <version>2.2.0.RELEASE</version>
</dependency>
```

4. application.properties 파일을 열어 `auth-code-server` 애플리케이션의 사용자를 설정하는 다음과 같은 내용을 추가한다(물론 다른 사용자 정보를 이용할 수 있지만 필요할 때마다 변경해줘야 한다).

```
security.user.name=adolfo
security.user.password=123
```

5. OAuth 2.0으로 사용자의 리소스를 보호하길 원하기 때문에 보호할 무엇인가를 만들어야 한다. 그리기 위해 `com.packt.example.authcodeserver.api` 패키지 내에 `UserController.java`와 `UserProfile.java` 클래스를 만든다.

6. UserProfile.java 클래스에 다음과 같은 속성 정보를 추가한다(해당 속성에 대한 적절한 게터^{getter}와 세터^{setter}를 만드는 것을 잊어서는 안 된다).

```
public class UserProfile {
    private String name;
    private String email;
    // 간단한 설명을 위해 값을 조회하고 설정하는 메소드는 생략
}
```

7. UserController.java 클래스에 다음과 같이 클래스 선언의 앞부분에 @Controller 애노테이션을 추가한다.

 Spring은 @Controller, @Service, @Component와 같은 몇 가지 애노테이션을 제공한다. @Service와 @Component 같은 애노테이션은 선언한 클래스를 Spring이 관리(Spring이 디펜던시 인젝션 메커니즘을 관리)하는 Bean으로 정의한다. @Controller 애노테이션은 @Component 애노테이션의 특별한 형태로, 엔드포인트를 자바 소스코드로 매핑해주는 웹 컨트롤러를 위한 시맨틱을 추가한다.

```
@Controller
public class UserController {
}
```

8. 이제 다음의 코드에 나와 있는 것처럼 OAuth 2.0에 의해 보호될 엔드포인트를 제공하는 각각의 메소드를 추가해보자(org.springframework.security.core.userdetails 패키지의 User 클래스를 임포트).

```
@RequestMapping("/api/profile")
public ResponseEntity<UserProfile> profile() {
    User user = (User) SecurityContextHolder.getContext()
```

```
                .getAuthentication().getPrincipal();
        String email = user.getUsername() + "@mailinator.com";

        UserProfile profile = new UserProfile();
        profile.setName(user.getUsername());
        profile.setEmail(email);

        return ResponseEntity.ok(profile);
    }
```

9. OAuth 2.0으로 보호되는 엔드포인트를 만든 다음에는 com.packt.example. authcodeserver.config 패키지에 OAuth2AuthorizationServer 클래스를 만들어서 OAuth 2.0 인가 서버를 설정한다.

10. OAuth2AuthorizationServer 클래스에 다음과 같은 애노테이션을 추가하고 Spring Security OAuth2 프로젝트의 AuthorizationServerConfigurerAdapter 클래스를 상속한다.

```
@Configuration
@EnableAuthorizationServer
public class OAuth2AuthorizationServer extends
        AuthorizationServerConfigurerAdapter {
}
```

11. 모든 클라이언트의 세부 데이터를 설정하려고 ClientDetailsServiceConfigurer 인스턴스를 사용자 정의할 수 있는 configue 메소드를 오버라이드한다.

```
@Override
public void configure(ClientDetailsServiceConfigurer clients) throws
        Exception {
    clients.inMemory()
        .withClient("clientapp").secret("123456")
```

```
        .redirectUris("http://localhost:9000/callback")
        .authorizedGrantTypes("authorization_code")
        .scopes("read_profile", "read_contacts");
    }
```

12. 바로 이제 애플리케이션은 사용자가 권한을 인가하면 액세스 토큰을 발행할
    준비가 됐다. 하지만 사용자의 리소스(이 경우 리소스 소유자의 프로파일)에 접
    근할 수 있게 하려면 OAuth2AuthorizationServer와 동일한 패키지 내에
    OAuth2ResourceServer 클래스를 선언해서 리소스 서버의 설정을 만들어야
    한다.

13. 그다음에는 OAuth2ResourceServer에 애노테이션을 추가한다.

```
@Configuration
@EnableResourceServer
public class OAuth2ResourceServer extends
        ResourceServerConfigurerAdapter {
}
```

14. 사용자의 프로파일 엔드포인트 보호를 위해 OAuth2ResourceServer 클래스
    내에 다음과 같은 설정 메소드를 추가한다.

```
@Override
public void configure(HttpSecurity http) throws Exception {
    http.authorizeRequests().anyRequest().authenticated().and()
        .requestMatchers().antMatchers("/api/**");
}
```

15. 이제 애플리케이션은 액세스 토큰을 발행할 준비뿐만 아니라 API를 이용해서
    액세스 토큰을 검증할 준비가 됐다.

예제 분석

애플리케이션이 정상적으로 동작한다면 http://localhost:8080/api/profile에서 사용자
의 리소스에 접근할 수 있다. 다음에 설명하는 것을 모두 수행하고 애플리케이션이
실행돼 액세스 토큰을 얻게 되면 다음과 같은 JSON^{JavaScript Object Notation} 형태의 사용자
프로파일을 얻기 위한 요청을 프로파일 엔드포인트에 전달하게 된다.

```
{
    "name": "adolfo",
    "email": "adolfo@mailinator.com"
}
```

하지만 프로파일 엔드포인트에 요청을 보내려면 사용자가 자신의 프로파일을 공유
하겠다는 승인을 받은 다음에 유효한 액세스 토큰을 얻어 엔드포인트에 전달해야
한다. 이 경우 액세스 토큰은 리소스 서버의 설정으로 인해 유효성 검증이 수행된다.
OAuth2ResourceServer 클래스의 경우처럼 @EnableResourceServer 애노테이션을 추
가해서 Spring Security의 FilterChain 설정 내의 OAuth2AuthenticationProcessing
Filter를 추가하는 몇 가지 설정을 임포트한다. 그것은 /api/** 패턴과 매칭되는
엔드포인트에 대한 액세스 토큰 유효성 검사 프로세스 시작을 담당하는 필터다.

리소스 서버 설정뿐만 아니라 OAuth2AuthorizationServer 클래스를 통해 인가 서버
설정도 추가했다. OAuth2AuthorizationServer 클래스를 보면 그 안에 코드가 많지
않다는 것을 알 수 있다. Spring Security OAuth2 프레임워크로 인가 서버를 설정하는
것은 정말 쉽다. 하지만 뒤에서 많은 것들이 일어난다.

@EnableAuthorizationServer 애노테이션을 추가해서 AuthorizationServerEndpoints
Configuration과 AuthorizationServerSecurityConfiguration이라는 몇 가지 중
요한 설정 클래스를 임포트한다. AuthorizationServerEndpointsConfiguration 클
래스는 OAuth 2.0 인가 서버의 동작을 위한 중요한 종속성을 갖고 있다. 그것은 바로

AuthorizationServerEndpointsConfigurer 클래스로서 다음을 선언한다.

- AuthorizationEndpoint
- TokenEndpoint
- CheckTokenEndpoint

인가 플로우와 액세스 토큰, 리프레시 토큰 요청을 위한 엔드포인트로서 OAuth 2.0 관련 엔드포인트를 선언한다. 각각의 엔드포인트가 어떻게 동작하는지 깊이 이해하고 싶다면 깃허브[GitHub]에 있는 Spring Security OAuth2의 소스코드를 살펴보기 바란다. 애플리케이션을 실행시키면 선언된 몇 가지 OAuth 2.0 엔드포인트와 상호작용할 수 있다. 어떻게 동작하는지 보기 위해 IDE에서 애플리케이션을 실행시키거나 mvn spring-boot:run 명령으로 애플리케이션을 실행시킨다. 애플리케이션이 실행되면 브라우저로 다음 URL을 방문한다.

http://localhost:8080/oauth/authorize?client_id=clientapp&redirect_uri=http://localhost:9000/callback&response_type=code&scope=read_profile

인가 코드 그랜트 타입을 이용하기 때문에 리소스 소유자를 /oauth/authorize로 선언된 인가 페이지로 리다이렉트시켜야 한다. client_id와 redirect_uri, response_type과 권한 범위를 전달한다. 이때 response_type의 값은 code이어야 하고, 권한 범위의 값은 read_profile이어야 한다. 각 파라미터를 좀 더 잘 이해하려면 OAuth 2.0 스펙의 Authorization Request 섹션(https://tools.ietf.org/html/rfc6749#section-4.1.1)을 참조하면 된다. 주목할 점은 CSRF 공격을 피하기 위한 중요한 state 파라미터를 전달하지 않았다는 점이다(이에 대해서는 8장에서 좀 더 자세히 살펴본다).

인가 엔드포인트에서 인가 서버는 OAuth 2.0 스펙대로 리소스 소유자를 인증해야 한다.

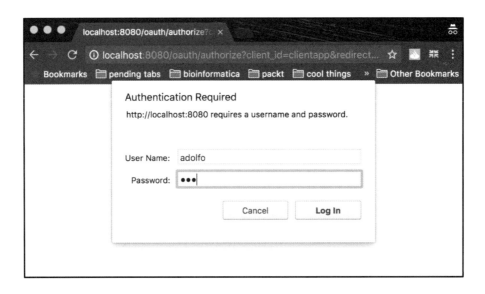

application.yml 설정 파일에 선언된 User Name과 Password(adolfo와 123)를 입력한다. Log In을 클릭하면 리소스 소유자가 서드파티 애플리케이션(클라이언트)을 위해서 요청된 권한을 허용할 것인지 선택할 수 있는 사용자 동의 페이지를 보게 될 것이다. 다음 페이지는 Spring Security OAuth2가 자동으로 만든 페이지이지만 원한다면 쉽게 다른 모습으로 변경할 수 있다.

다음 단계는 Authorize를 클릭하면 클라이언트 애플리케이션(redirect_uri로 정의한 곳으로)으로 리다이렉트된다. 리다이렉트 URI로 리다이렉트됐을 때 인가 서버는 특정 클라이언트에게 특정 리소스 서버에 대한 권한을 승인한다는 의미의 인가 코드Authorization Code를 발급해야 한다. 인가 코드는 다음과 같이 질의 문자열 파라미터로 전달된다.

http://localhost:9000/callback?**code=5sPk8A**

위 URL에는 인가 서버가 임의로 생성한 인가 코드가 포함돼 있으며, 클라이언트는 그것을 이용해서 액세스 토큰을 서버에게 요청한다. 인가 코드로 액세스 토큰을 요청하려면 터미널에서 다음과 같은 CURL 명령을 실행시키면 된다(여러분이 직접 테스트해볼 때는 다음의 코드 파라미터 값이 다를 것이다).

```
curl -X POST --user clientapp:123456 http://localhost:8080/oauth/token -H
"content-type: application/x-www-form-urlencoded" -d
"code=5sPk8A&grant_type=authorization_code&redirect_uri=http%3A%2F%2Flocalh
ost%3A9000%2Fcallback&scope=read_profile"
```

주목할 점은 인가 요청을 보낼 때 전달한 리다이렉트 URI가 그대로 사용된다는 점이다. OAuth 2.0 스펙에 의하면 인가 요청 시 리다이렉트 URI를 전달했다면 그것과 동일한 리다이렉트 URI가 사용돼야 한다. 위의 CURL 명령을 실행하면 다음과 같은 응답을 받는다.

```
{
    "access_token": "43c6f525-041f-43c8-b970- 82ba435d3c2c",
    "token_type": "bearer",
    "expires_in": 43199,
    "scope": "read_profile"
}
```

전달된 액세스 토큰을 이용해 /api/profile 엔드포인트로 사용자의 프로파일을 요청해보자.

```
curl -X GET http://localhost:8080/api/profile -H "authorization: Bearer
43c6f525-041f-43c8-b970-82ba435d3c2c"
```

아무런 문제가 없다면 다음과 같은 결과를 볼 수 있다.

```
{
    "name": "adolfo",
    "email": "adolfo@mailinator.com"
}
```

부연 설명

여기서는 최대한 간단히 설명했지만, 실제 OAuth 2.0 프로바이더를 설정할 때는 모든 클라이언트 세부 정보를 메모리상에 선언해서 저장하지 않고 데이터베이스를 이용해서 저장하는 것을 고려해보기 바란다.

또한 클라이언트와 OAuth 2.0 프로바이더 구성 요소 간에 전달되는 데이터는 TLS/SSL로 보호돼야 한다.

▌ 암시적 그랜트 타입 지원

이번에는 웹 브라우저에서 직접 실행되는 웹 애플리케이션(자바스크립트 애플리케이션과 같은)에 적당한 암시적 그랜트^{Implicit Grant} 타입을 설정하는 방법을 알아본다. 즉, 클라이언트가 OAuth 2.0으로 보호되는 API를 호출함으로써 리소스 소유자 명의의 리소스를 사용하는 데 필요한 모든 것을 제공할 것이다.

준비

먼저 자주 사용하는 IDE와 자바 8, Maven 설치가 필요하다. 이 그랜트 타입은 완전히 웹 브라우저에서 동작하기 때문에 액세스 토큰을 얻기 위한 명령을 실행하지 않아도 된다. 사용자가 서드파티 애플리케이션에 권한을 부여하면 액세스 토큰이 암시적으로 부여되기 때문이다. 이 예제에서는 Spring Security OAuth2 프레임워크를 사용하고 가능한 한 데이터베이스를 이용하지 않을 것이다. 그리고 소스코드는 https://github.com/PacktPublishing/OAuth-2.0-Cookbook/tree/master/Chapter02/implicit-server에서 다운로드할 수 있다.

예제 구현

다음은 Spring Security OAuth2를 이용하는 인가 서버와 리소스 서버를 설정하는 방법이다.

1. 이 책의 다른 예제와 마찬가지로 Spring Initializr로 프로젝트를 만든다. https://start.spring.io/에서 다음과 같은 내용을 설정한다.
   - Group을 com.packt.example로 설정
   - Artifact를 implicit-server로 정의
   - Dependencies에는 Web과 Security를 추가.
2. implicit-server 프로젝트를 만든 다음에는 IDE에서 임포트한다. 이클립스를 사용한다면 Maven 프로젝트로 임포트하기만 하면 된다.
3. pom.xml 파일을 열어 Spring Security OAuth2 프로젝트를 사용할 것이라는 내용을 추가한다(여기서는 사용하지 않지만 JWT를 이용한다면 최신 버전의 프로젝트를 이용하길 권장한다).

```xml
<dependency>
    <groupId>org.springframework.security.oauth</groupId>
    <artifactId>spring-security-oauth2</artifactId>
</dependency>
```

4. application.properties 파일을 열고 이전에 한 것과 동일하게 사용자의 자격 증명 정보(사용자 이름은 adolfo, 패스워드는 123)를 설정한다.

5. UserProfile과 UserController 클래스를 com.packt.example.implicitserver. api 패키지에 만든다. 그리고 두 클래스의 내용 또한 이전의 경우와 동일해야 한다(원한다면 깃허브에서 소스코드를 다운로드할 수 있다).

6. com.packt.example.implicitserver.config 패키지 내에 OAuth2ResourceServer 클래스를 만들어 /api/** 패턴의 엔드포인트를 보호하는 방법을 선언한다.

```java
@Configuration
@EnableResourceServer
public class OAuth2ResourceServer extends
        ResourceServerConfigurerAdapter {
    public void configure(HttpSecurity http) throws Exception {
        http
            .authorizeRequests().anyRequest().authenticated()
            .and()
            .requestMatchers().antMatchers("/api/**");
    }
}
```

7. 리소스 서버는 인가 코드 그랜트 타입을 지원하기 위해서 했던 것과 동일한 방법으로 설정한다.

8. 암시적 그랜트 타입을 설정하기 위해 OAuth2AuthorizationServer 클래스를 다음과 같은 내용으로 만든다.

```
@Configuration
@EnableAuthorizationServer
public class OAuth2AuthorizationServer extends
      AuthorizationServerConfigurerAdapter {
   public void configure(ClientDetailsServiceConfigurer clients)
        throws Exception {
      clients.inMemory()
         .withClient("clientapp").secret("123456")
         .redirectUris("http://localhost:9000/callback")
         .authorizedGrantTypes("implicit")
         .accessTokenValiditySeconds(120)
         .scopes("read_profile", "read_contacts");
   }
}
```

9. 위 코드는 앞서 인가 코드 그랜트 타입에서 만들었던 것과 유사해 보인다. 차이점은 authorizedGrantTypes를 Implicit로 정의한 것과 액세스 토큰의 유효성 검증 시간을 짧게 정의했다는 점이다.

10. IDE로 애플리케이션을 실행시키거나 Maven 명령인 mvn spring-boot:run으로 애플리케이션을 실행시킨다.

예제 분석

@EnableAuthorizationServer와 @EnableResourceServer 애노테이션을 사용하면 현재의 애플리케이션인 implicit-server가 OAuth 2.0 토큰 유효성 검증뿐만 아니라 인가 요청과 토큰 요청을 위한 OAuth 2.0 엔드포인트를 지원할 수 있다. 주요 차이점은 사용할 그랜트 타입을 바꿨다는 것이고, 그로 인해 인가 플로우가 약간 달라진다. 또한 암시적이라는 그랜트 타입의 이름처럼 액세스 토큰이 암시적으로 획득되기 때문에 /auth/token으로 요청을 보낼 필요가 없다.

애플리케이션을 실행시킨 다음 response_type 파라미터를 code 대신 token으로 설정해서 다음의 인가 URL을 방문한다.

```
http://localhost:8080/oauth/authorize?client_id=clientapp&redirect_uri=
http://ocalhost:9000/callback&response_type=token&scope=read_profile&
state=xyz
```

주목할 점은 URL 인코딩으로 파라미터를 인코딩하지 않았다는 점이다. 이는 인코딩을 해야 한다는 것을 강조하기 위함이고, 실제로 애플리케이션을 구현할 때는 모든 파라미터에 대한 인코딩을 고려해야 한다. 인가 엔드포인트에서 인가 서버는 리소스 소유자를 인증하기 위해 User Name과 Password 입력을 요구한다.

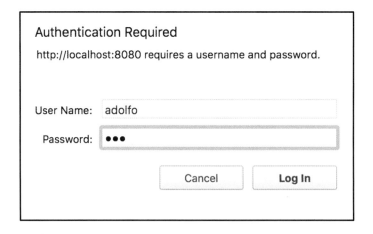

User Name과 Password를 입력(각각 adolfo와 123)하면 사용자에 대한 인증이 수행되고, 사용자는 다음과 같은 사용자 동의 페이지로 이동하게 된다.

OAuth Approval

Do you authorize 'clientapp' to access your protected resources?

- scope.read_profile: ● Approve ○ Deny

[Authorize]

요청된 권한 범위인 read_profile을 선택하고 Authorize를 클릭하면 redirect_uri 파라미터로 정의한 URI 콜백으로 리다이렉트된다. URL 프래그먼트로 access_token 과 state 파라미터가 전달되며, state 파라미터는 인가 서버의 인가 엔드포인트로 리다이렉트될 때 전달된 값이다.

```
http://localhost:9000/callback#access_token=a68fce80-522f-43ee-85d4-6705c
34e555c&token_type=bearer&state=xyz&expires_in=119
```

access_token과 state 파라미터뿐만 아니라 token_type과 expires_in 파라미터도 함께 전달된다. 그 파라미터들은 인가 코드 그랜트 타입으로 액세스 토큰을 요청할 때도 등장한다. 하지만 암시적 그랜트 타입인 경우에는 OAuth 2.0 스펙에 의거해서 액세스 토큰을 발급할 수 없다는 점을 명심해야 한다. 브라우저 내에서 실행되는 애플리케이션을 이용할 때는 항상 사용자가 있어야 하기 때문에 사용자는 필요하다면 언제나 서드파티 애플리케이션에 권한을 위임하기 때문에 암시적 그랜트 타입의 그런 동작 방식이 적합하다고 할 수 있다.

또한 인가 서버는 사용자의 세션을 인식하기 위한 조건과 리소스 소유자에게 인증을 수행하게 요청하거나 클라이언트에 권한을 다시 인가하도록 요청하지 않게 하기 위한 많은 조건을 갖고 있다. 암시적 그랜트 타입에서 리프레시 토큰을 발급하지 않는 또 다른 이유는 암시적 그랜트 타입이 리프레시 토큰과 같은 기밀 데이터를 보호할 수 없는 애플리케이션을 위한 것이기 때문이다.

이제는 앞서 발급받은 액세스 토큰으로 **/api/profile** 엔드포인트에서 사용자의 프로파일을 가져와보자. 사용자의 프로파일은 JSON 형태로 전달된다.

부연 설명

암시적 그랜트 타입을 이용할 때는 항상 서드파티 애플리케이션에 의한 리다이렉트 URI 등록이 필요하다. 이는 원하지 않은 등록된 클라이언트에 액세스 토큰이 전달되지 않게 하기 위함이다. 악의적인 사용자가 애플리케이션을 등록해서 다른 클라이언트 애플리케이션 행세를 해서 해당 애플리케이션 이름으로 액세스 토큰을 발급받을 수 있기 때문에 리다이렉트 URI를 등록하게 요구하지 않으면 처참한 결과가 초래될 수도 있다.

 구현을 할 때 지켜야만 하는 또 다른 중요한 점은 항상 TLS/SSL로 클라이언트와 OAuth 2.0 프로바이더 간에 전달되는 데이터를 보호해야 한다는 점이다.

참고 사항

- 인가 코드 그랜트 타입을 이용한 리소스 보호
- OAuth 2.0으로의 전환을 위한 리소스 소유자 패스워드 자격증명 그랜트 타입
- 클라이언트 자격증명 그랜트 타입

▎OAuth 2.0으로의 전환을 위한 리소스 소유자 패스워드 자격증명 그랜트 타입

이번에는 리소스 소유자 패스워드 자격증명^{Resource Owner Password Credentials} 또는 간단히 패스워드 자격증명에 대해 알아본다. 이 그랜트 타입은 사용자의 자격증명 정보를 요구하기 때문에 가능하면 사용하지 말아야 한다(OAuth 2.0은 접근 권한을 위임함으로써 이를 해결하고 있다). 하지만 사용자의 자격증명 정보를 공유하는 방식에서 OAuth 2.0으로 전환할 때 전략적으로 언급할 필요가 있다. 또한 클라이언트와 OAuth 2.0 프로바이더가 동일한 솔루션에 속할 때는 안전하게 사용될 수도 있다.

준비

먼저 자주 사용하는 IDE와 자바 8, Maven 설치가 필요하다. 클라이언트를 이용하지 않고 인가 서버와 리소스 서버와 상호작용할 것이기 때문에 CURL이나 Postman 설치를 추천한다. 이번에는 OAuth 2.0 프로바이더가 리소스 소유자의 자격증명 정보를 이용해서 등록한 클라이언트에게 액세스 토큰을 발급할 것이다. 이번에도 데이터베이스에 클라이언트의 세부 정보와 액세스 토큰을 저장하지는 않을 것이다. 소스코드는 https://github.com/PacktPublishing/OAuth-2.0-Cookbook/tree/master/Chapter02 /password-serve에서 다운로드할 수 있다.

예제 구현

다음은 Spring Security OAuth2를 이용하는 인가 서버와 리소스 서버를 설정하기 위한 방법이다.

1. 이 책의 다른 예제와 마찬가지로 Spring Initializr로 프로젝트를 만든다. 그리고 https://start.spring.io/에서 다음과 같은 내용을 설정한다.

- Group을 `com.packt.example`로 설정
- Artifact를 `password-server`로 정의
- Dependencies에는 `Web`과 `Security`를 추가

2. `password-server` 프로젝트를 만든 다음에는 IDE에서 임포트한다. 이클립스를 사용한다면 Maven 프로젝트로 임포트하기만 하면 된다.

3. pom.xml 파일을 열어 Spring Security OAuth2 프로젝트를 이용한다는 내용을 추가한다.

```
<dependency>
    <groupId>org.springframework.security.oauth</groupId>
    <artifactId>spring-security-oauth2</artifactId>
</dependency>
```

4. application.properties 파일을 열고 이전에 한 것과 동일하게 사용자의 자격 증명 정보(`security.user.name`은 `adolfo`, `security.user.password`는 `123`)를 설정한다.

5. `com.packt.example.passwordserver.api` 패키지 내에 `UserProfile.java`와 `UserController` 클래스를 만든다. 두 클래스의 소스코드는 2장의 앞에서 사용한 것과 동일해야 한다(원한다면 깃허브에서 소스코드를 다운로드할 수도 있다).

6. `OAuth2ResourceServer` 클래스를 `com.packt.example.passwordserver.config` 패키지 내에 만들어서 `/api/**` 패턴의 엔드포인트를 보호하는 방법을 선언한다.

```
@Configuration
@EnableResourceServer
public class OAuth2ResourceServer extends
ResourceServerConfigurerAdapter {
    @Override
```

```
    public void configure(HttpSecurity http) throws Exception {
        http
            .authorizeRequests().anyRequest().authenticated()
            .and()
            .requestMatchers().antMatchers("/api/**");
    }
}
```

7. OAuth2ResourceServer가 포함된 패키지에 OAuth2AuthorizationServer 클래스를 만들어 패스워드 그랜트 타입으로 설정한다.

```
@Configuration
@EnableAuthorizationServer
public class OAuth2AuthorizationServer extends
        AuthorizationServerConfigurerAdapter {
    @Override
    public void configure(ClientDetailsServiceConfigurer clients)
            throws Exception {
        clients.inMemory()
            .withClient("clientapp")
            .secret("123456")
            .redirectUris("http://localhost:9000/callback")
            .authorizedGrantTypes("password")
            .scopes("read_profile", "read_contacts");
    }
}
```

8. 이번의 OAuth2AuthorizationServer와 다른 그랜트 타입의 OAuth2Authorization Server와의 유일한 차이점은 authorizedGrantType이 password라는 것이다. 중요한 차이점은 OAuth 2.0 프로바이더와 상호작용할 때 나타난다.

9. 그대로 애플리케이션을 실행시키면 액세스 토큰을 요청할 때 다음과 같은 에러를 보게 된다. 패스워드 그랜트 타입인 경우에는 OAuth2AuthorizationServer 클래

스에 AuthenticationManager를 선언하지 않았기 때문이다.

```json
{
    "error": "unsupported_grant_type",
    "error_description": "Unsupported grant type: password"
}
```

10. OAuth2AuthorizationServer 클래스에 다음과 같은 속성을 추가한다.

```
@Autowired
private AuthenticationManager authenticationManager;
```

11. 그 후 OAuth2AuthorizationServer에서 AuthorizationServerConfigurerAdapter
    의 아래 메소드를 오버라이드해서 AuthorizationServerEndpointsConfigurer
    를 위한 authenticationManager를 설정한다.

```
public void configure(AuthorizationServerEndpointsConfigurer
        endpoints) throws Exception {
    endpoints.authenticationManager(authenticationManager);
}
```

12. IDE로 애플리케이션을 실행시키거나 Maven 명령인 mvn spring-boot:run으
    로 애플리케이션을 실행시킨다.

예제 분석

OAuth2AuthorzationServer와 OAuth2ResourceServer 클래스에서는 동일한 설정을
사용하기 때문에 Spring Security OAuth2에서 제공하는 것과 동일한 방식으로 모든
OAuth 2.0이 지원된다. 설정에 있어서 중요한 차이점은 authenticationManager 인

스턴스의 사용이다. authenticationManager는 인가 서버가 서드파티 애플리케이션의 액세스 토큰 요청에 대한 응답을 할 때 리소스 소유자의 자격증명을 인증해야 하기 때문에 필요하다.

또한 인가 플로우 자체에서도 중요한 차이점이 있다. 이 그랜트 타입을 사용할 때 사용자(또는 리소스 소유자)는 자신의 자격증명을 전달해야 한다. 동일한 솔루션으로 구성된 클라이언트와 서버를 처리할 때는 대부분 리소스 소유자와 클라이언트 애플리케이션 간에 신뢰 관계가 있어야 한다(예를 들면 리소스 소유자가 페이스북의 공식적인 클라이언트 애플리케이션과 상호작용한다면 결국 페이스북의 서버 측 애플리케이션과 상호작용하게 된다).

이 그랜트 타입이 어떻게 동작하는지 보기 위해 애플리케이션을 실행시키고 다음과 같이 username과 password 파라미터를 이용해서 리소스 소유자의 자격증명을 포함하는 요청을 보내면 된다(/oauth/token 엔드포인트로 액세스 토큰이 요청되면 인가 서버는 항상 클라이언트에 대한 인증을 수행해야 한다).

```
curl -X POST --user clientapp:123456 http://localhost:8080/oauth/token -H
"accept: application/json" -H "content-type: application/x-www-
formurlencoded" -d
"grant_type=password&username=adolfo&password=123&scope=read_profile"
```

이 명령을 실행하면 다음과 같은 형태의 JSON 응답이 전달돼야 한다(액세스 토큰 값은 다음과 분명 다를 것이다).

```
{
    "access_token": "28405009-b53d-4e52-bfc3-c8889a477675",
    "token_type": "bearer",
    "expires_in": 43199,
    "scope": "read_profile"
}
```

액세스 토큰의 만료 시간을 따로 설정하지 않았다. Spring Security OAuth2는 기본적으로 액세스 토큰의 만료 시간을 43200초로 설정한다. 사용되는 그랜트 타입(예를 들면 암시적 그랜트 타입인 경우)에 따라 액세스 토큰의 만료 시간을 작게 설정해야 할 수도 있다.

유효한 액세스 토큰을 전달 받았다면 다음과 같은 명령으로 사용자의 프로파일을 요청해보자.

```
curl -X GET http://localhost:8080/api/profile -H "authorization: Bearer
28405009-b53d-4e52-bfc3-c8889a477675"
```

명령의 결과로 사용자 이름과 이메일 주소를 볼 수 있다.

부연 설명

이 그랜트 타입은 가능하면 사용하지 말아야 하지만, 클라이언트 애플리케이션과 동일한 도메인에 속하는 하나의 서버와 상호작용할 때는 문제가 되지 않는다. 즉, 클라이언트와 OAuth 2.0 프로바이더 모두 동일한 솔루션에 속한 경우에 해당한다. 동일한 애플리케이션을 클라이언트와 서버로 나눠서 구성한 것이므로 동일한 애플리케이션이라고 할 수 있다. 따라서 사용자는 자신의 자격증명이 공유되는 것을 신뢰할 수 있다. 유일하게 짚고 넘어가야 할 중요한 점은 클라이언트 애플리케이션은 액세스 토큰을 얻기 위해 전달한 사용자 이름과 패스워드를 저장하지 않고 버려야 한다는 것이다.

이번 경우에도 TLS/SSL를 기반으로 통신해야 한다는 점을 잊어서는 안 된다.

참고 사항

- 인가 코드 그랜트 타입을 이용한 리소스 보호
- 암시적 그랜트 타입 지원
- 클라이언트 자격증명 그랜트 타입

▌ 클라이언트 자격증명 그랜트 타입

이번에는 애플리케이션이 리소스 소유자의 리소스 대신 자체적인 리소스에 대한 접근이 필요할 때 사용할 수 있는 클라이언트 자격증명 그랜트^{Client Credentials Grant} 타입에 대해 알아본다.

준비

자주 사용하는 IDE와 자바 8, Maven 설치가 필요하다. 앞에서와 마찬가지로 CURL 명령을 이용해서 몇 가지 HTTP 요청을 수행할 것이다. 따라서 CURL이나 Postman 설치가 필요하다. 이번에도 Spring Security OAuth2 프레임워크를 사용할 것이고, 데이터베이스는 사용하지 않을 것이다. 소스코드는 https://github.com/PacktPublishing/OAuth-2.0-Cookbook/tree/master/Chapter02/clientcredentials-server에서 다운로드할 수 있다.

예제 구현

다음은 Spring Security OAuth2를 이용하는 인가 서버와 리소스 서버에 대한 설정 방법이다.

1. 이 책의 다른 예제와 마찬가지로 Spring Initializr로 프로젝트를 만든다. 그리고 https://start.spring.io/에서 다음과 같은 내용을 설정한다.
   - Group을 com.packt.example로 설정
   - Artifact를 client-credentials-server로 정의
   - Dependencies에는 Web과 Security를 추가

2. client-credential-server 프로젝트를 만든 다음에는 IDE에서 임포트한다. 이클립스를 사용한다면 Maven 프로젝트로 임포트하기만 하면 된다.

3. pom.xml 파일을 열어 Spring Security OAuth2 프로젝트를 이용한다는 내용을 추가한다.

```
<dependency>
    <groupId>org.springframework.security.oauth</groupId>
    <artifactId>spring-security-oauth2</artifactId>
</dependency>
```

4. application.properties 파일을 열고 이전에 한 것과 동일하게 사용자의 자격 증명 정보를 설정한다.

5. 이번에는 사용자의 경험에 초점을 맞추지는 않지만 여전히 사용자의 프로파일을 가져오기 위한 API는 만들어야 한다. 사용자가 자신의 프로파일에 접근하기 위한 애플리케이션에 안전하게 접근할 수 있게 만들기 위해 UserProfile과 UserController 클래스를 api 서브패키지에 만든다. 두 클래스의 내용은 모두 2장의 첫 번째 그랜트 타입을 설명할 때 만든 것과 동일해야 한다 (UserProfile 클래스를 위한 필드를 이용해서 생성).

6. UserController 클래스의 @RequestMapping 애노테이션의 "/api/profile"을 "/user"로 변경한다.

7. 클라이언트 자격증명 그랜트 타입을 이용하기 때문에 클라이언트가 사용자의 프로파일에 접근하는 것을 허용하지 않을 것이다. 사용자 프로파일 대신 클라

이언트가 OAuth 2.0으로 보호하는 애플리케이션 서버에 등록된 모든 사용자의 정보를 얻을 수 있는 API를 만들 것이다. 이와 같은 비즈니스 로직은 관심사가 아닐 수도 있다. 따라서 비즈니스 제품 자체에 초점을 맞추기보다는 Spring Security OAuth2를 이용한 클라이언트 자격증명 그랜트 타입을 이용하는 방법에 초점을 맞출 것이다. com.packt.example.clientcredentialsserver.api 패키지에 다음과 같은 `AdminController` 클래스를 만든다.

```
@Controller
@RequestMapping("/api")
public class AdminController {

    @RequestMapping("/users")
    public ResponseEntity<List<UserProfile>> getAllUsers() {
        return ResponseEntity.ok(getUsers());
    }

    private List<UserProfile> getUsers() {
        List<UserProfile> users = new ArrayList<>();
        users.add(new UserProfile("adolfo", "adolfo@mailinator.com"));
        users.add(new UserProfile("demigreite",
                "demigreite@mailinator.com"));
        users.add(new UserProfile("jujuba",
                "jujuba@mailinator.com"));
        return users;
    }
}
```

8. API를 보호하기 위해 com.packt.example.clientcredentialsserver.config 패키지에 리소스 서버 설정을 위한 **OAuth2ResourceServer** 클래스를 만든다.

```
@Configuration
@EnableResourceServer
```

```
public class OAuth2ResourceServer extends
        ResourceServerConfigurerAdapter {
    @Override
    public void configure(HttpSecurity http) throws Exception {
        http.authorizeRequests()
            .anyRequest()
            .authenticated()
            .and()
            .requestMatchers()
            .antMatchers("/api/**");
    }
}
```

9. 액세스 토큰을 발급하기 위해 **OAuth2ResourceServer** 클래스와 동일한 패키
   지에 **OAuth2AuthorizationServer** 클래스를 만든다(authorizedGrantTypes뿐
   만 아니라 클라이언트 ID와 클라이언트 시크릿도 다르게 설정).

```
@Configuration
@EnableAuthorizationServer
public class OAuth2AuthorizationServer extends
        AuthorizationServerConfigurerAdapter {
    @Override
    public void configure(ClientDetailsServiceConfigurer clients)
            throws Exception {
        clients.inMemory()
            .withClient("clientadmin")
            .secret("123")
            .authorizedGrantTypes("client_credentials")
            .scopes("admin");
    }
}
```

10. 등록되지 않은 사용자로부터 /users API를 보호하기 위해서 config 패키지에 다음과 같은 Spring Security 클래스를 만든다.

```
@Configuration
@EnableWebSecurity
public class WebSecurityConfiguration extends
        WebSecurityConfigurerAdapter {
    @Override
    protected void configure(HttpSecurity http) throws Exception {
        http
            .authorizeRequests()
            .anyRequest().authenticated().and()
            .antMatcher("/user/**")
            .httpBasic()
            .and()
            .csrf().disable();
    }
}
```

11. IDE로 애플리케이션을 실행시키거나 Maven 명령인 mvn spring-boot:run으로 애플리케이션을 실행시킨다.

예제 분석

이번에는 등록된 클라이언트이기만 하면 리소스에 접근할 수 있는 특별한 형태의 OAuth 2.0 그랜트 타입을 살펴봤다. 이전에는 서드파티 애플리케이션이 리소스 소유자 대신 리소스 소유자의 리소스에 접근하는 형태의 그랜트 타입들이었다. 이 그랜트 타입을 설명하기 위해 클라이언트가 OAuth 2.0 프로바이더에 등록된 모든 사용자 정보를 얻을 수 있는 가상의 API를 위한 엔드포인트를 만들었다.

인가 서버와 리소스 서버를 위한 설정은 다른 그랜트 타입과 거의 동일하다. 주요 차이점은 리다이렉트 URI가 필요 없다는 것이다. 또한 다음과 같이 그랜트 타입을 설정해야 한다는 것이다.

```
clients.inMemory()
    .withClient("clientadmin")
    .secret("123")
    .authorizedGrantTypes("client_credentials")
    .scopes("admin");
```

OAuth 2.0 프로바이더와 어떻게 상호작용하는지 이해하기 위해 애플리케이션을 실행해보자. 클라이언트 자격증명 그랜트 타입을 사용할 때는 인가 플로우가 없기 때문에 어떤 사용자와의 상호작용도 필요 없다. 하지만 액세스 토큰을 요청할 때는 클라이언트 자격증명 그랜트 타입이라는 것을 명시하기 위해 다음과 같이 CURL 명령에 client_credentials를 포함해서 함께 전달해야 한다.

```
curl -X POST "http://localhost:8080/oauth/token" --user clientadmin:123 -d
"grant_type=client_credentials&scope=admin"
```

이 명령을 실행하면 다음과 같은 형태의 응답을 전달받는다.

```
{
    "access_token":"f6f81a52-7920-4f95-a83b-72fbfb5188c5",
    "token_type":"bearer",
    "expires_in":43157,
    "scope":"admin"
}
```

OAuth 2.0 스펙에 따르면 클라이언트 자격증명 그랜트 타입을 사용할 때 인가 서버는 사용자 경험과 관련된 어떤 것도 걱정할 필요가 없기 때문에 리프레시 토큰을 발급하지 않는다. 액세스 토큰이 만료되면 클라이언트 자체가 새로운 액세스 토큰 발급을 요청할 수 있다.

액세스 토큰을 얻는 방법과는 상관없이 액세스 토큰을 사용하는 방법은 이전과 동일하다. 따라서 OAuth 2.0으로 보호된 리소스를 요청하려면 HTTP 인가 헤더에 액세스 토큰을 담아 요청을 보내기만 하면 된다.

```
curl "http://localhost:8080/api/users" -H "Authorization: Bearer
f6f81a52-7920-4f95-a83b-72fbfb5188c5"
```

명령 실행 결과 다음과 같은 결과를 얻을 수 있다.

```
[
    { "name": "adolfo", "email": "adolfo@mailinator.com"},
    { "name": "demigreite", "email": "demigreite@mailinator.com"}
]
```

이는 HTTP Basic Authentication이나 다른 인증 메커니즘을 이용해서 안전하게 다른 보호된 리소스에도 접근할 수 있다는 것을 보여준다. 이를 구체적으로 보여주기 위해서 WebSecurityConfigurerAdapter를 상속하는 WebSecurityConfiguration 설정 클래스를 선언했다. 다음 코드에서 볼 수 있듯이 /user/** 패턴으로 매칭되는 모든 엔드포인트는 HTTP Basic Authentication으로 보호된다.

```
.antMatcher("/user/**").httpBasic()
```

앞서 발급받은 액세스 토큰으로는 /user 엔드포인트에 요청을 보낼 수 없다. /user 엔드포인트는 OAuth 2.0이 아닌 HTTP Basic Authentication으로 보호되기 때문이다. 이제 사용자의 프로파일을 요청하는 올바른 방법은 다음과 같이 요청을 보내는 것이다.

```
curl "http://localhost:8080/user" --user adolfo:123
```

부연 설명

이 그랜트 타입은 애플리케이션이 리소스 소유자에게서 권한을 위임 받아 리소스에 접근하는 것이 아니라 자신의 목적을 위해 애플리케이션이 사용하는 것이다. 리프레시 토큰을 이용하면 쉽게 액세스 토큰을 교대로 사용할 수 있고, 동적으로 등록하는 과정이 쉽고, 서비스 통합 시 모든 과정을 자동화할 수 있기 때문에 마이크로서비스 생태계에서 채택되고 있다. 특정 클라이언트에게 수동으로 액세스 토큰을 발급한다는 사실에도 불구하고 마이크로서비스 사이뿐만 아니라 서드파티 애플리케이션에서도 사용된다(물론 클라이언트의 수가 너무 많으면 클라이언트 등록 관리를 수동으로 하는 것은 불가능하다).

『Building Microservices』라는 책에서 샘 뉴먼은 책임이 잘 정의된 작고 자율적인 서비스라는 의미로 마이크로서비스라는 용어를 사용했다.

많은 작은 서비스가 액세스 토큰 유효성 검사를 수행하면서 상호작용하지만 성능상의 문제가 발생할 수도 있기 때문에 토큰 유효성 검사를 전략적으로 고려하는 것도 중요하다. 2장의 마지막 부분을 보고 부하 테스트 애플리케이션을 만드는 방법을 배워서 Gatling으로 액세스 토큰의 유효성 검사를 수행할 때의 응답 시간을 측정해 보기 바란다.

참고 사항

- 인가 코드 그랜트 타입을 이용한 리소스 보호
- 암시적 그랜트 타입 지원
- OAuth 2.0으로의 전환을 위한 리소스 소유자 패스워드 자격증명 그랜트 타입

리프레시 토큰 지원

이번에는 OAuth 2.0 스펙에서 중요하게 다루고 Spring Security OAuth2에도 구현된 기능에 대해 살펴보는데, 그것은 리프레시 토큰 그랜트 타입이다. 리프레시 토큰 그랜트^{Refresh Token Grant} 타입은 액세스 토큰이 만료될 때마다 리소스 소유자가 매번 인가 서버를 통해 수행해야 하는 인증, 인가 절차를 수행하지 않아도 되기 때문에 좀 더 좋은 사용자 경험을 제공할 수 있다.

준비

자주 사용하는 IDE와 자바 8, Maven 설치가 필요하다. 인가 코드 그랜트 타입과 패스워드 그랜트 타입이 리프레시 토큰을 지원할 수 있게 만들 것이기 때문에 인가 서버와 리소스 소유자와의 상호작용이 필요하며, 이를 위해 이미 잘 알고 있는 CURL 명령과 웹 브라우저를 이용할 것이다. 이번에는 OAuth 2.0 프로바이더가 등록된 클라이언트에게 액세스 토큰과 리프레시 토큰을 발급할 것이다. 이번에도 데이터베이스에 클라이언트의 세부 정보와 액세스 토큰을 저장하지는 않을 것이다. 소스코드는 https://github.com/PacktPublishing/OAuth-2.0-Cookbook/tree/master/Chapter02/refreshserver에서 다운로드할 수 있다.

예제 구현

다음은 Spring Security OAuth2를 이용하는 인가 서버와 리소스 서버에 대한 설정 방법이다.

1. 이 책의 다른 예제와 마찬가지로 Spring Initializr로 프로젝트를 만든다. 그리고 https://start.spring.io/에서 다음과 같은 내용을 설정한다.

   ⊙ Group을 `com.packt.example`로 설정

- Artifact를 refresh-server로 정의
- Dependencies에는 Web과 Security를 추가

2. refresh-server 프로젝트를 만든 다음에는 IDE에서 임포트한다. 이클립스를 사용한다면 Maven 프로젝트로 임포트하기만 하면 된다.

3. pom.xml 파일을 열어 Spring Security OAuth2 프로젝트를 이용한다는 내용을 추가한다.

```xml
<dependency>
    <groupId>org.springframework.security.oauth</groupId>
    <artifactId>spring-security-oauth2</artifactId>
</dependency>
```

4. application.properties 파일을 열고 이전에 한 것과 동일하게 사용자의 자격증명 정보를 설정한다. 즉, security.user.name은 adolfo로 security.user.password는 123으로 설정한다.

5. OAuth 2.0으로 보호하기 위한 API를 만들기 위해 com.packt.example.refreshserver.api 패키지에 UserProfile과 UserController 클래스를 만든다. 두 클래스의 내용은 모두 2장의 첫 번째 그랜트 타입을 설명할 때 만든 것과 동일해야 한다(원한다면 깃허브에서 해당 소스코드를 다운로드할 수 있다).

6. 다음과 같이 리소스 서버를 설정하는 클래스를 com.packt.example.refreshserver.config 패키지 안에 만든다.

```java
@Configuration
@EnableResourceServer
public class OAuth2ResourceServer extends
        ResourceServerConfigurerAdapter {
  @Override
  public void configure(HttpSecurity http) throws Exception {
    http.authorizeRequests()
```

```
        .anyRequest( )
        .authenticated( )
        .and( )
        .requestMatchers( )
        .antMatchers("/api/**");
    }
}
```

7. 인가 서버 설정을 추가기하 위해서는 OAuth2AuthorizationServer 클래스를 만든다.

```
@Configuration
@EnableAuthorizationServer
public class OAuth2AuthorizationServer extends
        AuthorizationServerConfigurerAdapter {
    @Override
    public void configure(ClientDetailsServiceConfigurer clients)
            throws Exception {
        clients.inMemory( )
            .withClient("clientapp")
            .secret("123456")
            .authorizedGrantTypes("authorization_code", "password",
                "refresh_token")
            .accessTokenValiditySeconds(120)
            .scopes("read_profile", "read_contacts");
    }
}
```

8. 설정한 인가 서버는 인가 코드, 패스워드, 리프레시 토큰 그랜트 타입을 모두 지원한다. 리프레시 토큰도 그랜트 타입으로 간주할 수 있다. 새로운 액세스 토큰을 요청하는 방법을 기술하기 때문이다. 또한 리프레시 토큰은 액세스 토큰을 얻기 위해 사용된 엔드포인트(/oauth/token)와 동일한 것을 사용한다.

9. `ClientDetailsServiceConfigurer`의 `accessTokenValiditySeconds` 메소드는 토큰이 발급되고 2분 후에 해당 토큰이 만료되도록 정의하고 있다.

10. 다른 두 가지 그랜트 타입 외에도 패스워드 그랜트 타입을 사용하기 때문에 `AuthorizationServerEndpointsConfigurer`에 `AuthenticationManager`를 삽입해서 설정해야 한다. 이를 위해 `OAuth2AuthorizationServer` 클래스의 다음과 같은 코드를 추가한다.

```
@Autowired
private AuthenticationManager authenticationManager;

@Override
public void configure(AuthorizationServerEndpointsConfigurer
        endpoints) throws Exception {
    endpoints.authenticationManager(authenticationManager);
}
```

11. IDE로 애플리케이션을 실행시키거나 Maven 명령인 `mvn spring-boot:run`으로 애플리케이션을 실행시킨다.

예제 분석

액세스 토큰이 만료될 때마다 항상 사용할 수 없게 된다면 사용자는 인가 서버를 통해 모든 인증 절차를 다시 수행하고, 권한 위임 절차 또한 다시 수행해야 한다. 사용자 경험에 대한 단점뿐만 아니라 토큰이 만료됐을 시점에 해당 사용자가 없을 수도 있다. 사용자가 일단 서드파티 애플리케이션에게 자기 대신 리소스에 접근할 수 있는 권한을 부여했다면 서드파티 애플리케이션은 사용자가 로그인 상태가 아니더라도 해당 리소스에 접근할 수 있어야 한다. 다음 그림은 사용자가 현재 없을 때 애플리케이션이 사용자의 리소스에 접근하는 방법을 설명한다.

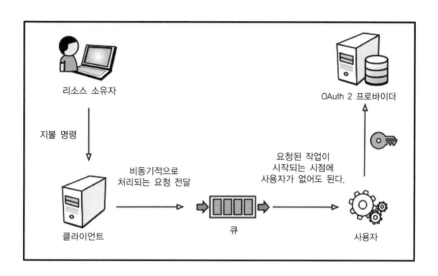

그림을 보면 알 수 있듯이 결제 업체인 OAuth 2 프로바이더에 지불 명령을 요청할 때 사용자가 없어도 된다. 소비자는 사용자에게 인증과 새로운 액세스 토큰 발급을 인가해달라고 요청할 수 없다. 또한 모든 처리가 서버에서 이뤄진다.

Spring Security OAuth2에서는 다음과 같이 인가 그랜트 타입을 추가로 정의하면 리프레시 토큰을 발급받을 수 있다.

```
.authorizedGrantTypes("authorization_code", "password", "refresh_token")
```

리프레시 토큰을 테스트해보기 위해 액세스 토큰의 만료 시간을 다음과 같이 매우 짧은 시간(120초, 2분)으로 설정했다.

```
.accessTokenValiditySeconds(120)
```

애플리케이션을 실행시키고 액세스 토큰을 요청한다. 이때 인가 코드 그랜트 플로우를 사용할 수도 있지만 테스트를 위해 패스워드 그랜트 타입을 사용할 것이다. 다음과 같은 액세스 토큰 요청을 인가 서버에 보낸다.

```
curl -X POST --user clientapp:123456 http://localhost:8080/oauth/token -H
"accept: application/json" -H "content-type: application/x-www-formur-
lencoded" -d
"grant_type=password&username=adolfo&password=123&scope=read_profile"
```

이제 요청 결과로 다음과 같이 refresh_token을 비롯한 여러 값이 전달돼야 한다.

```
{
    "access_token":"91541ac7-8d63-4106-9660-c1847fd4b37e",
    "token_type":"bearer",
    "refresh_token":"985436a9-85cc-45ce-90d4-66a840a1a5dd",
    "expires_in":119,
    "scope":"read_profile"
}
```

제대로 동작하는지 확인하기 위해 발급받은 액세스 토큰을 이용해서 사용자의 프로파일에 접근한 후 2분이 지난 다음 다시 요청을 보내본다.

```
curl -X GET http://localhost:8080/api/profile -H "authorization: Bearer
91541ac7-8d63-4106-9660-c1847fd4b37e"
```

응답 결과는 다음과 같을 것이다.

```
{
    "error":"invalid_token",
    "error_description":"Access token expired: 91541ac7-8d63-4106-9660-
        c1847fd4b37e"
}
```

이제는 앞서 전달 받은 리프레시 토큰을 이용해서 다음과 같은 명령으로 새로운 액세스 토큰을 요청해보자.

```
curl -X POST --user clientapp:123456 http://localhost:8080/oauth/token -H
"content-type: application/x-www-form-urlencoded" -d
"grant_type=refresh_token&refresh_token=985436a9-85cc-45ce-90d4-66a840a1a
5dd&scope=read_profile"
```

요청 결과로 완전히 새로운 액세스 토큰이 전달돼야 하고 그것을 이용해서 사용자의
리소스(사용자의 프로파일)에 접근할 수 있을 것이다.

부연 설명

앞에서도 언급했듯이 리프레시 토큰을 사용할 수 있는 그랜트 타입은 인가 코드 그랜
트와 패스워드 그랜트 타입이다. 두 그랜트 타입은 모두 클라이언트의 기밀성을 기반
으로 한다. 즉, 두 그랜트 타입을 이용할 수 있는 애플리케이션은 안전하게 민감한
데이터를 저장할 수 있는 유형이다. 따라서 공개용 클라이언트는 리프레시 토큰을
안전하게 저장할 수 없기 때문에 리프레시 토큰을 사용하지 말아야 한다.

리프레시 토큰을 사용할 때는 앞에서도 언급했듯이 항상 TLS/SSL로 암호화해서 클라
이언트와 OAuth 2.0 프로바이더 간에 전달되는 데이터를 보호해야 한다.

 사용자 정의 UserDetailsService를 사용한다면 그것을 AuthorizationServer 설정 클래
스에 추가하고 AuthorizationServerEndpointsConfigurer를 위한 UserDetailsService
속성을 설정해야 한다(AuthenticationManager에서 했던 것과 동일한 방법으로). 이는
액세스 토큰을 갱신하려고 할 때 리소스 소유자가 자격증명을 재정의해서 이전에 부
여된 권한이 무효화될 수 있기 때문이다.

참고 사항

- 인가 코드 그랜트 타입을 이용한 리소스 보호
- OAuth 2.0으로의 전환을 위한 리소스 소유자 패스워드 자격증명 그랜트 타입

▌ 토큰과 클라이언트 정보를 저장하기 위한 관계형 데이터베이스 이용

이번에는 데이터를 메모리상에 저장하지 않고 실제 제품의 데이터 저장 전략과 좀 더 가까운 방법을 살펴본다. 즉, 관계형 데이터베이스 관리 시스템^{RDBMS, Relational Database Management System}을 이용해서 모든 클라이언트 관련 데이터와 토큰 관련 데이터를 저장하는 방법을 설명한다.

준비

이번에는 MySQL 데이터베이스가 필요하며, 그 외에 IDE 및 OAuth 2.0 프로바이더와 상호작용하기 위한 툴이 필요하다. 소스코드는 https://github.com/PacktPublishing/OAuth-2.0-Cookbook/tree/master/Chapter02/rdbm-server에서 다운로드할 수 있다.

예제 구현

다음은 클라이언트 정보와 토큰을 저장하기 위한 저장소로, 데이터베이스를 설정하는 방법이다.

1. 이 책의 다른 예제와 마찬가지로 Spring Initializr로 프로젝트를 만든다. 그리고 https://start.spring.io/에서 다음과 같은 내용을 설정한다.

   - Group을 `com.packt.example`로 설정
   - Artifact를 `rdbm-server`로 정의

∘ Dependencies에는 Web과 JPA, MySQL, Security를 추가

2. rdbm-server 프로젝트를 만든 다음에는 IDE에서 임포트한다. 이클립스를 사용한다면 Maven 프로젝트로 임포트하면 된다.

3. pom.xml 파일을 열어 다음과 같은 내용을 추가한다.

```
<dependency>
    <groupId>org.springframework.security.oauth</groupId>
    <artifactId>spring-security-oauth2</artifactId>
</dependency>
```

4. application.properties 파일을 열어서 사용자의 자격증명과 데이터베이스 연결 속성을 추가한다.

```
security.user.name=adolfo
security.user.password=123
spring.datasource.url=jdbc:mysql://localhost/oauth2provider
spring.datasource.username=oauth2provider
spring.datasource.password=123
spring.datasource.driver-class-name=com.mysql.jdbc.Driver
spring.jpa.properties.hibernate.dialect=org.hibernate.dialect.MySQL5Dialect
spring.jpa.properties.hibernate.hbm2ddl.auto=validate
```

5. 설정된 데이터베이스를 사용하기 전에 MySQL 콘솔에서 다음과 같은 SQL 명령을 실행해서 데이터베이스를 만들어야 한다.

```
CREATE DATABASE oauth2provider;
CREATE USER 'oauth2provider'@'localhost' IDENTIFIED BY '123';
GRANT ALL PRIVILEGES ON oauth2provider.* TO
        'oauth2provider'@'localhost';
```

6. 이제는 다음과 같은 SQL 명령을 실행해서 클라이언트 등록과 관련된 모든 데이터를 저장할 oauth2provider 테이블을 만든다.

```
create table oauth_client_details (
    client_id VARCHAR(256) PRIMARY KEY,
    resource_ids VARCHAR(256),
    client_secret VARCHAR(256),
    scope VARCHAR(256),
    authorized_grant_types VARCHAR(256),
    web_server_redirect_uri VARCHAR(256),
    authorities VARCHAR(256),
    access_token_validity INTEGER,
    refresh_token_validity INTEGER,
    additional_information VARCHAR(4096),
    autoapprove VARCHAR(256)
);
```

7. 발급된 액세스 토큰을 저장하기 위한 테이블을 만든다.

```
create table oauth_access_token (
    token_id VARCHAR(256),
    token LONG VARBINARY,
    authentication_id VARCHAR(256) PRIMARY KEY,
    user_name VARCHAR(256),
    client_id VARCHAR(256),
    authentication LONG VARBINARY,
    refresh_token VARCHAR(256)
);
```

8. Spring Security OAuth2가 사용자의 승인을 저장하고 리프레시 토큰을 발급하기 위한 테이블을 만든다.

```
create table oauth_approvals (
    userId VARCHAR(256),
    clientId VARCHAR(256),
    scope VARCHAR(256),
    status VARCHAR(10),
    expiresAt TIMESTAMP,
    lastModifiedAt TIMESTAMP
);
create table oauth_refresh_token (
    token_id VARCHAR(256),
    token LONG VARBINARY,
    authentication LONG VARBINARY
);
```

9. ClientDetailsServiceConfigurer 인스턴스로 OAuth2AuthorizationServer 내에서 정의한 모든 설정 내용은 다음의 SQL 명령으로 oauth_client_details 테이블에 새로운 행을 삽입할 수 있다.

```
INSERT INTO oauth_client_details (client_id, resource_ids,
        client_secret, scope, authorized_grant_types,
        web_server_redirect_uri, authorities, access_token_validity,
        refresh_token_validity, additional_information, autoapprove)
VALUES ('clientapp', null, '123456', 'read_profile,read_posts',
        'authorization_code', 'http://localhost:9000/callback', null,
        3000, -1, null, 'false');
```

10. 클라이언트의 자격증명 보호를 강화하기 위해 클라이언트 시크릿을 암호화해서 저장한다. 임시로 main 메소드(어떤 클래스 안에 만들든 상관없음)를 만들어서 암호화된 클라이언트 시크릿 값을 만든다.

```
public static void main(String[] args) {
    BCryptPasswordEncoder encoder = new BCryptPasswordEncoder(4);
    String clientSecret = "123456";
    clientSecret = encoder.encode(clientSecret);
    System.out.println(clientSecret);
}
```

11. 이 코드를 이용해서 암호화된 클라이언트 시크릿 값이 화면에 출력하게 만든
    다. 그다음에는 MySQL 데이터베이스 콘솔에서 다음과 같은 업데이트 명령을
    실행한다(다음 코드는 123456의 암호화된 값에 대한 명령이다).

```
UPDATE oauth_client_details
SET client_secret =
    '$2a$04$PXzjIdEJkglftLx.z9BaB.LmvgSOtOq14acON3HCWA5BowKkOWLQG'
WHERE client_id = 'clientapp';
```

12. OAuth2AuthorizationServer 클래스를 만들어 javax.sql 패키지의 DataSource
    속성을 추가하고 dataSource를 이용하기 위한 ClientDetailsServiceConfigurer
    를 설정하기 위해서 메소드를 오버라이드한다.

```
@Configuration
@EnableAuthorizationServer
public class OAuth2AuthorizationServer extends
        AuthorizationServerConfigurerAdapter {

    @Autowired
    private DataSource dataSource;

    @Override
    public void configure(ClientDetailsServiceConfigurer clients)
            throws Exception {
        clients.jdbc(dataSource);
```

```
        }
    }
```

13. OAuth2AuthorizationServer 클래스에 TokenStore, ApprovalStore, PasswordEncoder를 정의한다.

```java
@Bean
public TokenStore tokenStore() {
    return new JdbcTokenStore(dataSource);
}
@Bean
public ApprovalStore approvalStore() {
    return new JdbcApprovalStore(dataSource);
}
@Bean
public PasswordEncoder passwordEncoder() {
    return new BCryptPasswordEncoder(4);
}
```

14. Spring Security OAuth2에서는 앞의 선언만으로는 토큰과 승인 데이터를 저장하기 위한 JDBC DataSource를 이용할 수 없다. 따라서 다음과 같이 configure 메소드의 오버라이드가 필요하다.

```java
@Override
public void configure(AuthorizationServerEndpointsConfigurer
        endpoints) throws Exception {
    endpoints
        .approvalStore(approvalStore())
        .tokenStore(tokenStore());
}
@Override
public void configure(AuthorizationServerSecurityConfigurer
```

```
        security) throws Exception {
    security.passwordEncoder(passwordEncoder());
    }
```

15. 리소스 서버는 이전의 경우와 비슷하다.

```
@Configuration
@EnableResourceServer
public class OAuth2ResourceServer extends
        ResourceServerConfigurerAdapter {
    @Override
    public void configure(HttpSecurity http) throws Exception {
        http
            .authorizeRequests()
            .anyRequest().authenticated().and()
            .requestMatchers()
            .antMatchers("/api/**");
    }
}
```

16. 이전과 동일한 내용의 UserController와 UserProfile 클래스를 만들면 애플리케이션을 실행시킬 준비가 된 것이다.

17. IDE로 애플리케이션을 실행시키거나 Maven 명령인 mvn spring-boot:run으로 애플리케이션을 실행시킨다.

예제 분석

이번에는 클라이언트 등록 정보를 저장하기 위해 JDBC DataSource를 이용하는 방법을 살펴봤다. OAuth 2.0 프로바이더는 클라이언트 정보뿐만 아니라 액세스 토큰과 승인 정보도 데이터베이스에 저장할 수 있다. ClientDetailsServiceConfigurer의

jdbc 속성으로 DataSource를 정의함으로써 클라이언트 세부 정보 저장을 위한 설정을
수행했다. 그렇게 함으로써 Spring Security OAuth2는 JdbcClientDetailsService
생성을 담당하는 JdbcClientDetailsServiceBuilder 내부 클래스를 구성하며,
JdbcClientDetailsService는 ClientDetailsService를 구현한다. ClientDetailsService
인터페이스는 클라이언트의 등록 데이터를 얻기 위한 목적의 다음과 같은 메소드를
정의한다.

```
ClientDetails loadClientByClientId(String clientId) throws
ClientRegistrationException;
```

ClientDetailsService와 ClientDetails 인터페이스는 각각 클라이언트 등록 데이
터를 조작하고 정의하기 위해 Spring Security OAuth2가 요구 사항을 정의한다. 이제
TokenStore와 ApprovalStore 인터페이스가 남았다. TokenStore는 토큰(액세스 토큰
또는 리프레시 토큰)과 관련된 인증 데이터를 저장, 검색, 제거, 읽기를 정의한다.
ApprovalStore 인터페이스는 리소스 소유자의 승인을 추가, 검색, 취소하기 위한 메
소드를 정의한다. 이와 같은 인터페이스는 모두 애플리케이션 내에서 클라이언트의
세부 정보와 토큰에 대한 사용자 정의 저장 전략을 만드는 데 사용할 수 있는 확장
포인트가 될 수 있다.

이제는 Spring Security OAuth2가 제공하는 몇 가지 중요한 확장 포인트를 알게 됐다.
애플리케이션을 실행시켜 인가와 토큰 요청을 수행하면 어떤 일이 발생할까? Maven
명령인 mvn spring-boot:run으로 애플리케이션을 실행시켜 다음과 같은 URL로 이동
해보자.

```
http://localhost:8080/oauth/authorize?client_id=clientapp&redirect_uri=
http://localhost:9000/callback&response_type=code&scope=read_profile
```

인가 서버는 인증을 위한 자격증명 정보를 물어볼 것이고 인증을 수행한 다음 rdbm-server 애플리케이션이 요청한 권한 범위를 승인하게 된다. clientapp 애플리케이션에게 권한을 부여한 다음에는 다음과 같은 URL로 리다이렉트된다. code 파라미터 값은 다를 것이다.

```
http://localhost:9000/callback?code=1mcN2S
```

리소스 소유자로서 clientapp 애플리케이션이 자신의 프로파일에 접근할 수 있게 승인했을 때 oauth_approvals 테이블에는 하나의 행이 추가된다. MySQL 콘솔에서 다음의 명령으로 새로 추가된 행을 확인할 수 있다.

```
select * from oauth_approvals;
```

다음의 CURL 명령으로 새로운 액세스 토큰을 요청하면 새로운 액세스 토큰이 전달되고, oauth_access_token 테이블에서는 새로운 행이 추가된다.

```
curl -X POST --user clientapp:123456 http://localhost:8080/oauth/token -H
"content-type: application/x-www-form-urlencoded" -d
"code=1mcN2S&grant_type=authorization_code&redirect_uri=http://localhost:
9000/callback&scope=read_profile"
```

다음의 SQL 명령을 실행해서 oauth_access_token 테이블에 새로운 액세스 토큰이 저장돼 있는지 확인해보기 바란다.

```
select * from oauth_access_token;
```

부연 설명

oauth_access_token 테이블에 삽입된 액세스 토큰과 CURL 명령으로 요청한 새로운 액세스 토큰이 다르다는 것을 눈치 챘을 수도 있다. Spring Security OAuth2가 액세스 토큰 자체를 표현하는 DefaultOAuth2AccessToken 객체를 직렬화하기 때문이다.

알아둬야 할 또 한 가지 사항은 액세스 토큰을 데이터베이스에 저장한다는 사실을 리소스 서버가 어떻게 아는지다. 액세스 토큰의 유효성을 검사하기 위해 리소스 서버는 전달된 액세스 토큰을 데이터베이스에 저장된 것과 비교해야 한다. 그런 검증 작업을 ResourceServerTokenServices가 수행하며 ResourceServerTokenServices는 Spring 컨텍스트 내의 TokenStore에 의존적이다. 리소스 서버와 인가 서버가 동일한 컨텍스트에서 실행되고 있으므로 사용 가능한 TokenStore는 인가 서버에서 선언한 JdbcTokenStore가 된다.

참고 사항

- 인가 코드 그랜트 타입을 이용한 리소스 보호
- Redis를 이용한 토큰 저장

▌ Redis를 이용한 토큰 저장

이번에는 Redis를 이용해서 액세스 토큰과 승인 정보를 저장하는 방법을 살펴본다. 하지만 Redis를 이용해서 클라이언트 정보는 저장하지는 않을 것이다. 그런 종류의 데이터는 지속성을 가져야 하는데, Redis는 메모리 데이터 구조에 데이터를 저장하기 때문이다.

준비

Redis 데이터베이스(Redis 인증 설정이 돼야 한다)와 IDE, 그리고 OAuth 2.0 프로바이더와 상호작용하기 위한 툴들이 필요하다. 소스코드는 https://github.com/PacktPublishing/ OAuth-2.0-Cookbook/tree/master/Chapter02/redis-server에서 다운로드할 수 있다.

예제 구현

토큰을 Redis에 저장하려면 다음 절차를 수행해야 한다.

1. Redis 데이터베이스가 필요하기 때문에 Redis를 다운로드해서 설치해야 한다. 최신의 안정화 버전은 https://redis.io/download에서 다운로드하면 된다.

2. Download 디렉토리로 다운로드한 다음에는 다음의 명령을 실행해서 Redis를 컴파일한다(Redis는 윈도우를 공식적으로 지원하지 않으며, Redis의 문서 https:// github.com/MicrosoftArchive/redis를 보면 자세한 내용을 알 수 있을 것이다).

```
tar xzf redis-4.0.1.tar.gz
cd redis-4.0.1
make
```

3. Redis를 컴파일하면 src 디렉토리의 redis-server와 redis-cli 명령을 실행 시킬 준비가 된 것이다.

4. redis-server 명령을 실행시킨다.

5. 이 책의 다른 예제와 마찬가지로 Spring Initializr로 프로젝트를 만든다. 그리고 https://start.spring.io/에서 다음과 같은 내용을 설정한다.

   - Group을 com.packt.example로 설정
   - Artifact를 redis-server로 정의
   - Dependencies에는 Web과 Redis, Security를 추가

6. redis-server 프로젝트를 만든 다음에는 IDE에서 임포트한다. 이클립스를 사용한다면 Maven 프로젝트로 임포트하면 된다.

7. pom.xml 파일을 열어 다음과 같은 내용을 추가한다.

```xml
<dependency>
    <groupId>org.springframework.security.oauth</groupId>
    <artifactId>spring-security-oauth2</artifactId>
</dependency>
```

8. application.properties 파일을 열어 사용자의 자격증명 정보와 Redis 연결 정보를 추가한다.

```
security.user.name=adolfo
security.user.password=123
spring.redis.url=redis://localhost:6379
```

9. com.packt.example.redisserver.api 패키지에 이전과 동일한 UserProfile 과 UserController 클래스를 만든다.

10. com.packt.example.redisserver.config 패키지에 리소스 서버의 세부 내용을 설정하기 위한 클래스를 만든다.

```java
@Configuration
@EnableResourceServer
public class OAuth2ResourceServer extends
        ResourceServerConfigurerAdapter {
    @Override
    public void configure(HttpSecurity http) throws Exception {
        http
            .authorizeRequests().anyRequest().authenticated()
            .and()
```

```
        .requestMatchers().antMatchers("/api/**");
    }
}
```

11. config 서브패키지에 다음과 같은 내용의 OAuth2AuthorizationServer를 만든다.

```
@Configuration
@EnableAuthorizationServer
public class OAuth2AuthorizationServer extends
        AuthorizationServerConfigurerAdapter {
    @Autowired
    private AuthenticationManager authenticationManager;

    @Override
    public void configure(AuthorizationServerEndpointsConfigurer
            endpoints) {
        endpoints.authenticationManager(authenticationManager);
    }

    @Override
    public void configure(ClientDetailsServiceConfigurer clients)
            throws Exception {
        clients.inMemory()
            .withClient("clientapp").secret("123456")
            .authorizedGrantTypes("password", "authorization_code")
            .scopes("read_profile", "read_contacts");
    }
}
```

12. 지금까지는 메모리상에 클라이언트의 자격증명과 토큰을 저장하기 위한 인가 서버 설정을 수행했다. Redis를 이용하려면 OAuth2AuthorizationServer에 RedisConnectionFactory 인스턴스를 추가해야 한다.

```
@Autowired
private RedisConnectionFactory connectionFactory;
```

13. RedisConnectionFactory 인스턴스를 이용해서 Redis를 이용하는 TokenStore
를 선언한다.

```
@Bean
public TokenStore tokenStore() {
    RedisTokenStore redis = new RedisTokenStore(connectionFactory);
    return redis;
}
```

14. RedisTokenStore를 만들었으니 이제는 OAuth2AuthorizationServer 클래
스에 AuthorizationServerEndpointsConfigurer를 설정해서 다음처럼 토
큰을 저장하기 위한 전략을 정의한다(authenticationManager에 대한 설정은 이
미 돼 있다).

```
@Override
public void configure(AuthorizationServerEndpointsConfigurer
        endpoints) throws Exception {
    endpoints
        .authenticationManager(authenticationManager)
        .tokenStore(tokenStore());
}
```

15. IDE로 애플리케이션을 실행시키거나 Maven 명령인 mvn spring-boot:run으
로 애플리케이션을 실행시킨다.

예제 분석

Redis를 토큰 저장소로 사용하기 위한 앞의 설정을 보면 적당한 RedisTokenStore를 선언한 다음 TokenStore 인터페이스를 구현한 것이 전부다. 이는 Spring Security OAuth2를 이용하면 몇 가지 인터페이스를 구현하고 설정해서 사용하는 것만으로도 간단히 기능을 확장할 수 있다는 것을 보여준다.

RedisTokenStore가 액세스 토큰과 관련 데이터를 어떻게 유지시키는지 확인하려면 redis-server 애플리케이션을 실행시켜 인가 코드 그랜트 타입이나 패스워드 자격증명 그랜트 타입 중 한 가지를 이용해서 액세스 토큰을 요청해보면 된다. 테스트를 위해 패스워드 자격증명 그랜트 타입으로 다음과 같은 CURL 명령으로 액세스 토큰을 요청할 수 있다.

```
curl -X POST --user clientapp:123456 http://localhost:8080/oauth/token -H
"accept: application/json" -H "content-type: application/x-www-form-
urlencoded" -d
"grant_type=password&username=adolfo&password=123&scope=read_profile"
```

명령의 응답으로 다음과 같은 새로운 액세스 토큰 정보가 전달된다.

```
{
    "access_token":"edf78a75-7aab-48f5-a6c5-0a0684208d74",
    "token_type":"bearer",
    "expires_in":43140,
    "scope":"read_profile"
}
```

그다음에는 Redis에 해당 키가 만들어졌는지 확인하기 위해 redis-cli 명령을 실행한 다음 Redis 콘솔에서 keys * 명령을 실행한다. 그러면 최근에 발급된 액세스 토큰과 관련된 키가 다음과 같이 보일 것이다.

```
1) "auth_to_access:643c3ce5f7876962d689f63a66a48d83"
2) "access:edf78a75-7aab-48f5-a6c5-0a0684208d74"
3) "client_id_to_access:clientapp"
4) "uname_to_access:clientapp:adolfo"
5) "auth:edf78a75-7aab-48f5-a6c5-0a0684208d74"
```

나열된 키 중에서 어느 하나의 키에 대한 값을 알고 싶다면 get <키 이름> 명령을 이용하면 된다. 액세스 토큰의 키 이름은 auth_to_access:643c3ce5f7876962d689f63 a66a48d83이다.

참고 사항

- 인가 코드 그랜트 타입을 이용한 리소스 보호
- OAuth 2.0으로의 전환을 위한 리소스 소유자 패스워드 자격증명 그랜트 타입
- 토큰과 클라이언트 정보를 저장하기 위한 관계형 데이터베이스 이용

▌ 클라이언트 등록 구현

이번에는 데이터베이스와 상호작용하는 코드 작성에 대한 걱정 없이 Spring Security OAuth2를 이용해서 어떻게 OAuth 2.0 클라이언트 등록을 간단히 구현할 수 있는지 살펴본다. 알게 되겠지만, Spring Security OAuth2기 제공하는 추상화를 통해 컨트롤러 코드와 각각의 뷰를 직접 만들지 않아도 된다.

준비

최소한 한 사람 이상의 등록된 사용자(즉, 리소스 소유자)가 있는 OAuth 2.0 프로바이더 프로젝트를 만들어야 하고, 이전의 **rdbms-server** 프로젝트에서 했던 것처럼 관계

형 데이터베이스(MySQL)를 이용해야 하고, 그것을 올바로 설정해야 한다. 소스코드는 https://github.com/PacktPublishing/OAuth-2.0-Cookbook/tree/master/Chapter02 /oauth2provider에서 다운로드할 수 있다.

예제 구현

클라이언트 등록을 지원하는 OAuth 2.0 프로바이더를 만들려면 다음의 과정을 수행 해야 한다.

1. 이 책의 다른 예제와 마찬가지로 Spring Initializr로 프로젝트를 만든다. 그리 고 https://start.spring.io/에서 다음과 같은 내용을 설정한다.
   - Group을 com.packt.example로 설정
   - Artifact를 oauth2provider로 정의
   - Dependencies에는 Web과 JPA, MySQL, Security, Thymeleaf를 추가
2. oauth2provider 프로젝트를 만든 다음에는 IDE에서 임포트한다. 이클립스를 사용한다면 Maven 프로젝트로 임포트하면 된다.
3. pom.xml 파일을 열어 다음을 입력한다.

```
<dependency>
    <groupId>org.springframework.security.oauth</groupId>
    <artifactId>spring-security-oauth2</artifactId>
    <version>2.2.0.RELEASE</version>
</dependency>
<dependency>
    <groupId>org.webjars</groupId>
    <artifactId>bootstrap</artifactId>
    <version>3.3.5</version>
</dependency>
```

4. 사용자의 자격증명과 데이터 소스, JPA 속성, 그리고 내용이 캐싱되지 않도록 (HTML 파일의 내용이 변경될 때마다 애플리케이션을 다시 실행시키지 않아도 되기 때문에 개발 단계에서 유용하다) Thymeleaf 속성을 설정해서 application. properties 파일에 추가한다.

```
security.user.name=adolfo
security.user.password=123

spring.datasource.url=jdbc:mysql://localhost/oauth2provider
spring.datasource.username=oauth2provider
spring.datasource.password=123
spring.datasource.driver-class-name=com.mysql.jdbc.Driver
spring.jpa.properties.hibernate.dialect=org.hibernate.dialect.
      MySQL5Dialect
spring.jpa.properties.hibernate.hbm2ddl.auto=validate

spring.thymeleaf.cache=false
```

5. 속성을 설정한 다음에는 OAuth 2.0의 보호된 API를 제공하기 위해서 com. packt.example.oauth2provider.api 패키지에 이전에 했던 것과 동일한 방법(2장의 처음 예제를 보든가 해상 클래스의 내용을 깃허브에서 참고하면 된다)으로 UserController와 UserProfile 클래스를 만든다.

6. 다음에는 앞의 토큰과 클라이언트 정보를 저장하기 위한 관계형 데이터베이스 이용에서와 동일한 방법으로 리소스 서버와 인가 서버를 설정한다. 하지만 교육 차원에서 인가 서버 내의 클라이언트 시크릿 암호화 설정 부분을 제거하기 바란다.

7. rdbms-server 프로젝트와 동일한 내용의 OAuth2AuthorizationServer 클래스를 만든 다음에는 클래스 끝부분에 다음과 같은 내용을 선언한다.

```
@Bean
```

```
public ClientRegistrationService clientRegistrationService() {
    return new JdbcClientDetailsService(dataSource);
}
```

8. 클라이언트 등록과 관련된 모든 클래스를 포함하게 될 com.packt.example.oauth2provider.client 패키지를 만든다.

9. oauth2provider 애플리케이션에 등록할 수 있는 클라이언트 타입을 정의하기 위해 앞서 만든 패키지 안에 다음과 같은 enum 클래스를 만든다.

```
public enum ClientType {
    PUBLIC, CONFIDENTIAL
}
```

10. 클라이언트 등록을 위한 방법을 제공하기 위해 모든 속성을 데이터베이스에 저장하고 검색하는 엔티티로 매핑해야 한다. Spring Security OAuth2를 이용할 때는 ClientRegistrationServer가 엔티티를 인식할 수 있게 ClientDetails 인터페이스를 구현해야 한다. 앞서 만든 패키지에 Application 클래스를 만들고 다음과 같이 ClientDetails 인터페이스를 구현한다.

```
public class Application implements ClientDetails {
}
```

11. ClientDetails 인터페이스에서 매우 많은 메소드를 구현해야 한다는 사실에 주목할 필요가 있다. 각 메소드는 Application 클래스의 시작부분에 추가돼야 하는 속성을 반환한다.

```
public class Application implements ClientDetails {
    private String clientId;
```

```
    private String clientSecret;
    private ClientType clientType;
    private Set<String> resourceIds = new HashSet<>();
    private Set<String> scope = new HashSet<>();
    private Set<String> webServerRedirectUri = new HashSet<>();
    private int accessTokenValidity;
    private Map<String, Object> additionalInformation = new
        HashMap<>();
    // 그 외 다른 메소드
}
```

12. 다음과 같이 클라이언트 등록에 필요한 모든 값을 설정할 수 있는 메소드를 만든다. 해당 메소드들은 모두 Application 클래스 내에 구현돼야 한다.

```
public void setName(String name) {
    additionalInformation.put("name", name);
}
public void setClientType(ClientType clientType) {
    additionalInformation.put("client_type", clientType.name());
}
public void setClientId(String clientId) {
    this.clientId = clientId;
}
public void setClientSecret(String clientSecret) {
    this.clientSecret = clientSecret;
}
public void setAccessTokenValidity(int accessTokenValidity) {
    this.accessTokenValidity = accessTokenValidity;
}
```

13. 이제는 컬렉션 기반의 속성을 설정할 수 있는 메소드를 추가한다.

```
public void addRedirectUri(String redirectUri) {
```

```
        this.webServerRedirectUri.add(redirectUri);
    }
    public void addScope(String scope) {
        this.scope.add(scope);
    }
    public void addResourceId(String resourceId) {
        this.resourceIds.add(resourceId);
    }
```

14. 마지막으로 Application 클래스에 각종 값들을 조회하기 위한 메소드를 추가
한다.

```
public String getClientId()
{ return clientId; }
public Set<String> getResourceIds()
{ return resourceIds; }
public boolean isSecretRequired()
{ return clientType == ClientType.CONFIDENTIAL; }
public String getClientSecret()
{ return clientSecret; }
public boolean isScoped()
{ return scope.size() > 0; }
public Set<String> getScope()
{ return scope; }
public Set<String> getRegisteredRedirectUri()
{ return webServerRedirectUri; }
public Collection<GrantedAuthority> getAuthorities()
{ return new HashSet<>(); }
public Integer getAccessTokenValiditySeconds()
{ return accessTokenValidity; }
public Integer getRefreshTokenValiditySeconds()
{ return null; }
public boolean isAutoApprove(String scope)
{ return false; }
```

```java
public Map<String, Object> getAdditionalInformation()
{ return additionalInformation; }
public Set<String> getAuthorizedGrantTypes()
{
    Set<String> grantTypes = new HashSet<>();
    grantTypes.add("authorization_code");
    grantTypes.add("refresh_token");
    return grantTypes;
}
```

15. 클라이언트 등록 절차를 관리할 컨트롤러를 만들기 전에 BasicClientInfo
    클래스를 만든다. BasicClientInfo 클래스는 클라이언트 등록 폼의 모든 필
    드를 매핑하기 때문에 클라이언트 정보를 효과적으로 저장할 수 있다(다음 코
    드에서는 설명을 간단히 하기 위해 클라이언트 정보를 설정하고 조회하는 메소드는
    생략했다).

```java
public class BasicClientInfo {
    private String name;
    private String redirectUri;
    private String clientType;
    // 값을 조회하고 설청하는 메소드들
}
```

16. 이제 메인 클래스인 ClientController를 다음과 같이 만들어보자(이 클래스는
    BasicClientInfo, Application, ClientType과 동일한 패키지에 만들어져야 한다).

```java
@Controller
@RequestMapping("/client")

public class ClientController {
    @Autowired
```

```
    private ClientRegistrationService clientRegistrationService;
}
```

17. 등록 엔드포인트의 경로는 /client로 시작할 것이다. 즉, 모든 동작이 /client 경로에 매핑된다(또한 여기서는 RESTful 엔드포인트를 만들지 않을 것이다). 다음 단계는 ClientController 클래스가 제공할 모든 작업과 해당 뷰(HTML 파일)를 보여준다. 다음은 웹 브라우저에 등록 화면을 반환해주기 위한 메소드다.

```
@GetMapping("/register")
public ModelAndView register(ModelAndView mv) {
    mv.setViewName("client/register");
    mv.addObject("registry", new BasicClientInfo());
    return mv;
}
```

18. src/main/resources/templates/client 폴더에 다음과 같은 내용의 register.html 파일을 만든다.

```
<!DOCTYPE html>
<html lang="en" xmlns:th="http://www.thymeleaf.org">
<head>
<title>oauth2server</title>
<link href="../webjars/bootstrap/3.3.5/css/bootstrap.min.css"
    rel="stylesheet" media="screen"></link>
<link href="/bootstrap-select.min.css" rel="stylesheet"></link>
</head>
<body>
    <div class="container">
        <div class="jumbotron">
            <h1>OAuth2 Provider</h1>
        </div>
```

```html
<h2>Create your application (client registration)</h2>
<form action="#" th:action="@{/client/save}"
      th:object="${registry}" method="post">
    <div class="form-group">
        <label for="nome">Name:</label>
        <input class="form-control" id="name" type="text"
            th:field="*{name}" />
        <div th:if="${#fields.hasErrors('name')}"
            th:errors="*{name}">application name</div>
    </div>
    <div class="form-group">
        <label for="redirectUri">Redirect URL:</label>
        <input class="form-control" id="redirectUri"
            type="text" th:field="*{redirectUri}" />
        <div th:if="${#fields.hasErrors('redirectUri')}"
            th:errors="*{redirectUri}">Callback URL to receive
            the authorization code</div>
    </div>
    <div class="form-group">
        <label for="clientType">Type of application:</label>
        <div>
            <select id="clientType" class="selectpicker"
                th:field="*{clientType}">
                <option value="PUBLIC">Public</option>
                <option value="CONFIDENTIAL">Confidential</option>
            </select>
        </div>
    </div>
    <div class="form-group">
        <button class="btn btn-primary"
            type="submit">Register</button>
        <button class="btn btn-default" type="button"
            onclick="javascript: window.location.href='/'">
            Cancel</button>
    </div>
```

```
        </form>
      </div>
    </body>
    <script src="/jquery.min.js"></script>
    <script src="/bootstrap-select.min.js"></script>
    <script src="../webjars/bootstrap/3.3.5/js/bootstrap.min.js">
    </script>
    </html>
```

19. 몇 가지 CSS와 자바스크립트 파일이 필요하다. https://github.com/
    PacktPublishing/OAuth-2.0-Cookbook/tree/master/Chapter02/oauth2provider/
    src/main/resources/static에서 자바스크립트 라이브러리를 다운로드한 후
    oauth2provider 프로젝트의 src/main/resources/static 폴더에 복사한다.

20. 사용자가 제공하는 클라이언트의 세부 정보를 전달받기 위해 ClientController
    클래스의 끝부분에 다음과 같은 메소드를 추가한다.

```
@PostMapping("/save")
public ModelAndView save(@Valid BasicClientInfo clientDetails,
        BindingResult bindingResult) {
    if (bindingResult.hasErrors()) { return new
        ModelAndView("client/register"); }
    Application app = new Application();
    app.setName(clientDetails.getName());
    app.addRedirectUri(clientDetails.getRedirectUri());
    app.setClientType(ClientType.valueOf(clientDetails.
            getClientType()));
    app.setClientId(UUID.randomUUID().toString());
    app.setClientSecret(UUID.randomUUID().toString());
    app.setAccessTokenValidity(3000);
    app.addScope("read_profile");
    app.addScope("read_contacts");
    clientRegistrationService.addClientDetails(app);
```

```
ModelAndView mv = new
        ModelAndView("redirect:/client/dashboard");
mv.addObject("applications",
        clientRegistrationService.listClientDetails());
return mv;
}
```

21. 사용자가 등록된 애플리케이션을 제거할 수 있는 메소드를 추가한다.

```
@GetMapping("/remove")
public ModelAndView remove(@RequestParam(value = "client_id",
        required = false) String clientId) {
    clientRegistrationService.removeClientDetails(clientId);
    ModelAndView mv = new ModelAndView("redirect:/client/dashboard");
    mv.addObject("applications",
            clientRegistrationService.listClientDetails());
    return mv;
}
```

22. 로그인한 사용자가 모든 등록된 애플리케이션을 볼 수 있게 ClientController
에 다음과 같은 메소드를 만든다.

```
@GetMapping("/dashboard")
public ModelAndView dashboard(ModelAndView mv) {
    mv.addObject("applications",
            clientRegistrationService.listClientDetails());
    return mv;
}
```

23. src/main/resources/templates/client에 모든 등록된 클라이언트를 보여주기
위한 dashboard.html 파일을 만든다.

```html
<!DOCTYPE html>
<html lang="en" xmlns:th="http://www.thymeleaf.org">
<head>
    <title>oauth2server</title>
    <link href="../webjars/bootstrap/3.3.5/css/bootstrap.min.css"
        rel="stylesheet" media="screen"></link>
    <link href="/bootstrap-select.min.css" rel="stylesheet"></link>
</head>
<body>
<div class="container">
    <div class="jumbotron"><h1>OAuth2 Provider</h1></div>
    <h2>Registered applications</h2>
    <div th:if="${applications != null}">
        <table class="table">
            <tr>
                <td>Application name</td>
                <td>client type</td>
                <td>client ID</td>
                <td>client secret</td>
                <td>Delete app</td>
            </tr>
            <tr th:each="app : ${applications}">
                <td th:text="${app.additionalInformation['name']}">
                </td>
                <td th:text="${app.additionalInformation['client_
                    type']}"></td>
                <td th:text="${app.clientId}">client_id</td>
                <td th:text="${app.clientSecret}">client_secret</td>
                <td><a class="btn btn-danger" href="#"
                    th:href="@{/client/remove(client_id=${
                    app.clientId})}">Delete</a></td>
            </tr>
        </table>
    </div>
    <a class="btn btn-default" href="/client/register">Create a new
```

```
        app</a>
      </div>
    </body>
    <script src="/jquery.min.js"></script>
    <script src="/bootstrap-select.min.js"></script>
    <script src="../webjars/bootstrap/3.3.5/js/bootstrap.min.js">
    </script>
    </html>
```

24. 애플리케이션을 실행시키기 전에 **oauth2provider** 데이터베이스와 해당 테이블을 만들었는지 확인한다. 아직 데이터베이스를 만들지 않았다면 https://github.com/PacktPublishing/OAuth-2.0-Cookbook/blob/master/Chapter02/oauth2provider/database.sql에 있는 SQL 명령을 실행시킨다.

25. 이제는 IDE나 Maven 명령인 **mvn spring-boot:run**으로 애플리케이션을 실행시킬 준비가 됐다.

예제 분석

이번에는 페이스북과 여타 프로바이더의 경우와 동일한 방법으로 사용자가 애플리케이션을 등록하는 전통적인 CRUD^Create, Retrieve, Update, Delete 애플리케이션을 살펴봤다. 이번의 가장 중요한 개념은 **ClientRegistrationService** 인터페이스다. Spring Security OAuth2를 이용함으로써 데이터베이스에 클라이언트 정보를 저장하고 검색하는 방법을 알 필요가 없어졌다. 또한 컨트롤러 자체를 수정하지 않고도 사용할 데이터베이스의 유형을 변경할 수 있다. 이것이 Spring 프로젝트의 유연성과 확장성이라고 할 수 있다. 클라이언트 세부 정보를 추가하고, 제거하고, 검색하기 위한 메소드뿐만 아니라 **ClientRegistrationService** 인터페이스가 제공하는 클라이언트 정보와 클라이언트 시크릿을 갱신하는 두 가지 메소드도 이용한다.

```
public interface ClientRegistrationService {
    void addClientDetails(ClientDetails clientDetails) throws
        ClientAlreadyExistsException;
    void updateClientDetails(ClientDetails clientDetails) throws
        NoSuchClientException;
    void updateClientSecret(String clientId, String secret) throws
        NoSuchClientException;
    void removeClientDetails(String clientId) throws NoSuchClientException;
    List<ClientDetails> listClientDetails();
}
```

ClientController에 연결하는 서비스가 이미 생성한 데이터베이스와 상호작용하기 위해 어떻게 JDBC 인터페이스를 이용하는지 의문이 생길 것이다.

그것은 OAuth2AuthorizationServer 내에 다음과 같이 선언을 했기 때문이다.

```
@Bean
public ClientRegistrationService clientRegistrationService() {
    return new JdbcClientDetailsService(dataSource);
}
```

실제로 동작하는 클라이언트 등록 절차를 보려면 애플리케이션을 실행시키고 http://localhost:8080/client/dashboard로 가면 다음과 같은 페이지를 볼 수 있다(애플리케이션은 사용자 인증을 요구할 것이기 때문에 application.properties 파일에 설정한 사용자 자격 증명 정보를 입력하면 된다).

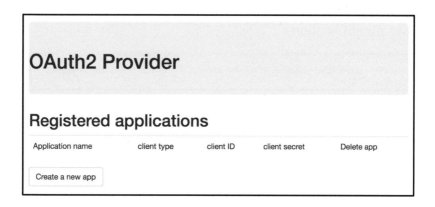

그다음에는 Create a new app을 클릭하고 폼을 적절한 데이터로 채운다(다음 그림과 동일한 클라이언트 세부 정보를 입력한다).

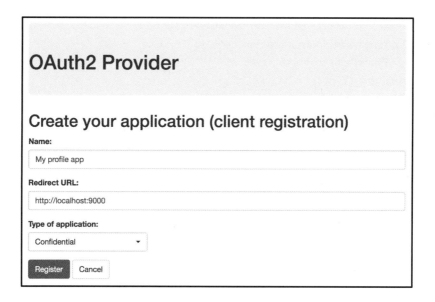

Register를 클릭하면 새로 등록한 클라이언트 세부 정보와 client ID, client secret을 볼 수 있는 대시보드로 리다이렉트된다.

Registered applications

Application name	client type	client ID	client secret	Delete app
My client application	CONFIDENTIAL	e5a3a8f6-b59b-47e8-a0e5-966efe9f2ae5	9370cebf-7bff-4109-ba59-4f9db9326da1	Delete

이제는 client ID와 client secret을 복사해서 액세스 토큰을 요청할 때 사용할 수 있고, 그렇게 얻은 액세스 토큰을 이용해서 이전과 동일한 방법으로 사용자의 프로파일 데이터를 얻을 수 있다. 그리고 인가 코드 그랜트 타입을 제공하고 리프레시 토큰을 지원한다는 사실을 상기하기 바란다. Application 클래스의 getAuthorizedGrantTypes 메소드를 보면 그것을 알 수 있을 것이다.

```
public Set<String> getAuthorizedGrantTypes( ) {
    Set<String> grantTypes = new HashSet<>( );
    grantTypes.add( "authorization_code" );
    grantTypes.add( "refresh_token" );
    return grantTypes;
}
```

참고 사항

- 인가 코드 그랜트 타입을 이용한 리소스 보호
- 토큰과 클라이언트 정보를 저장하기 위한 관계형 데이터베이스 이용

▌중간에서 OAuth 2.0 프로바이더 분리

이번에는 인가 서버와 리소스 서버를 서로 다른 프로젝트로 분리해서 OAuth 2.0 프로바이더를 만드는 방법을 살펴본다.

준비

이번에는 인가 서버와 리소스 서버를 구현하기 위해서 두 개의 서로 다른 애플리케이션을 만들어야 한다. 인가 서버는 액세스 토큰 발급을 담당하고 리소스 서버는 액세스 토큰의 유효성을 검증하며, 두 애플리케이션은 서로 데이터베이스를 공유해야 한다. 즉, 리소스 서버는 액세스 토큰 검증을 위해 인가 서버가 유지하는 데이터베이스에 질의를 한다. 데이터베이스 공유 전략을 위해 Redis를 사용할 것이다.

예제 구현

다음은 인가 서버와 리소스 서버를 개별적으로 만드는 단계를 설명한 것이다.

1. 첫 번째로 할 일은 두 개의 애플리케이션을 만드는 것이다. Spring Initializr로 인가 서버(Artifact가 authorization-server)와 리소스 서버(Artifact가 resource-server) 프로젝트를 만든다. 그리고 두 프로젝트의 Dependencies에 Web, Security, Redis를 추가한다(Group 이름은 자유롭게 정하면 되지만 여기서는 com.packt.example로 했다).

2. 프로젝트를 만든 다음에는 IDE로 임포트한다(이클립스를 사용한다면 Maven 프로젝트로 임포트하면 된다).

3. 두 애플리케이션의 pom.xml 파일을 열어 Spring Security OAuth2를 위한 내용을 추가한다.

```
<dependency>
    <groupId>org.springframework.security.oauth</groupId>
    <artifactId>spring-security-oauth2</artifactId>
</dependency>
```

4. authorization-server 프로젝트의 application.properties 파일을 열어 다음을 추가한다.

```
security.user.name=adolfo
security.user.password=123
spring.redis.url=redis://localhost:6379
```

5. resource-server 프로젝트의 application.properties 파일을 열어 다음을 추
   가한다(동시에 두 개의 애플리케이션을 실행할 것이기 때문에 각기 다른 서버 포트를
   이용해야 한다).

```
server.port=8081
spring.redis.url=redis://localhost:6379
```

6. 인가 서버 설정을 위해 많은 코드가 필요하지는 않다. 단지 authorization-
   server 프로젝트에 다음과 같은 내용의 OAuth2AuthorizationServer 클래스
   를 만들면 된다(TokenStore로 Redis를 이용한다).

```
@Configuration @EnableAuthorizationServer
public class OAuth2AuthorizationServer extends
        AuthorizationServerConfigurerAdapter {
    @Autowired private RedisConnectionFactory connectionFactory;
    @Autowired private AuthenticationManager authenticationManager;
    public void configure(AuthorizationServerEndpointsConfigurer
            endpoints) throws Exception {
        endpoints
            .authenticationManager(authenticationManager)
            .tokenStore(tokenStore());
    }
    @Bean public TokenStore tokenStore() {
        return new RedisTokenStore(connectionFactory);
    }
    public void configure(ClientDetailsServiceConfigurer clients)
            throws Exception {
```

```
clients.inMemory()
    .withClient("clientapp").secret("123456")
    .redirectUris("http://localhost:9000/callback")
    .authorizedGrantTypes("authorization_code" ,"password")
    .scopes("read_profile", "read_contacts");
}
}
```

7. 인가 서버를 테스트하고 싶다면 애플리케이션을 실행시켜서 테스트할 준비는 된 상태다. 다만 인가 서버를 실행시키기 전에 먼저 Redis를 실행시켜야 한다는 것을 잊으면 안 된다.

8. 이제는 resource-server 애플리케이션 내에 OAuth 2.0으로 보호하는 API를 만들어야 한다. 이전과 동일한 방법으로 com.packt.example.resourceserver. api 패키지에 UserController와 UserProfile 클래스를 만든다.

9. resourceceserver 프로젝트의 com.packt.example.resourceserver.config 패키지에 다음과 같은 OAuth2ResourceServer 클래스를 만든다.

```
@Configuration @EnableResourceServer
public class OAuth2ResourceServer extends
        ResourceServerConfigurerAdapter {
    @Autowired
    private RedisConnectionFactory connectionFactory;
    @Override
    public void configure(ResourceServerSecurityConfigurer resources)
            throws Exception {
        resources.tokenStore(tokenStore());
    }
    @Bean
    public TokenStore tokenStore() {
        return new RedisTokenStore(connectionFactory);
    }
}
```

```java
@Override
public void configure(HttpSecurity http) throws Exception {
    http
        .authorizeRequests().anyRequest().authenticated()
        .and()
        .requestMatchers().antMatchers("/api/**");
    }
}
```

10. 이제는 리소스 서버를 실행시킬 준비가 됐다. 인가 서버를 실행시켜 액세스 토큰을 얻었다면 다음과 같이 그 토큰을 이용해서 사용자의 프로파일에 접근하기 위한 요청을 8081 포트로 전달한다.

```
curl -X GET http://localhost:8081/api/profile -H "authorization:
Bearer 75076d88-bc80-4c21-b4c4-c23ea197e75c"
```

예제 분석

두 개의 애플리케이션, 즉 인가 서버와 리소스 서버를 실행시킴으로써 8080 포트로 동작하는 애플리케이션에 액세스 토큰을 요청할 수 있고 8081 포트로 사용자의 프로파일에 대한 접근 요청을 보낼 수 있다. 이처럼 OAuth 2.0 프로바이더는 두 개로 분리하는 것이 좋으며, 그렇게 함으로써 공격 벡터 또한 감소된다. 더욱이 특정한 요구에 따라 애플리케이션을 개별적으로 확장할 수도 있다.

이 아키텍처를 위해서는 데이터베이스 공유가 필요하다는 것을 아는 것이 정말 중요하다. 그래야만 리소스 서버가 액세스 토큰의 유효성을 검증할 때 인가 서버가 발급한 액세스 토큰을 질의할 수 있다. 이를 표현한 다음의 그림을 참조하기 바란다.

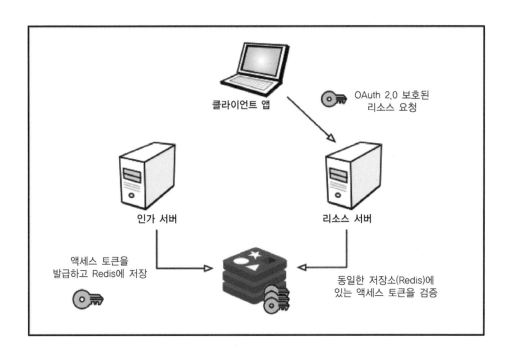

데이터베이스 공유를 위해 Redis를 사용하는 것처럼 구현할 시나리오에 더 적당한 NoSQL이나 관계형 데이터베이스 사용할 수도 있다는 사실을 명심하기 바란다. 리소스 서버가 얼마나 많은 액세스 토큰을 검증하느냐에 따라 적절한 확장이 필요할 수 있기 때문에 데이터베이스를 비교할 때는 그 성능도 고려해야 한다.

이전에 데이터베이스에 액세스 토큰을 저장할 때 인가 서버는 액세스 토큰을 저장하는 방법만 알면 됐다. 하지만 이번에는 리소스 서버를 별도의 애플리케이션으로 만들기 때문에 리소스 서버가 자신에게 전달된 액세스 토큰을 검증하기 위해 해당 액세스 토큰을 찾아보는 방법을 어떻게 설정해야 할까?

다음은 이를 위한 리소스 서버 설정 클래스의 내용이다.

```
@Autowired
private RedisConnectionFactory connectionFactory;
```

```
@Override
public void configure(ResourceServerSecurityConfigurer resources) throws
    Exception {
  resources.tokenStore(tokenStore());
}

@Bean
public TokenStore tokenStore() {
  return new RedisTokenStore(connectionFactory);
}
```

TokenStore는 인가 서버에서의 경우와 동일하게 설정하고 있다. 다른 점이라면 ResourceServerSecurityConfigurer의 인스턴스에 TokenStore를 설정한다는 점이다.

참고 사항

- 인가 코드 그랜트 타입을 이용한 리소스 보호
- 토큰과 클라이언트 정보를 저장하기 위한 관계형 데이터베이스 이용
- Redis를 이용한 토큰 저장

공유된 데이터베이스를 이용한 토큰 유효성 검사 과정을 Gatling으로 테스트

이번에는 마지막으로 살펴본 TokenStore로 데이터베이스 공유를 하는 OAuth 2.0 프로바이더의 성능을 측정하는 방법을 살펴본다.

준비

프로젝트의 성능을 테스트하기 위해서 Gatling을 이용한다. Gatling은 스칼라^{Scala} 언어를 기반으로 하지만, 이미 Maven으로 기본 프로젝트를 만들어 놓았기 때문에 그것에 대해서는 걱정할 필요가 없다. 그리고 모든 파일을 적정하게 편집하기 위한 IDE가 필요하다. IDE로는 이클립스의 Preferences/Plugins 메뉴에서 Scala IDE(http://scala-ide.org)나 IntelliJ(IntelliJ를 이용하려면 Scala 플러그인을 설치해야 한다)를 이용하면 된다. 또한 바로 앞 절에서 만든 애플리케이션이 필요하다.

예제 구현

토큰 공유 저장소로 Redis를 이용하는 OAuth 2.0 프로바이더를 만들고 성능을 테스트하려면 다음의 과정을 수행한다.

1. https://github.com/adolfoweloy/scala-maven-skel에서 프로젝트를 복사하거나 다운로드한다. 알아차렸겠지만 그 프로젝트는 이번에 만들 프로젝트를 위한 기본 골격이라고 할 수 있다. 깃허브로 프로젝트를 복제하려면 다음과 같은 명령을 실행하면 된다.

   ```
   git clone git@github.com:adolfoweloy/scala-maven-skel
   ```

2. 다음 명령(이 명령은 리눅스나 맥 OSX를 위한 것이므로 윈도우의 경우에는 사용자 인터페이스로 변경하면 된다)으로 scala-maven-skel 프로젝트의 이름을 load-testing으로 변경한다.

   ```
   mv scala-maven-skel load-testing
   ```

3. load-testing 디렉토리의 pom.xml 파일을 연다(프로젝트를 임포트하기 전에 vim이나 기타 간단한 에디터를 이용하기 바란다).

4. `artifactId` 태그를 `scalamaven-skel` 대신 **load-testing**으로 변경한다.

5. 이클립스를 위한 Scala IDE를 열고 Maven 프로젝트로 임포트한다(자바를 사용할 때 이클립스에 프로젝트를 임포트하는 것과 동일한 방법).

6. 프로젝트를 임포트하면 프로그래밍 언어 호환 관련 에러를 보게 될 것이다. 프로젝트 설정에서 Scala Compiler를 클릭하면 다음과 같은 화면을 보게 될 것이다.

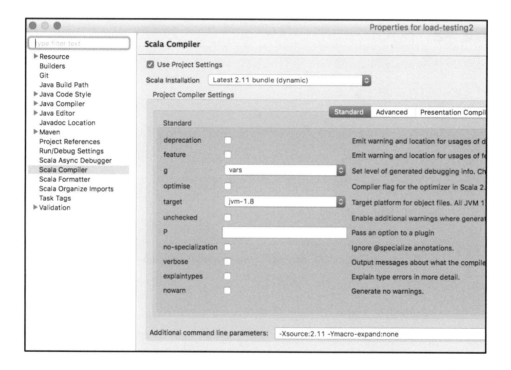

7. Use Project Settings 옵션을 클릭한 후 위의 화면에서처럼 Scala Installation 에서 Latest 2.11 bundle (dynamic)을 선택한다.

8. Apply 버튼과 OK 버튼을 클릭한다.

9. 이제 호환 문제는 해결됐으므로 pom.xml 파일을 열어 Gatling 관련 내용을
   추가한다.

```xml
<dependency>
    <groupId>io.gatling</groupId>
    <artifactId>gatling-app</artifactId>
    <version>2.2.5</version>
</dependency>
<dependency>
    <groupId>io.gatling</groupId>
    <artifactId>gatling-recorder</artifactId>
    <version>2.2.5</version>
</dependency>
<dependency>
    <groupId>io.gatling.highcharts</groupId>
    <artifactId>gatling-charts-highcharts</artifactId>
    <version>2.2.5</version>
</dependency>
```

10. OAuth 2.0 프로바이더와 상호작용해야 하므로 다음과 같은 내용을 추가한다.

```xml
<dependency>
    <groupId>org.apache.httpcomponents</groupId>
    <artifactId>httpclient</artifactId>
    <version>4.5.3</version>
</dependency>
<dependency>
    <groupId>org.json4s</groupId>
    <artifactId>json4s-native_2.11</artifactId>
    <version>3.5.2</version>
</dependency>
```

11. 마지막으로 Maven으로 Gatling을 실행시키기 위해 pom.xml 파일의 **plugin** 태그에 다음과 같은 내용을 추가한다.

```
<plugin>
    <groupId>io.gatling</groupId>
    <artifactId>gatling-maven-plugin</artifactId>
    <version>2.2.4</version>
    <executions>
        <execution>
            <goals>
                <goal>execute</goal>
            </goals>
        </execution>
    </executions>
</plugin>
```

12. 성능 테스트는 CURL이나 Postman 툴을 이용하지 않고 OAuth 2.0 프로바이더와 자동으로 상호작용할 것이다. 인가 그랜트 타입을 이용하려면 좀 더 정교한 구성이 필요하기 때문에 여기서는 실용적으로 리소스 소유자 패스워드 자격증명 그랜트 타입을 이용할 것이다. 패스워드 그랜트 타입으로 액세스 토큰을 얻기 위해 src/main/scala 디렉토리의 **oauth2** 패키지 내에 있는 **OAuth** 라는 이름의 스칼라 객체를 만든다. 해당 객체의 내용은 다음과 같다.

```
object OAuth {
    def getToken(): String = {
        val url = "http://localhost:8080/oauth/token"
        val auth = java.util.Base64.getEncoder()
            .encodeToString("clientapp:123456".getBytes("UTF-8"));
        val post = new HttpPost(url)
        post.addHeader("Content-Type",
                "application/x-www-formurlencoded")
        post.addHeader("Authorization", "Basic " + auth)
```

```scala
val client = new DefaultHttpClient
val attributes = new ArrayList[NameValuePair](1)
attributes.add(new BasicNameValuePair("grant_type",
        "password"))
attributes.add(new BasicNameValuePair("username", "adolfo"))
attributes.add(new BasicNameValuePair("password", "123"))
attributes.add(new BasicNameValuePair("scope",
        "read_profile"))
post.setEntity(new UrlEncodedFormEntity(attributes))
val response = client.execute(post)
val responseString = new BasicResponseHandler().
        handleResponse(response) responseString
    }
}
```

13. 생성한 OAuth 객체에 다음과 같은 import문을 추가하는 것을 잊어서는 안 된다.

```scala
import java.io._
import org.apache.commons._
import org.apache.http._
import org.apache.http.client._
import org.apache.http.client.methods.HttpPost
import org.apache.http.impl.client.DefaultHttpClient
import java.util.ArrayList
import org.apache.http.message.BasicNameValuePair
import org.apache.http.client.entity.UrlEncodedFormEntity
import org.apache.http.impl.client.BasicResponseHandler
```

14. src/test/scala 디렉토리에 oauth2provider 패키지를 만들고 다음과 같은 내용의 AuthorizationScenarios 객체를 만든다.

```
import oauth2.OAuth
import io.gatling.core.Predef._
import io.gatling.http.Predef._
import org.json4s.DefaultFormats
import org.json4s.native.JsonMethods.parse
object AuthorizationScenarios {
    case class Token(access_token:String)
    implicit val formats = DefaultFormats
    val jsValue = parse(OAuth.getToken())
    val accessToken = "Bearer " + jsValue.extract[Token].access_token
    var scenario1 = scenario("Validation of the access
            token(strategy1)")
        .exec(http("Validate access token scenario 1")
            .get("/api/profile")
            .header("Authorization", accessToken)
        )
}
```

15. 그다음에는 앞서 만든 시나리오대로 다음과 같이 시뮬레이션을 만든다.

```
import scala.concurrent.duration._
import io.gatling.core.Predef._
import io.gatling.http.Predef._
import oauth2.OAuth
import org.json4s.DefaultFormats
import org.json4s.native.JsonMethods.parse

class ValidationSimulation extends Simulation {
    val httpConf = http.baseURL("http://localhost:8081")
    val authorizationScenarios =
        List(AuthorizationScenarios.scenario1.inject(rampUsers(100)
        over(10 seconds)))
    setUp(authorizationScenarios).protocols(httpConf)
}
```

16. 다음 단계는 프로젝트의 src/test/resources 디렉토리에 다음과 같은 내용의 gatling.conf 파일을 만들면 된다.

```
gatling {
    core {
        outputDirectoryBaseName = "result"
        runDescription = "Token validation using Redis as shared
                database"
        encoding = "utf-8"
        simulationClass = "oauth2provider.ValidationSimulation"
        directory {
            data = src/test/resources
            results = target/gatling
            bodies = src/test/resources
            binaries = target/classes
        }
    }
    charting {
        indicators {
            lowerBound = 5
            higherBound = 10
        }
    }
}
```

17. 이제는 터미널에서 mvn gatling:execute 명령으로 애플리케이션의 부하 테스트를 실행시킨다(이때 인가 서버와 리소스 서버가 모두 동작 중인지 확인한다).

예제 분석

애플리케이션의 부하를 테스트하기 위한 프로젝트를 만들고 필요한 모든 작업을 수행한 다음에 가장 먼저 한 것은 OAuth라고 불리는 객체를 만든 것이다. 애플리케이션

테스트를 수행하기 전에 액세스 토큰을 얻기 위해서 그 객체를 만들었으며, 애플리케이션 부하 테스트는 /api/profile에 요청을 보내 액세스 토큰 유효성 검사에 소요되는 시간을 측정함으로써 이뤄진다. 이를 위해 스칼라뿐만 아니라 몇 개의 자바 클래스도 함께 이용하고 있다(스칼라는 JVM 위해서 실행된다).

그다음으로 수행한 것은 인가 서버가 발급한 액세스 토큰을 이용해서 /api/profile 엔드 포인트에 대한 HTTP 요청을 만들어내는 작업을 수행하는 객체를 만든 것이다. 다음 코드는 그런 HTTP 요청이 어떻게 만들어지는지를 보여준다.

```
var scenario1 = scenario("Validation of the access token (strategy1)")
    .exec(http("Validate access token scenario 1")
    .get("/api/profile")
    .header("Authorization", accessToken)
)
```

마지막으로 애플리케이션 부하 테스트 시나리오를 위한 시뮬레이션(ValidationSimulation은 Simulation을 상속한다)을 만든다.

```
AuthorizationScenarios.scenario1.inject(rampUsers(100) over(10 seconds)))
```

테스트 전략은 기본적으로 Gatling이 10초 동안 100명의 사용자에 대한 모든 시나리오를 실행하게 하는 것이다. 따라서 100명의 사용자(시뮬레이션으로 클라이언트의 요청을 전달한다는 의미에서 사용자라고 표현했음)는 10초가 경과할 때까지 계속해서 요청을 보낸다. 결국 10초 동안 매초마다 10개의 요청을 전달하게 된다.

부하 테스트를 위해서는 소스코드 작성뿐만 아니라 Gatling이 애플리케이션을 실행시키는 데 필요한 몇 가지 디렉토리 정보를 포함하는 설정 파일을 만들어야 한다. 또한 시뮬레이션에서 고려할 응답 시간의 경계도 정의한다. 즉, 최소 응답 시간은 5로 지정하고 최대 응답 시간은 10으로 지정했다. 그리고 응답 시간은 초 단위로 정의한다.

mvn gatling:execute 명령을 실행하면 콘솔 출력으로 다음과 같은 형태의 결과를 얻을 수 있다.

```
============================================================================
=======
---- Global Information
--------------------------------------------------------
> request count 100 (OK=100 KO=0 )
> min response time 2 (OK=2 KO=- )
> max response time 22 (OK=22 KO=- )
> mean response time 5 (OK=5 KO=- )
> std deviation 3 (OK=3 KO=- )
> response time 50th percentile 4 (OK=4 KO=- )
> response time 75th percentile 5 (OK=5 KO=- )
> response time 95th percentile 10 (OK=10 KO=- )
> response time 99th percentile 18 (OK=18 KO=- )
> mean requests/sec 10 (OK=10 KO=- )
---- Response Time Distribution
-----------------------------------------------
> t < 5 ms 62 ( 62%)
> 5 ms < t < 10 ms 33 ( 33%)
> t > 10 ms 5 ( 5%)
> failed 0 ( 0%)

============================================================================
=======
```

모든 수행 결과는 실행 후에 만들어지는 리포트를 열어서 볼 수 있다. 리포트를 웹 브라우저로 열어보면 다음과 같은 그래프를 볼 수 있다.

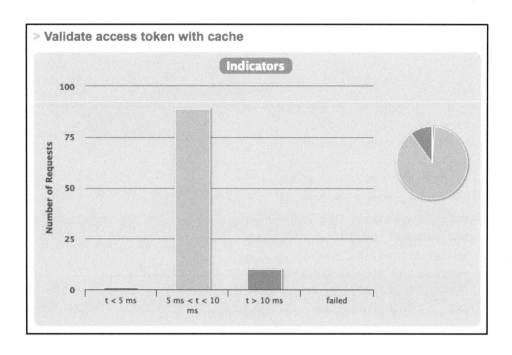

이 그래프 리포트는 Gatling이 만드는 많은 리포트 중 하나의 예일 뿐이다.

참고 사항

- OAuth 2.0으로의 전환을 위한 리소스 소유자 패스워드 자격증명 그랜트 타입
- Redis를 이용한 토큰 저장
- 중간에서 OAuth 2.0 프로바이더 분리

03

OAuth 2.0 보호 API

3장에서 다루는 내용은 다음과 같다.

- 인가 코드 그랜트 타입을 이용하는 OAuth 2.0 클라이언트

- 암시적 그랜트 타입을 이용하는 OAuth 2.0 클라이언트

- 리소스 소유자 패스워드 자격증명 그랜트 타입을 이용하는 OAuth 2.0 클라이언트

- 클라이언트 자격증명 그랜트 타입을 이용하는 OAuth 2.0 클라이언트

- 클라이언트에서의 리프레시 토큰 관리

- RestTemplate으로 OAuth 2.0의 보호된 API에 대한 접근

▌ 소개

2장에서는 인가 서버와 리소스 서버를 구현해봄으로써 OAuth 2.0 프로바이더를 만드는 방법을 설명했다. OAuth 2.0 프로바이더와의 모든 상호작용은 CURL 커맨드라인 툴을 통해 직접적으로 이뤄졌다. 3장에서는 Spring Security OAuth2와 `RestTemplate` 인터페이스를 이용해서 클라이언트 애플리케이션을 만드는 방법을 살펴본다. 이번에는 클라이언트 애플리케이션(리소스 소유자에 의해서 권한이 부여되는 서드파티 애플리케이션)에 초점을 맞출 것이기 때문에 클라이언트에서의 리프레시 토큰 관리 방법도 알아본다.

 OAuth 프로바이더와 상호작용할 때 3장의 모든 예제에서 TLS/SSL을 사용하지는 않는다. 하지만 실제 애플리케이션에서는 클라이언트와 OAuth 프로바이더 간의 모든 통신은 TLS/SSL로 보호돼야 한다.

▌ 인가 코드 그랜트 타입을 이용하는 OAuth 2.0 클라이언트

이번에는 인가 코드 그랜트 타입을 이용해서 OAuth 2.0 프로바이더와 상호작용하는 클라이언트 애플리케이션을 만드는 방법을 알아본다.

준비

클라이언트를 만들려면 먼저 여러분의 컴퓨터에서 실행되는 OAuth 2.0 프로바이더가 필요하다. 이를 위해 2장의 **auth-code-server** 프로젝트를 이용할 것을 권장하며, 해당 프로젝트의 깃허브 주소는 https://github.com/PacktPublishing/OAuth- 2.0-Cookbook/tree/master/Chapter02/auth-code-server다. 그리고 OAut 2.0 프로바이더를 실행시키려면 자바 8과 Maven, IDE가 필요하다.

예제 구현

다음은 인가 코드 그랜트 타입을 이용해서 액세스 토큰을 얻고 사용자의 프로파일에 접근하는 클라이언트 애플리케이션을 만드는 절차다.

1. Spring Initializr로 프로젝트를 만든다. https://start.spring.io/에서 다음과 같은 내용을 설정한다.
   - Group을 com.packt.example로 설정
   - Artifact를 client-authorization-code로 정의
   - Dependencies에는 Web, Security, Thymeleaf, JPA, MySQL을 추가(Spring Initializr의 메인 페이지에서 이를 선택할 수 있다)

2. client-authorization-code 프로젝트를 만든 다음에는 IDE에서 임포트한다. 이클립스를 사용한다면 Maven 프로젝트로 임포트하면 된다.

3. pom.xml 파일을 열어 Spring Security OAuth2 프로젝트를 이용한다는 내용을 추가한다.

```
<dependency>
    <groupId>org.springframework.security.oauth</groupId>
    <artifactId>spring-security-oauth2</artifactId>
</dependency>
```

4. 클라이언트 애플리케이션은 액세스 토큰 관련 정보를 저장해야 하고, 해당 액세스 토큰과 현재 로그인된 사용자 간의 연결 관계를 만들어야 한다. 이를 위해 다음과 같은 SQL 명령을 실행한다.

```
CREATE DATABASE clientdb;
CREATE USER 'clientdb'@'localhost' IDENTIFIED BY '123';
GRANT ALL PRIVILEGES ON clientdb.* TO 'clientdb'@'localhost';
use clientdb;
```

```
create table client_user(
    id bigint auto_increment primary key,
    username varchar(100),
    password varchar(50),
    access_token varchar(100) NULL,
    access_token_validity datetime NULL,
    refresh_token varchar(100) NULL
);
insert into client_user (username, password) value ('aeloy', 'abc');
```

5. application.properties 파일을 열어 데이터 소스를 설정하고 애플리케이션이 동시에 OAuth 프로바이더로도 동작하게 포트 설정을 추가한다.

```
server.port=9000
spring.http.converters.preferred-json-mapper=jackson
spring.datasource.url=jdbc:mysql://localhost/clientdb
spring.datasource.username=clientdb
spring.datasource.password=123
spring.datasource.driver-class-name=com.mysql.jdbc.Driver
spring.jpa.properties.hibernate.dialect=org.hibernate.dialect.
        MySQL5Dialect
spring.jpa.properties.hibernate.hbm2ddl.auto=validate
```

6. 클라이언트 애플리케이션은 사용자에게 몇 가지 가상의 데이터와 자신의 프로파일 정보(OAuth 프로바이더에 저장돼 있는)를 볼 수 있는 웹 인터페이스를 제공할 것이다. 그것은 두 개의 간단한 페이지며, 첫 번째는 사용자의 프로파일 페이지로 가기 위한 링크를 제공하는 것이고, 두 번째는 사용자의 프로파일을 보여 주는 페이지다. 첫 번째 페이지인 index.html 페이지를 src/main/resources/templates 디렉토리에 만든다.

```
<!DOCTYPE html>
<html xmlns="http://www.w3.org/1999/xhtml"
xmlns:th="http://www.thymeleaf.org">
<head><title>client app</title></head>
<body><a href="/dashboard">Go to your dashboard</a></body>
</html>
```

7. 그리고 src/main/resources/templates 디렉토리에 dashboard.html 파일을 만든다.

```
<!DOCTYPE html>
<html xmlns="http://www.w3.org/1999/xhtml"
xmlns:th="http://www.thymeleaf.org">
<head><title>client app</title></head>
<body>
    <h1>that's your dashboard</h1>
    <table>
        <tr><td><b>That's your entries</b></td></tr>
        <tr th:each="entry : ${user.entries}">
            <td th:text="${entry.value}">value</td>
        </tr>
    </table>
    <h3>your profile from [Profile Application]</h3>
    <table>
        <tr>
            <td><b>name</b></td>
            <td th:text="${profile.name}">username</td>
        </tr>
        <tr>
            <td><b>email</b></td>
            <td th:text="${profile.email}">email</td>
        </tr>
    </table>
</body>
```

```
</html>
```

8. 하나의 컨트롤러로 플로우를 관리하려면 몇 개의 베이스 클래스를 만들어야
   한다. 이를 위해 com.packt.example.clientauthorizationcode.user 패키
   지 안에 Entry 클래스(이 클래스는 사용자에 대한 가상의 데이터를 표시하기 위해
   서 사용된다)를 다음과 같이 만든다.

```
public class Entry {
    private String value;
    public Entry(String value)
    { this.value = value; }
    public String getValue()
    { return value; }
}
```

9. Entry 클래스와 동일한 패키지 안에 ClientUser 클래스를 다음과 같은 내용
   으로 만든다. ClientUser 클래스는 데이터베이스 안의 사용자 데이터를 표현한
   다(간단한 설명을 위해 사용자를 조회하고 설정하는 메소드는 생략했다). 레퍼런스된
   클래스를 임포트할 때 IDE는 @Transient 애노테이션을 어느 패키지에서 임포
   할 것인지 물어볼 것이다. 그러면 javax.persistence 패키지의 @Transient
   애노테이션을 임포트한다.

```
@Entity
public class ClientUser {
    @Id</span> @GeneratedValue(strategy = GenerationType.IDENTITY)
    private Long id;
    private String username;
    private String password;
    private String accessToken;
    private Calendar accessTokenValidity;
```

```
    private String refreshToken;
    @Transient
    private List<Entry> entries = new ArrayList<>( );
    // 간단한 설명을 위해서 사용자를 조회하고 설정하는 메소드는 생략
}
```

10. 앞서 선언한 ClientUser 클래스는 JPA로 관리되는 클래스다. 따라서 Spring
    Data JPA에서 제공하는 기능을 이용해서 저장소를 선언해보자. 이를 위해서
    ClientUser가 있는 동일한 패키지에 UserRepository 클래스를 만든다.

```
public interface UserRepository extends CrudRepository<ClientUser,
    Long> {
    Optional<ClientUser> findByUsername(String username);
}
```

11. 또한 OAuth 프로바이더 애플리케이션의 /api/profile 엔드포인트에서 전달
    받은 필드를 매핑하기 위해서 동일한 패키지에 UserProfile 클래스도 만든다.

```
public class UserProfile {
    private String name;
    private String email;
    // 간단한 설명을 위해서 값을 조회하고 설정하는 메소드는 생략
}
```

12. 컨트롤러 클래스를 만들기 전에 보안 관점에서 사용자의 세부 정보를 관리하는
    몇 가지 클래스를 만들어보자. com.packt.example.clientauthorizationcode.
    security 패키지 안에 Spring Security의 UserDetails 인터페이스를 구현하
    는 ClientUserDetails 클래스를 만든다.

```
public class ClientUserDetails implements UserDetails {
    private ClientUser clientUser;
    public ClientUserDetails(ClientUser user) {
        this.clientUser = user; }
    public ClientUser getClientUser() { return clientUser; }
    @Override public Collection<? extends GrantedAuthority>
            getAuthorities() {
        return new HashSet<>();
    }
    @Override public String getPassword() {
        return clientUser.getPassword(); }
    @Override public String getUsername() {
        return clientUser.getUsername(); }
    @Override public boolean isAccountNonExpired() { return true; }
    @Override public boolean isAccountNonLocked() { return true; }
    @Override public boolean isCredentialsNonExpired() {
        return true; }
    @Override public boolean isEnabled() { return true; }
}
```

13. ClientUserDetails 클래스를 보완하는 ClientUserDetailsService 클래스를 ClientUserDetails가 있는 동일한 패키지에 만든다. ClientUserDetailsService 클래스는 UserDetailsService 인터페이스를 구현하므로 사용자가 인증되면 해당 사용자 관련 데이터를 가져올 수 있다.

```
@Service
public class ClientUserDetailsService implements UserDetailsService
{
    @Autowired
    private UserRepository users;
    @Override
    public UserDetails loadUserByUsername(String username) throws
            UsernameNotFoundException {
```

```
        Optional<ClientUser> optionalUser =
                users.findByUsername(username);
        if (!optionalUser.isPresent()) {
            throw new UsernameNotFoundException("invalid username or
                    password");
        }
        return new ClientUserDetails(optionalUser.get());
    }
}
```

14. 앞서 구현한 **UserDetailsService**를 Spring Security가 이용하게 만들기 위해서 **UserDetailsService**와 동일한 패키지 안에 보안 관련 설정을 위한 클래스를 만든다.

```
@Configuration @EnableWebSecurity
public class SecurityConfiguration extends
        WebSecurityConfigurerAdapter {
    @Autowired
    private UserDetailsService userDetailsService;
    @Override
    protected void configure(AuthenticationManagerBuilder auth)
            throws Exception {
        auth.userDetailsService(userDetailsService);
    }
    @Override
    protected void configure(HttpSecurity http) throws Exception {
        http.authorizeRequests().antMatchers("/", "/index.html")
            .permitAll().anyRequest().authenticated().and()
            .formLogin().and()
            .logout().permitAll();
    }
}
```

15. 이제는 각 클라이언트 애플리케이션 엔드포인트에 대한 모든 요청을 관리하는 컨트롤러를 만들 차례다. com.packt.example.clientauthorizationcode. user 패키지에 UserDashboard 클래스를 만든다.

```
@Controller
public class UserDashboard {
}
```

16. 첫 번째로 처리할 경로는 index.html 페이지를 보여주는 애플리케이션의 루트 경로다. UserDashboard에 다음과 같은 메소드를 추가한다.

```
@GetMapping("/")
public String home() {
    return "index";
}
```

17. dashboard.html 내용을 표시하는 메소드를 추가하기 전에 UserDashboard 클래스에 다음과 같은 속성을 추가한다. OAuth2RestTemplate은 Spring Security OAuth2가 제공하며, 나중에 추가로 다룰 예정이다.

```
@Autowired
private OAuth2RestTemplate restTemplate;
```

18. 이제는 UserDashboard에 다음과 같은 메소드를 추가한다. 다음 메소드들은 8080 포트로 동작 중인 OAuth 2.0 프로바이더 애플리케이션에서 사용자의 프로파일 정보를 가져온다.

```
@GetMapping("/dashboard")
public ModelAndView dashboard() {
```

```java
        ClientUserDetails userDetails =
            (ClientUserDetails)SecurityContextHolder.getContext().
                getAuthentication().getPrincipal();
        ClientUser clientUser = userDetails.getClientUser();
        clientUser.setEntries(Arrays.asList(new Entry("entry 1"),
            new Entry("entry 2")));
        ModelAndView mv = new ModelAndView("dashboard");
        mv.addObject("user", clientUser);
        tryToGetUserProfile(mv);
        return mv;
    }

    private void tryToGetUserProfile(ModelAndView mv) {
        String endpoint = "http://localhost:8080/api/profile";
        try {
            UserProfile userProfile = restTemplate.getForObject(endpoint,
                UserProfile.class);
            mv.addObject("profile", userProfile);
        } catch (HttpClientErrorException e) {
            throw new RuntimeException("it was not possible to retrieve user
                profile");
        }
    }
}
```

19. 인가 코드 그랜트 타입을 이용할 때 현재 사용자가 자신의 계정과 관련된 액세스 토큰을 갖고 있지 않다면 **OAuth2RestTemplate** 인스턴스는 해당 사용자를 인증하고 필요한 권한을 획득할 수 있게 사용자를 OAuth 프로바이더로 리다이렉트시킬 것이다. 모든 권한을 획득한 후에 사용자는 다시 리다이렉트 URI로 리다이렉트된다. 리다이렉트 URI의 요청을 받아들이기 위해서는 다음과 같은 적당한 메소드를 선언해야 한다. **UserDashboard** 클래스에 다음과 같은 **callback** 메소드를 선언한다.

```
@GetMapping("/callback")
public ModelAndView callback() {
    return new ModelAndView("forward:/dashboard");
}
```

20. 이제 클라이언트 애플리케이션을 실행시키기 위해 필요한 모든 로직이 마련
됐다. 하지만 OAuth 프로바이더와 올바로 상호작용하기 위해서는 인가 서
버로부터 액세스 토큰을 어떻게 발급받고 그것을 어떻게 저장하는지에 대한
몇 가지를 선언하고 설정해야 한다. 토큰과 관련된 데이터에 대한 CRUD
작업을 제공하게 될 ClientTokenServices 클래스를 com.packt.example.
clientauthorizationcode.oauth 패키지 안에 선언하자.

```
@Service
public class OAuth2ClientTokenSevices implements ClientTokenServices
{ }
```

21. UserRepository를 삽입하고 현재 로그인된 사용자와 관련된 토큰 정보를 추
출하기 위한 private 메소드를 추가한다.

```
@Autowired private UserRepository users;
private ClientUser getClientUser(Authentication authentication) {
    ClientUserDetails loggedUser =
            (ClientUserDetails)authentication.getPrincipal();
    Long userId = loggedUser.getClientUser().getId();
    return users.findOne(userId);
}
```

22. 이제는 이전에 저장된 액세스 토큰 정보를 얻기 위한 메소드를 추가한다.

```
@Override
public OAuth2AccessToken
        getAccessToken(OAuth2ProtectedResourceDetails resource,
        Authentication authentication) {
    ClientUser clientUser = getClientUser(authentication);
    String accessToken = clientUser.getAccessToken();
    Calendar expirationDate = clientUser.getAccessTokenValidity();
    if (accessToken == null) return null;
    DefaultOAuth2AccessToken oAuth2AccessToken = new
            DefaultOAuth2AccessToken(accessToken);
    oAuth2AccessToken.setExpiration(expirationDate.getTime());
    return oAuth2AccessToken;
}
```

23. 그다음에는 발급된 액세스 토큰을 저장하기 위해 다음과 같은 메소드를 추가한다.

```
@Override
public void saveAccessToken(OAuth2ProtectedResourceDetails resource,
        Authentication authentication, OAuth2AccessToken accessToken) {
    Calendar expirationDate = Calendar.getInstance();
    expirationDate.setTime(accessToken.getExpiration());
    ClientUser clientUser = getClientUser(authentication);
    clientUser.setAccessToken(accessToken.getValue());
    clientUser.setAccessTokenValidity(expirationDate);
    users.save(clientUser);
}
```

24. 마지막으로 액세스 토큰을 제거할 수 있는 메소드를 추가한다(토큰이 만료되거나 여타 이유로 토큰이 유효하지 않게 될 때 필요하다).

```
@Override
public void removeAccessToken(OAuth2ProtectedResourceDetails
resource, Authentication authentication) {
    ClientUser clientUser = getClientUser(authentication);
    clientUser.setAccessToken(null);
    clientUser.setRefreshToken(null);
    clientUser.setAccessTokenValidity(null);
    users.save(clientUser);
}
```

25. 클라이언트 애플리케이션에 대한 모든 OAuth 2.0 구성을 완성하기 위해 앞서 만든 OAuth2ClientTokenServices와 동일한 패키지 안에 ClientConfiguration 클래스를 만든다.

```
@Configuration @EnableOAuth2Client
public class ClientConfiguration {
    @Autowired
    private ClientTokenServices clientTokenServices;
    @Autowired
    private OAuth2ClientContext oauth2ClientContext;
}
```

26. ClientConfiguration 안에 다음과 같이 선언한다.

```
@Bean
public OAuth2ProtectedResourceDetails authorizationCode() {
    AuthorizationCodeResourceDetails resourceDetails = new
            AuthorizationCodeResourceDetails();
    resourceDetails.setId("oauth2server");
    resourceDetails.setTokenName("oauth_token");
    resourceDetails.setClientId("clientapp");
    resourceDetails.setClientSecret("123456");
```

```
        resourceDetails.setAccessTokenUri("http://
            localhost:8080/oauth/token");
        resourceDetails.setUserAuthorizationUri("http://
            localhost:8080/oauth/authorize");
        resourceDetails.setScope(Arrays.asList("read_profile"));
        resourceDetails.setPreEstablishedRedirectUri(("http://
            localhost:9000/callback"));
        resourceDetails.setUseCurrentUri(false);
        resourceDetails.setClientAuthenticationScheme(
            AuthenticationScheme.header);
        return resourceDetails;
    }
```

27. OAuth 2.0의 보호된 리소스에 대한 모든 요청을 관리할 `OAuth2RestTemplate`
    을 선언한다.

```
@Bean
public OAuth2RestTemplate oauth2RestTemplate() {
    OAuth2ProtectedResourceDetails resourceDetails =
            authorizationCode();
    OAuth2RestTemplate template = new
            OAuth2RestTemplate(resourceDetails, oauth2ClientContext);
    AccessTokenProviderChain provider = new
            AccessTokenProviderChain(Arrays.asList(new
                AuthorizationCodeAccessTokenProvider()));
    provider.setClientTokenServices(clientTokenServices);
    template.setAccessTokenProvider(provider);
    return template;
}
```

28. 한 가지 중요한 점은 웹 애플리케이션을 구현할 때 기본 생성되는 `JSESSIONID`
    쿠키의 이름을 오버라이드하는 것이다. `ClientAuthorizationCodeApplication`
    클래스에 다음과 같은 메소드를 추가한다. 그리고 `ClientAuthorization`

CodeApplication은 ServletContextInitializer를 구현해야 한다.

```
@Override
public void onStartup(ServletContext servletContext) throws
ServletException {
    servletContext.getSessionCookieConfig().setName("clientsession");
}
```

예제 분석

가장 중요한 클래스는 ClientConfiguration과 OAuth2ClientTokenServices며, 두
클래스는 클라이언트가 OAuth의 보호된 리소스에 접근하기 위해 필요한 모든 것을
제공한다. 다른 클래스들은 OAuth 프로파일 애플리케이션에 있는 몇 가지 가상의
사용자 항목과 프로파일 정보를 획득하는 것 자체에 좀 더 초점을 맞추고 있다.

ClientConfiguration 클래스는 애플리케이션이 OAuth 2.0 클라이언트로 동작하면
서 다른 설정도 할 수 있게 @Configuration과 @EnableOAuth2Client 애노테이션으
로 선언됐다. @EnableOAuth2Client 애노테이션은 OAuth2ClientConfiguration
이라는 다른 애노테이션을 임포트해서 액세스 토큰 요청에 필요한 컨텍스트를 구성
한다.

ClientConfiguration 클래스는 Spring Security OAuth 2.0으로 구현되는 OAuth 2.0
클라이언트를 위해 두 가지 중요한 요소를 선언한다. 그것은 바로 OAuth2Protected
ResourceDetails와 OAuth2RestTemplate며, 인가 단계와 토큰 요청 단계에서 필
요한 데이터를 설정할 수 있게 해준다. 이미 알고 있겠지만 AuthorizationCode
ResourceDetails는 OAuth2ProtectedResourceDetails를 구현한다. Spring Security
OAuth2는 OAuth 2.0 프로토콜에서 설명하는 각 그랜트 타입을 위한 세부적인 클래
스를 제공한다.

클라이언트 ID와 클라이언트 시크릿, 사용자의 인가를 얻기 위한 URI, 그리고 액세스 토큰을 얻기 위한 URI를 설정할 때 애플리케이션은 `OAuth2RestTemplate`을 이용한다. `RestTemplate` 구현을 통해 액세스 토큰 요청을 할 수 있기 때문에 이는 3장에서 가장 중요한 요소 중 하나다.

`OAuth2ClientTokenServices`의 경우는 어떨까? `OAuth2ClientTokenServices`는 `@Service` 애노테이션으로 선언된다. 그것은 언제든 삽입될 수 있다는 것을 의미한다(삽입될 위치는 Spring의 컨텍스트에 의해 관리되기 때문). `OAuth2ClientTokenServices` 클래스는 `ClientTokenServices` 인터페이스를 구현한다.

`ClientTokenServices`를 구현함으로써 클라이언트 애플리케이션은 데이터베이스에서 액세스 토큰을 검색하고, 저장하고, 제거할 수 있다. 또한 데이터를 어디에 저장할지 선택할 수 있다. 예를 들면 다른 종류의 데이터베이스에 데이터를 저장할 수도 있다.

지금까지 해온 것 중에서 중요한 것 한 가지는 `JSESSIONID` 쿠키에 다른 이름을 정의하는 것이다. OAuth 프로바이더와 클라이언트 애플리케이션이 동일한 곳(즉, localhost)에서 실행되기 때문에 어느 한 애플리케이션이 만든 쿠키를 다른 애플리케이션이 덮어쓰게 되고 결국 OAuth 2.0 프로토콜에 의해 수행되는 리다이렉션 간의 상태를 저장할 수 없게 된다.

실제로 구현된 내용을 보려면 OAuth 프로바이더와 클라이언트 애플리케이션을 실행시키면 된다. 클라이언트 애플리케이션과 서버를 실행시킨 이후에 http://localhost:9000으로 가면 index.hmtl 페이지를 보게 되며, 그 곳의 Go to your dashboard 링크를 클릭한다. 그러면 클라이언트를 위해 정의된 자격증명으로 로그인을 한다. 즉, 사용자 이름으로 `aeloy`를 입력하고 패스워드로 `abc`를 입력한다(여기서는 SQL 명령으로 이와 같은 자격증명을 설정했지만 다른 방법을 사용해도 된다).

로그인을 하면 `auth-code-server` 애플리케이션으로 리다이렉트돼 인가 서버에서 정의된 자격증명을 입력해야 된다. 즉, 사용자 이름과 패스워드를 위해 adolfo와 123을 각각 입력한다. 요청한 권한이 부여되면 redirect_uri 파라미터로 정의된 URI로 다시 리다이렉트된다. redirect_uri 파라미터는 UserDashboard 클래스 안의 callback 메소드에 의해 정의된다. client-authorization-code 애플리케이션으로 리다이렉트되면 사용자의 프로파일 데이터가 포함된 대시보드 페이지가 나타난다.

■ 암시적 그랜트 타입을 이용하는 OAuth 2.0 클라이언트

이번에는 액세스 토큰과 OAuth 2.0 프로토콜로 보호되는 사용자의 프로파일을 얻기 위해서 암시적 그랜트 타입을 이용하는 클라이언트 애플리케이션 구현 방법을 알아본다.

준비

클라이언트를 만들려면 먼저 컴퓨터에서 실행되는 OAuth 2.0 프로바이더가 필요하다. 이를 위해 2장의 implicit-server 프로젝트를 이용할 것을 권장하며, 해당 프로젝트의 깃허브 주소는 https://github.com/PacktPublishing/OAuth-2.0-Cookbook/tree/master/Chapter02/implicit-server다. 또한 앞서 만든 clientdb 데이터베이스와 client_user 테이블이 필요하다. 그리고 OAuth 2.0 프로바이더를 실행시키기 위해서는 자바 8과 Maven, jQuery, IDE가 필요하다(대부분의 예제가 이클립스를 사용해 제공된다는 점을 기억하기 바란다).

예제 구현

다음은 암시적 그랜트 타입을 이용해서 액세스 토큰을 얻고 사용자의 프로파일에 접근하는 클라이언트 애플리케이션을 만드는 절차다.

1. Spring Initializr로 프로젝트를 만든다. https://start.spring.io/에서 다음과 같은 내용을 설정한다.
   - Group을 com.packt.example로 설정
   - Artifact를 client-implicit로 정의
   - Dependencies에는 Web, Security, Thymeleaf, JPA, MySQL을 추가(Spring Initializr의 메인 페이지에서 이를 선택할 수 있다)

2. client-implicit 프로젝트를 만든 다음에는 IDE에서 임포트한다.

3. pom.xml 파일을 열어 Spring Security OAuth2 프로젝트를 이용한다는 내용을 추가한다.

```
<dependency>
    <groupId>org.springframework.security.oauth</groupId>
    <artifactId>spring-security-oauth2</artifactId>
</dependency>
```

4. 이 애플리케이션은 사용자의 자격증명 정보를 데이터베이스에 저장하기 때문에 앞서 만든 clientdb 데이터베이스와 client_user 테이블을 이용한다. 또한 client-implicit 애플리케이션에 로그인할 수 있게 client_user 테이블에 엔트리가 있는지 확인해야 한다(테이블의 access_token, access_token_validity, refresh_token 필드의 내용을 삭제한다).

5. application.properties 파일을 열어 앞서 설정한 것과 동일한 데이터 소스와 서버 포트 설정을 추가한다.

6. 클라이언트 애플리케이션은 사용자에게 몇 가지 가상의 데이터와 자신의 프로파일(OAuth 프로바이더에 저장된)을 볼 수 있는 웹 인터페이스를 제공할 것이다. 이는 두 개의 간단한 페이지이며, src/main/resources/templates 디렉토리의 index.html과 dashboard.html 페이지다. 각 파일의 내용은 앞선 예제에서 만든 동일한 파일의 내용을 보거나 깃허브의 https://github.com/PacktPublishing/

OAuth-2.0-Cookbook/tree/master/Chapter03/client-implicit에 있는 소스
코드를 참고하면 된다.

7. 클라이언트에서 프로파일 데이터를 요청할 것이기 때문에 Ajax를 이용할 것
이고, 내용은 동적으로 표현된다. 이를 위해 dashboard.html의 프로파일 데이
터를 출력하는 부분은 다음과 같이 변경한다.

```html
<table>
    <tr>
        <td><b>name</b></td>
        <td><span class="name"></span></td>
    </tr>
    <tr>
        <td><b>email</b></td>
        <td><span class="email"></span></td>
    </tr>
</table>
```

8. 또한 dashboard.html 파일의 **body** 태그 뒤에 다음과 같은 스크립트 태그를
추가한다.

```html
<script src="/jquery-2.2.0.min.js"></script>
<script src="/profile.js"></script>
```

9. https://code.jquery.com/jquery-2.2.0.min.js에서 JQuery를 다운로드한 후
src/main/resources/static 폴더에 추가한다. 그리고 같은 폴더에 profile.js 파
일을 만들고 그 안에 다음과 같은 자바스크립트 코드를 추가한다.

```javascript
$(function() {
    var fragment = window.location.hash;
    var parameters = fragment.slice(1).split('&');
```

```
var oauth2Token = {};
$(parameters).each(function(idx, param) {
    var keyValue = param.split('=');
    oauth2Token[keyValue[0]] = keyValue[1];
});
$.ajax({
    url: 'http://localhost:8080/api/profile', beforeSend:
            function(xhr) {
        xhr.setRequestHeader("Authorization", "Bearer " +
                oauth2Token['access_token']);
    },
    success: function(data){
        $('.name').text(data.name);
        $('.email').text(data.email);
        window.location.replace("#");
    },
    error: function(jqXHR, textStatus, errorThrown) {
        console.log(textStatus);
    }
});
});
```

10. OAuth 2.0 설정 클래스를 만들기 전에 앞선 예제에서 만든 클래스를 모두 만들어야 한다. 이전과 동일한 기능(즉, OAuth 2.0 프로바이더에서 사용자의 프로파일을 획득)이 필요하기 때문이다. 따라서 client-implicit 내에서 아래의 스크린 샷에 보이는 모든 클래스를 선언해야 하며, client-authorization-code 프로젝트에서 사용한 동일한 소스코드를 이용해야 한다(모든 소스코드는 깃허브에서 확인할 수 있다).

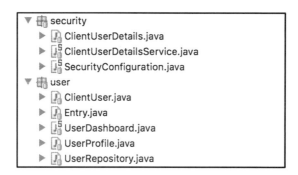

11. UserDashboard 클래스에 대해서는 암시적 그랜트 타입의 정의 때문에 몇 가
지 변경이 필요하다. UserDashboard 클래스의 내용은 다음과 같다.

```
@Controller
public class UserDashboard {
    @Autowired
    private OAuth2RestTemplate restTemplate;
    @GetMapping("/")
    public String home() { return "index"; }

    @GetMapping("/callback")
    public ModelAndView callback() {
        ClientUser clientUser = getClientUserData();
        ModelAndView mv = new ModelAndView("dashboard");
        mv.addObject("user", clientUser);
        return mv;
    }

    @GetMapping("/dashboard")
    public ModelAndView dashboard() {
        ClientUser clientUser = getClientUserData();
        ModelAndView mv = new ModelAndView("dashboard");
        mv.addObject("user", clientUser);
        startOAuth2Dance();
        return mv;
    }
```

```
    private void startOAuth2Dance( ) {
        restTemplate.getAccessToken( ); }

    private ClientUser getClientUserData( ) {
        ClientUserDetails userDetails =
                (ClientUserDetails)SecurityContextHolder.getContext( ).
                getAuthentication( ).getPrincipal( );
        ClientUser clientUser = userDetails.getClientUser( );
        clientUser.setEntries(Arrays.asList(new Entry("entry 1"),
                new Entry("entry 2")));
        return clientUser;
    }
}
```

12. OAuth 설정 부분으로 넘어가 보자. 가장 먼저 할 일은 oauth 패키지 안에 OAuth2ClientTokenServices를 만드는 것이다. OAuth2ClientTokenServices 클래스는 ClientTokenServices를 구현해야 하고 client-authorization-code 에서 구현한 OAuth2ClientTokenServices와 동일해야 한다.

13. 그다음 암시적 그랜트 타입에 맞게 몇 가지 수정될 ClientConfiguration 클래스를 만드는 것이다. 이번에는 만들어질 OAuth2ProtectedResourceDetails의 구현이 다음과 같이 ImplicitResourceDetails 타입이 된다.

```
@Configuration @EnableOAuth2Client
public class ClientConfiguration {
    @Autowired private ClientTokenServices clientTokenServices;
    @Autowired private OAuth2ClientContext oauth2ClientContext;

    @Bean
    public OAuth2ProtectedResourceDetails implicitResourceDetails( ) {
        ImplicitResourceDetails resourceDetails = new
                ImplicitResourceDetails( );
        resourceDetails.setId("oauth2server");
```

```
    resourceDetails.setTokenName("oauth_token");
    resourceDetails.setClientId("clientapp");
    resourceDetails.setUserAuthorizationUri("http://
        localhost:8080/oauth/authorize");
    resourceDetails.setScope(Arrays.asList("read_profile"));
    resourceDetails.setPreEstablishedRedirectUri("http://
        localhost:9000/callback");
    resourceDetails.setUseCurrentUri(false);
    resourceDetails.setClientAuthenticationScheme(
        AuthenticationScheme.query);
    return resourceDetails;
    }
}
```

14. OAuth2RestTemplate을 선언하기 위해 ClientConfiguration 안에 다음과
    같은 메소드를 추가한다.

```
@Bean
public OAuth2RestTemplate oauth2RestTemplate() {
    OAuth2ProtectedResourceDetails resourceDetails =
        implicitResourceDetails();
    OAuth2RestTemplate template = new
        OAuth2RestTemplate(resourceDetails, oauth2ClientContext);
    AccessTokenProviderChain provider = new
        AccessTokenProviderChain(Arrays.asList(new
            CustomImplicitAccessTokenProvider()));
    provider.setClientTokenServices(clientTokenServices);
    template.setAccessTokenProvider(provider);
    return template;
}
```

15. CustomImplicitAccessTokenProvider의 인스턴스를 암시적 그랜트 타입을
    위한 프로바이더로 제공한다. 코드를 컴파일하기 위해 ClientConfiguration

의 패키지와 동일한 곳에 다음과 같은 클래스를 만든다.

```java
public class CustomImplicitAccessTokenProvider implements
        AccessTokenProvider {
    @Override public OAuth2AccessToken
            obtainAccessToken(OAuth2ProtectedResourceDetails details,
            AccessTokenRequest request) throws RuntimeException {
        ImplicitResourceDetails resource = (ImplicitResourceDetails)
                details;
        Map<String, String> requestParameters =
                getParametersForTokenRequest(resource, request);
        UserRedirectRequiredException redirectException = new
                UserRedirectRequiredException(resource.
                getUserAuthorizationUri(), requestParameters);
        throw redirectException;
    }
    @Override public boolean
            supportsResource(OAuth2ProtectedResourceDetails resource) {
        return resource instanceof ImplicitResourceDetails &&
                "implicit".equals(resource.getGrantType());
    }
    @Override public OAuth2AccessToken
            refreshAccessToken(OAuth2ProtectedResourceDetails
            resource, OAuth2RefreshToken refreshToken,
            AccessTokenRequest request) throws
            UserRedirectRequiredException {
        return null;
    }
    @Override public boolean
            supportsRefresh(OAuth2ProtectedResourceDetails resource) {
        return false;
    }
    private Map<String, String>
            getParametersForTokenRequest(ImplicitResourceDetails
            resource, AccessTokenRequest request) {
```

```
        // 액세스 토큰을 요청하기 위한 파라미터를 만들어야 함
    }
}
```

16. 앞의 코드는 인가 엔드포인트(암시적 그랜트 타입을 이용할 때)로 새로운 액세스 토큰을 요청하기 위해 필요한 파라미터를 만들지 않았기 때문에 여전히 완전하지 않다. 따라서 CustomImplicitAccessTokenProvider 클래스에 getParametersForTokenRequest private 메소드를 다음과 같은 코드로 추가한다.

```
private Map<String, String> getParametersForTokenRequest(
        ImplicitResourceDetails resource, AccessTokenRequest request) {
    Map<String, String> queryString = new HashMap<String,String>();
    queryString.put("response_type", "token");
    queryString.put("client_id", resource.getClientId());
    if (resource.isScoped()) {
        queryString.put("scope",
                resource.getScope().stream().reduce((a, b) ->a + " "
                + b).get());
    }
    String redirectUri = resource.getRedirectUri(request);
    if (redirectUri == null) throw new IllegalStateException("No
            redirect URI");
    queryString.put("redirect_uri", redirectUri);
    return queryString;
}
```

17. ClientImplicitApplication 클래스를 열어 ServletContextInitializer 를 구현하고 다음과 같이 onStartup 메소드를 오버라이드했는지 확인한다(이는 세션 충돌을 피하기 위한 전략이다).

```
@Override
public void onStartup(ServletContext servletContext) throws
ServletException {
    servletContext.getSessionCookieConfig().setName("clientsession");
}
```

 이 클라이언트 애플리케이션이 제대로 동작하려면 리소스 서버가 CORS(Cross-origin Resource Sharing)를 지원해야 하기 때문에 애플리케이션을 실행시키기 전에 '예제 분석' 절을 먼저 확인하기 바란다.

예제 분석

이 예제는 ClientConfiguration 클래스와 관련해서 몇 가지 중요한 점이 있다. 첫 번째는 ImplicitResourceDetails 타입의 OAuth2ProtectedResourceDetails를 선언한다는 것이다. 해당 클래스를 이용함으로써 암시적 그랜트 타입의 요구 사항을 충족시키며, 클라이언트 시크릿과 토큰 엔드포인트를 설정하지 않는다. 암시적 그랜트 타입은 액세스 토큰을 전달할 때 인가 엔드포인트를 이용하므로 클라이언트는 /oauth/token 엔드포인트로 요청을 보낼 필요가 없다.

또 다른 흥미로운 점은 OAuth2RestTemplate을 만들기 위해 CustomImplicitAccess TokenProvider의 인스턴스를 이용한다는 것이다. OAuth2RestTemplate이 액세스 토큰을 요청하려고 하거나 OAuth의 보호된 리소스에 접근하려고 할 때 CustomImplicit AccessTokenProvider의 obtainAccessToken 메소드는 사용자를 인가 엔드포인트로 리다이렉트시킨다. 토큰 추출은 클라이언트에서 이뤄져야 한다(예를 들면 자바스크립트를 이용해).

아무런 문제없이 클라이언트 애플리케이션을 실행시키기 위해 리소스 서버는 CORS^Cross-origin Resource Sharing를 지원해야만 한다. 따라서 리소스 서버의 소스코드는 다음과 같아야 한다(implicit-server 프로젝트의 OAuth2ResourceServer.java를 수정해야
한다).

```java
@EnableResourceServer
public class OAuth2ResourceServer extends ResourceServerConfigurerAdapter {
    @Override public void configure(HttpSecurity http) throws Exception {
        http.authorizeRequests()
            .anyRequest().authenticated().and()
            .requestMatchers().antMatchers("/api/**").and()
            .cors();
    }
}
```

또한 implicit-server 애플리케이션의 프로파일 엔드포인트를 선언하는 메소드에
다음과 같은 애노테이션 추가가 필요하다. 다음 코드는 @CrossOrigin 애노테이션이
사용되는 것을 보여준다.

```java
@Controller
public class UserController {
    @CrossOrigin
    @RequestMapping("/api/profile")
    public ResponseEntity<UserProfile> profile() {
        // 간단한 설명을 위해 이 메소드의 내용은 생략
    }
}
```

implicit-server 애플리케이션과 client-implicit를 실행시키고 http://localhost:
9000로 이동한다. 이전과 동일한 자격증명으로 로그인하고 권한을 획득하면 client-
implicit로 다시 리다이렉트되며, 이때 URI 프래그먼트로 액세스 토큰이 전달된다
(profile.js 자바스크립트에서 액세스 토큰을 추출한다). 프래그먼트는 사용자가 액세스 토
큰을 알아내지 못하게 깔끔히 정리된다.

부연 설명

Spring Security OAuth2에서 ImplicitAccessTokenProvider를 이용하는 대신 Custom ImplicitAccessTokenProvider 클래스를 만들었다. 프레임워크가 제공하는 구현 내용은 암시적 그랜트 타입을 통해 액세스 토큰을 구하는 데 다른 접근 방법을 사용한다. 즉, 인가 엔드포인트 하나만 이용하지 않고 OAuth 2.0 스펙을 따르지 않고 토큰 엔드포인트를 이용한다. 그렇게 구현한 이유는 충분히 있을 수 있지만, 이 책은 OAuth 2.0 스펙의 정의를 따르기 때문에 ImplicitAccessTokenProvider의 사용자 정의 버전을 사용한다.

참고 사항

- 인가 코드 그랜트 타입을 이용하는 OAuth 2.0 클라이언트

▌ 리소스 소유자 패스워드 자격증명 그랜트 타입을 이용하는 OAuth 2.0 클라이언트

이번에는 리소스 소유자 패스워드 자격증명 그랜트 타입을 이용하는 OAuth 2.0 클라이언트 애플리케이션을 만드는 방법을 알아본다.

준비

클라이언트를 만들려면 먼저 여러분의 컴퓨터에서 실행되는 OAuth 2.0 프로바이더가 필요하다. 이를 위해 2장의 password-server 프로젝트를 이용할 것을 권장하며, 해당 프로젝트의 깃허브 주소는 https://github.com/PacktPublishing/OAuth-2.0-Cookbook/tree/master/Chapter02/password-server다. 또한 앞서 만든 clientdb 데이터베이스와

client_user 테이블이 필요하다. 그리고 OAuth 2.0 프로바이더를 실행시키기 위해서는 자바 8과 Maven, IDE가 필요하다(대부분의 예제가 이클립스를 사용해 제공된다는 점을 기억하기 바란다).

예제 구현

다음은 리소스 소유자 패스워드 자격증명 그랜트 타입을 이용해서 액세스 토큰을 얻고 사용자의 프로파일에 접근하는 클라이언트 애플리케이션을 만드는 절차다.

1. Spring Initializr로 프로젝트를 만든다. https://start.spring.io/에서 다음과 같은 내용을 설정한다.
   - Group을 com.packt.example로 설정
   - Artifact를 client-password로 정의
   - Dependencies에는 Web, Security, Thymeleaf, JPA, MySQL을 추가(Spring Initializr의 메인 페이지에서 이를 선택할 수 있다).
2. password-server 프로젝트를 만든 다음에는 IDE에서 임포트한다.
3. pom.xml 파일을 열어 Spring Security OAuth2 프로젝트를 이용한다는 내용을 추가한다.

```
<dependency>
    <groupId>org.springframework.security.oauth</groupId>
    <artifactId>spring-security-oauth2</artifactId>
</dependency>
```

4. 이 애플리케이션은 사용자의 자격증명 정보를 데이터베이스에 저장하기 때문에 앞서 만든 clientdb 데이터베이스와 client_user 테이블을 이용한다. 또한 client-password 애플리케이션에 로그인할 수 있게 client_user 테이블에 엔트리가 있는지 확인해야 한다.

5. application.properties 파일을 열어 앞에서 설정한 것과 동일한 데이터 소스와 서버 포트 설정을 추가한다.

6. 이 클라이언트 애플리케이션도 인가 코드 그랜트 타입을 이용해서 만드는 클라이언트의 경우와 동일한 웹 인터페이스를 제공할 것이다. 따라서 client-authorization-code 프로젝트의 index.html과 dashboard.html 파일을 client-password 프로젝트의 src/main/resources/templates 폴더로 복사한다.

7. 다음 스크린 샷에 보이는 모든 클래스를 만들었는지 확인한다. 그리고 클래스들의 내용은 client-authorization-code 프로젝트의 것과 동일해야 한다. 따라서 각 패키지를 그냥 복사해서 사용하면 된다(다음 그림에서 강조되지 않은 클래스는 복사하면 안 된다).

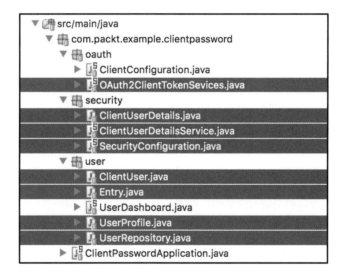

8. 위 스크린 샷과 동일한 패키지에 UserDashboard 클래스를 만들어서 다음과 같은 내용을 추가한다.

```
@Controller
public class UserDashboard {
```

```
@Autowired
private OAuth2RestTemplate restTemplate;
@Autowired
private AccessTokenRequest accessTokenRequest;
@GetMapping("/")
public String home() { return "index"; }
@GetMapping("/callback")
public ModelAndView callback() {
    return new ModelAndView("forward:/dashboard");
}
@GetMapping("/dashboard")
public ModelAndView dashboard() {
    ClientUserDetails userDetails =
            (ClientUserDetails)SecurityContextHolder.
            getContext().getAuthentication().getPrincipal();
    ClientUser clientUser = userDetails.getClientUser();
    clientUser.setEntries(Arrays.asList(new Entry("entry 1"),
            new Entry("entry 2")));
    ModelAndView mv = new ModelAndView("dashboard");
    mv.addObject("user", clientUser);
    tryToGetUserProfile(mv);
    return mv;
}
private void tryToGetUserProfile(ModelAndView mv) {
    accessTokenRequest.add("username", "adolfo");
    accessTokenRequest.add("password", "123");
    String endpoint = "http://localhost:8080/api/profile";
    try {
        UserProfile userProfile =
                restTemplate.getForObject(endpoint,
                UserProfile.class);
        mv.addObject("profile", userProfile);
    } catch (HttpClientErrorException e) {
        throw new RuntimeException("it was not possible to retrieve
                user profile");
```

```
        }
    }
}
```

9. 다음과 같은 ClientConfiguration 클래스를 만든다.

```
@Configuration @EnableOAuth2Client
public class ClientConfiguration {
    @Autowired
    private ClientTokenServices clientTokenServices;
    @Autowired
    private OAuth2ClientContext oauth2ClientContext;
    @Bean
    public OAuth2ProtectedResourceDetails passwordResourceDetails() {
        ResourceOwnerPasswordResourceDetails resourceDetails = new
                ResourceOwnerPasswordResourceDetails();
        resourceDetails.setId("oauth2server");
        resourceDetails.setTokenName("oauth_token");
        resourceDetails.setClientId("clientapp");
        resourceDetails.setClientSecret("123456");
        resourceDetails.setAccessTokenUri("http://
                localhost:8080/oauth/token");
        resourceDetails.setScope(Arrays.asList("read_profile"));
        resourceDetails.setClientAuthenticationScheme(
                AuthenticationScheme.header);
        return resourceDetails;
    }
    @Bean
    public OAuth2RestTemplate oauth2RestTemplate() {
        OAuth2ProtectedResourceDetails resourceDetails =
                passwordResourceDetails();
        OAuth2RestTemplate template = new
                OAuth2RestTemplate(resourceDetails,
                oauth2ClientContext);
```

```
        AccessTokenProviderChain provider = new
            AccessTokenProviderChain(Arrays.asList(new
                ResourceOwnerPasswordAccessTokenProvider()));
        provider.setClientTokenServices(clientTokenServices);
        template.setAccessTokenProvider(provider);
        return template;
    }
}
```

예제 분석

ResourceOwnerPasswordResourceDetails 클래스로 리소스의 세부 사항을 설정하는 것 외에도 현재의 그랜트 타입을 위한 프로바이더를 사용하는 OAuth2RestTemplate 도 선언한다. 즉, OAuth2RestTemplate을 위한 ResourceOwnerPasswordAccessToken Provider의 인스턴스를 설정한다. 이런 종류의 설정은 인가 코드 그랜트 타입과 암시적 그랜트 타입을 다룰 때 이미 그 방법을 배웠기 때문에 이제는 특별하지 않다. 하지만 UserDashboard 클래스의 tryToGetUserProfile 메소드에 흥미로운 점이 있다. 다음의 코드를 살펴보자.

```
private void tryToGetUserProfile(ModelAndView mv) {
    accessTokenRequest.add("username", "adolfo");
    accessTokenRequest.add("password", "123");
    // 간단한 설명을 위해서 생략
}
```

리소스 소유자 패스워드 자격증명 그랜트 타입을 이용하기 때문에 사용자의 자격증명 정보를 설정해야 한다. Spring Security OAuth2가 만드는 AccessTokenRequest의 인스턴스를 통해 사용자의 자격증명을 정의할 수 있으며, 요청 권한 범위는 Default OAuth2ClientContext 인스턴스로 유지된다.

클라이언트와 서버 애플리케이션을 실행시키고 http://localhost:9000로 이동해서 앞선 예제와 동일한 절차를 수행한다(clientdb 데이터베이스의 client_user 테이블에서 토큰 관련 필드 값을 삭제해야 하고, 캐시 이슈를 방지하기 위해 프로젝트를 정리해야 한다).

부연 설명

UserDashboard 클래스에서 OAuth의 보호된 리소스에 접근하려고 하기 전에 사용자의 자격증명을 설정할 때 하드 코딩된 자격증명 정보를 이용한다는 것을 알았을 것이다. 좀 더 좋은 방법은 사용자의 자격증명(이는 클라이언트 애플리케이션이 갖고 있지 않고 인가 서버에 있어야 한다)을 물어보고 사용자의 이름과 패스워드를 동적으로 설정하는 것이다. 인가 서버에서 발급된 액세스 토큰을 전달받은 후에는 자격증명 정보를 제거해야 하는 점을 잊어서는 안 된다. 사용자가 전달한 자격증명을 유지하지 않는 것이 정말 중요하다.

참고 사항

- 인가 코드 그랜트 타입을 이용하는 OAuth 2.0 클라이언트

▌ 클라이언트 자격증명 그랜트 타입을 이용하는 OAuth 2.0 클라이언트

이번에는 클라이언트 자격증명 그랜트 타입을 이용하는 클라이언트 애플리케이션에 대해 살펴본다. 즉, OAuth 프로바이더에서 사용자의 프로파일에 접근하는 클라이언트 자격증명 그랜트 타입을 이용하는 클라이언트 애플리케이션을 만들어본다. 다른 그랜트 타입과 달리 클라이언트 자격증명 그랜트를 이용하는 애플리케이션은 직접 OAuth의 보호된 리소스에 접근한다. 따라서 클라이언트 애플리케이션은 사용자의 승인을 필요로 하지 않는다.

준비

클라이언트를 만들려면 먼저 컴퓨터에서 실행되는 OAuth 2.0 프로바이더가 필요하다. 이를 위해 2장의 `client-credentials-server` 프로젝트를 이용할 것을 권장하며, 해당 프로젝트의 깃허브 주소는 https://github.com/PacktPublishing/OAuth-2.0-Cookbook/tree/master/Chapter02/client-credentials-server다. 또한 앞서 만든 `clientdb` 데이터베이스와 `client_user` 테이블이 필요하다. 그리고 OAuth 2.0 프로바이더뿐만 아니라 자바 8과 Maven, IDE가 필요하다(대부분의 예제가 이클립스를 사용해 제공된다는 점을 기억하기 바란다).

예제 구현

다음은 클라이언트 자격증명 그랜트 타입을 이용하는 클라이언트 애플리케이션을 만드는 과정이다.

1. Spring Initializr로 프로젝트를 만든다. https://start.spring.io/에서 다음과 같은 내용을 설정한다.
   - Group을 `com.packt.example`로 설정
   - Artifact를 `client-client-credentials`로 정의
   - Dependencies에는 `Web`, `Security`, `Thymeleaf`를 추가
2. `client-client-credentials` 프로젝트를 만든 다음에는 IDE에서 임포트한다.
3. pom.xml 파일을 열어 Spring Security OAuth2 프로젝트를 이용한다는 내용을 추가한다.

```
<dependency>
    <groupId>org.springframework.security.oauth</groupId>
    <artifactId>spring-security-oauth2</artifactId>
</dependency>
```

4. application.properties 파일에 다음 내용을 추가한다.

```
server.port=9000
security.user.name=admin
security.user.password=123
spring.http.converters.preferred-json-mapper=jackson
```

5. 이 클라이언트 애플리케이션도 인가 코드 그랜트 타입을 이용해서 만드는 클라이언트의 경우와 동일한 웹 인터페이스를 제공할 것이다. 따라서 client-authorization-code 프로젝트의 index.html과 dashboard.html 파일을 client-client-credentials 프로젝트의 src/main/resources/templates 폴더로 복사한다.

6. dashboard.html 파일의 내용을 다음과 같이 변경한다.

```html
<table>
    <tr>
        <td><b>name</b></td>
        <td><b>email</b></td>
    </tr>
    <tr th:each="user : ${users}">
        <td th:text="${user.name}">name</td>
        <td th:text="${user.email}">email</td>
    </tr>
</table>
```

7. 데이터베이스 내에 액세스 토큰을 저장하는 대신 사용자의 세션을 이용해서 액세스 토큰을 유지시켜보자. 이를 위해 oauth 패키지 안에 다음과 같은 클래스를 만든다.

```
@Repository
@Scope(value = "session", proxyMode = ScopedProxyMode.TARGET_CLASS)
public class SettingsRepository {
    private String accessToken;
    private Calendar expiresIn;
    public String getAccessToken() { return accessToken; }
    public void setAccessToken(String accessToken) {
        this.accessToken = accessToken; }
    public Calendar getExpiresIn() { return expiresIn; }
    public void setExpiresIn(Calendar expiresIn) {
        this.expiresIn = expiresIn; }
}
```

8. UsersRepository 대신 SettingsRepository를 이용해서 다음과 같은 내용의
   OAuth2ClientTokenServices 클래스를 만든다.

```
@Service
public class OAuth2ClientTokenSevices implements ClientTokenServices
{
    @Autowired private SettingsRepository settings;
    public OAuth2AccessToken
            getAccessToken(OAuth2ProtectedResourceDetails resource,
            Authentication authentication) {
        String accessToken = settings.getAccessToken();
        Calendar expirationDate = settings.getExpiresIn();
        if (accessToken == null) return null;
        DefaultOAuth2AccessToken oAuth2AccessToken = new
                DefaultOAuth2AccessToken(accessToken);
        oAuth2AccessToken.setExpiration(expirationDate.getTime());
        return oAuth2AccessToken;
    }
    public void saveAccessToken(OAuth2ProtectedResourceDetails
            resource, Authentication authentication, OAuth2AccessToken
            accessToken) {
```

```
        Calendar expirationDate = Calendar.getInstance();
        expirationDate.setTime(accessToken.getExpiration());
        settings.setAccessToken(accessToken.getValue());
        settings.setExpiresIn(expirationDate);
    }
    public void removeAccessToken(OAuth2ProtectedResourceDetails
            resource, Authentication authentication) {
        settings.setAccessToken(null);
        settings.setExpiresIn(null);
    }
}
```

9. client-credentials-server 프로젝트에서 선언된 /api/users 엔드포인트
   의 결과가 제대로 객체(즉, UserProfile)에 매핑될 수 있게 이전과 동일한 방식
   으로 UserProfile 클래스를 만든다. UserProfile 클래스는 다른 OAuth 관
   련 클래스처럼 oauth 패키지에 선언한다.

10. 마지막으로 OAuth와 관련된 마지막 클래스는 두 가지 중요한 것을 선언하는
    ClientConfiguration 설정 클래스다. 예상대로 이전의 경우와 동일하게
    OAuth2ProtectedResourceDetails와 OAuth2RestTemplate을 선언해야
    한다. 동일한 애노테이션으로 ClientConfiguration 클래스를 선언하고
    client- authorization-code 프로젝트의 ClientConfiguration을 위해 동
    일한 디펜던시를 삽입한다.

11. 그다음에는 ClientConfiguration 안에 OAuth2ProtectedResourceDetails
    선언을 추가한다.

```
@Bean
public OAuth2ProtectedResourceDetails passwordResourceDetails() {
    ClientCredentialsResourceDetails details = new
            ClientCredentialsResourceDetails();
    details.setId("oauth2server");
```

```
details.setTokenName("oauth_token");
details.setClientId("clientadmin");
details.setClientSecret("123");
details.setAccessTokenUri("http://localhost:8080/oauth/token");
details.setScope(Arrays.asList("admin"));
details.setClientAuthenticationScheme(AuthenticationScheme.
        header);
return details;
}
```

12. 다음과 같이 OAuth2RestTemplate을 추가한다.

```
@Bean
public OAuth2RestTemplate oauth2RestTemplate() {
    OAuth2ProtectedResourceDetails resourceDetails =
            passwordResourceDetails();
    OAuth2RestTemplate template = new
            OAuth2RestTemplate(resourceDetails, oauth2ClientContext);
    AccessTokenProviderChain provider = new AccessTokenProviderChain(
            Arrays.asList(new ClientCredentialsAccessTokenProvider()));
    provider.setClientTokenServices(clientTokenServices);
    template.setAccessTokenProvider(provider);
    return template;
}
```

13. 보안과 OAuth 설정을 만든 다음에는 AdminDashboard 클래스를 만든다.

```
@Controller
public class AdminDashboard {
    @Autowired
    private OAuth2RestTemplate restTemplate;

    @GetMapping("/")
```

```java
public String home() { return "index"; }

@GetMapping("/callback")
public ModelAndView callback() { return new
    ModelAndView("forward:/dashboard"); }

@GetMapping("/dashboard")
public ModelAndView dashboard() {
    ModelAndView mv = new ModelAndView("dashboard");
    String endpoint = "http://localhost:8080/api/users";
    try {
        UserProfile[] users = restTemplate.getForObject(endpoint,
                UserProfile[].class);
        mv.addObject("users", users);
    } catch (HttpClientErrorException e) {
        throw new RuntimeException("it was not possible to retrieve
            all users");
    }
    return mv;
}
}
```

예제 분석

다른 예제와 다른 점은 OAuth 프로바이더 애플리케이션에 없는 admin 사용자를 만들었다는 것이다. 이는 사용자 대신 리소스에 접근하는 것이 아니라 직접 리소스에 접근한다는 것을 의미한다. 구현 내용을 자세히 들여다보면 ClientCredentialsResource Details를 만들고, /oauth/token 엔드포인트와 클라이언트 자격증명을 설정하고 있다. 클라이언트 애플리케이션이 다른 애플리케이션으로 사용자를 리다이렉트 시킬 필요가 없기 때문이다(이는 다른 OAuth 플로우와는 다르다).

또한 ClientCredentialsAccessTokenProvider라는 또 다른 프로바이더 구현을 이용하기 때문에 OAuth2RestTemplate을 만드는 것도 다르다.

client-credentials-server와 client-client-credentials를 실행시키고 클라이언트 애플리케이션과 상호작용하기 위해 http://localhost:9000로 이동한다. 주목할 점은 현재 로그인된 사용자(admin이어야 함)는 자신의 어떤 자격증명도 공유하지 않으며, 다른 애플리케이션으로 리다이렉트되지 않는다는 것이다.

참고 사항

- 인가 코드 그랜트 타입을 이용하는 OAuth 2.0 클라이언트

■ 클라이언트에서의 리프레시 토큰 관리

이번에는 리프레시 토큰을 지원하는 방법을 살펴본다. 알게 되겠지만, Spring Security OAuth2를 이용하면 간단하게 리프레시 토큰을 관리할 수 있으며, 새로운 액세스 토큰을 요청하기 위해 언제 리프레시 토큰을 사용해야 하는지 간단히 알 수 있다.

준비

클라이언트를 만들려면 먼저 컴퓨터에서 실행되는 OAuth 2.0 프로바이더가 필요하다. 이를 위해 2장의 auth-code-server 프로젝트를 이용할 것을 권장한다. 이번 프로젝트의 깃허브 주소는 https://github.com/PacktPublishing/OAuth-2.0-Cookbook/tree/master/Chapter03/client-refresh-token이다. 또한 앞서 client-authorization-code 프로젝트에서 만든 데이터베이스가 필요하다.

데이터베이스를 만들 때 리프레시 토큰을 저장하기 위한 칼럼을 만든다.

예제 구현

다음은 리프레시 토큰을 지원하는 클라이언트 애플리케이션을 만드는 과정이다.

 인가 코드 그랜트 타입과 리소스 소유자 패스워드 자격증명 그랜트 타입을 이용할 때 리프레시 토큰이 지원돼야 한다는 것을 기억하기 바란다. 암시적 그랜트 타입을 이용할 때는 리프레시 토큰이 필요 없다. 액세스 토큰이 만료될 때 사용자가 있을 것이라고 예상해서 클라이언트가 새로운 액세스 토큰을 요청하기 때문이다. 그리고 클라이언트 자격증명 그랜트 타입을 이용할 때는 사용자의 승인 없이 클라이언트가 새로운 액세스 토큰을 요청할 수 있다.

1. 새로운 프로젝트를 만들지 않고 이전에 만들었던 client-authorization-code 프로젝트를 이용해야 한다.
2. client-authorization-code 프로젝트를 임포트해 OAuth2ClientTokenServices 클래스를 연다.
3. getAccessToken 메소드를 다음과 같이 변경한다.

```
@Override
public OAuth2AccessToken
        getAccessToken(OAuth2ProtectedResourceDetails resource,
        Authentication authentication) {
    ClientUser clientUser = getClientUser(authentication);
    String accessToken = clientUser.getAccessToken();
    Calendar expirationDate = clientUser.getAccessTokenValidity();
    if (accessToken == null) return null;
    DefaultOAuth2AccessToken oAuth2AccessToken = new
            DefaultOAuth2AccessToken(accessToken);
```

```
        oAuth2AccessToken.setExpiration(expirationDate.getTime());
        oAuth2AccessToken.setRefreshToken(new
            DefaultOAuth2RefreshToken(clientUser.
            getRefreshToken()));
        return oAuth2AccessToken;
    }
```

4. 그다음에는 OAuth2ClientTokenServices의 saveAccessToken 메소드를 다음의 코드로 교체한다.

```
    @Override
    public void saveAccessToken(OAuth2ProtectedResourceDetails resource,
            Authentication authentication, OAuth2AccessToken accessToken) {
        Calendar expirationDate = Calendar.getInstance();
        expirationDate.setTime(accessToken.getExpiration());
        ClientUser clientUser = getClientUser(authentication);
        clientUser.setAccessToken(accessToken.getValue());
        clientUser.setAccessTokenValidity(expirationDate);
        clientUser.setRefreshToken(accessToken.getRefreshToken().
            getValue());
        users.save(clientUser);
    }
```

5. 마지막으로 removeAccessToken 메소드를 다음의 코드로 교체한다.

```
    public void removeAccessToken(OAuth2ProtectedResourceDetails
            resource, Authentication authentication) {
        ClientUser clientUser = getClientUser(authentication);
        clientUser.setAccessToken(null);
        clientUser.setRefreshToken(null);
        clientUser.setAccessTokenValidity(null);
        users.save(clientUser);
    }
```

6. 이 새로운 클라이언트가 제대로 동작하려면 2장의 **auth-code-server** 애플리케이션이 리프레시 토큰을 지원하게 만들어야 한다. 따라서 인가 서버의 **configure** 메소드가 다음과 같아야 한다(refresh_token 그랜트 타입을 이용하고 accessTokenValiditySeconds 메소드를 이용한다).

```
@Override
public void configure(ClientDetailsServiceConfigurer clients) throws
    Exception {
  clients.inMemory().withClient("clientapp").secret("123456")
    .redirectUris("http://localhost:9000/callback")
    .authorizedGrantTypes("authorization_code", "refresh_token")
    .accessTokenValiditySeconds(120)
    .scopes("read_profile", "read_contacts");
}
```

예제 분석

Spring Security OAuth2의 클래스를 이용하면 구현이 간단히 해결된다는 것을 알아봤다. 리프레시 토큰을 저장하고 해당 값을 **OAuth2AccessToken**의 인스턴스에 설정하기만 하면 액세스 토큰이 만료됐을 때 OAuth 프로바이더에게 요청하기 위해 필요한 모든 로직이 프레임워크에 의해서 수행된다. **OAuth2RestTemplate**이 OAuth의 보호된 리소스에 접근하려고 하면 새로운 액세스 토큰을 얻기 위해 리프레시 토큰을 언제 사용할 것인지 결정하는 AccessTokenProviderChain의 obtainAccessToken 메소드가 호출된다.

참고 사항

• 인가 코드 그랜트 타입을 이용하는 OAuth 2.0 클라이언트

■ RestTemplate으로 OAuth 2.0의 보호된 API에 대한 접근

이번에는 Spring 프레임워크는 이용하지만 Spring Security OAuth2는 이용하지 않을 때 유용하게 사용할 수 있는 방법을 알아본다. 즉, OAuth 2.0 프로바이더와 상호작용하기 위해 `OAuth2RestTemplate` 대신 `RestTemplate` 구현을 이용하는 방법을 살펴본다.

준비

클라이언트를 만들려면 먼저 컴퓨터에서 실행되는 OAuth 2.0 프로바이더가 필요하다. 이를 위해서 2장의 `auth-code-server` 프로젝트를 이용할 것을 권장한다. 이번 프로젝트의 깃허브 주소는 https://github.com/PacktPublishing/OAuth-2.0-Cookbook/tree/master/Chapter03/client-rest-template이다. 그리고 OAut 2.0 프로바이더를 실행시키기 위해서는 자바 8과 Maven, IDE가 필요하다(대부분의 예제가 이클립스를 사용해 제공된다는 점을 기억하기 바란다).

예제 구현

다음은 OAuth 2.0 프로바이더와 상호작용하기 위해 `RestTemplate`을 이용하며, 인가 코드 그랜트 타입을 이용하는 클라이언트 애플리케이션을 구현하는 방법이다.

1. Spring Initializr로 프로젝트를 만든다. https://start.spring.io/에서 다음과 같은 내용을 설정한다.
   - Group을 `com.packt.example`로 설정
   - Artifact를 `client-rest-template`으로 정의
   - Dependencies에는 Web, Security, Thymeleaf, JPA, Mysql을 추가
2. `client-rest-template` 프로젝드를 만든 다음에 IDE에서 임포트힌다.

3. Spring Security OAuth2는 설정 클래스만 이용하면 되도록 기능을 제공하지 만 이번에는 사용자의 리소스에 접근하기 위한 인가와 액세스 토큰 요청을 위해 프로바이더의 /oauth 엔드포인트와 직접 상호작용할 것이다.

4. 사용자의 프로파일 엔드프인트와 상호작용하기 위해 만든 모든 클래스와 client-authorization-code 프로젝트의 security 패키지에 만든 모든 클래 스를 복사한다(클래스를 복사한 이후에 client-rest-template 프로젝트는 다음과 같은 패키지 구조를 가져야 한다).

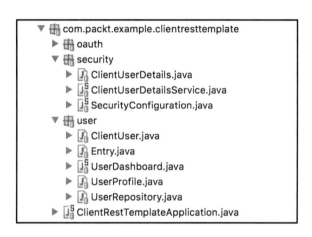

5. 또한 client-authorization-code 프로젝트의 모든 템플릿 파일(index.html과 dashboard.html)을 client-rest-template 프로젝트의 src/main/resources/ templates 디렉토리로 복사한다.

6. client-authorization-code 프로젝트에서 application.properties 파일의 내용을 client-rest-template 프로젝트의 application.properties 파일로 복 사한다.

7. 현 시점의 주된 차이점은 oauth 패키지의 OAuth2Token을 다음과 같이 만든다 는 점이다(또한 선언된 각각의 속성의 값을 설정하고 조회하는 메소드도 만든다).

```
public class OAuth2Token {
```

```java
@JsonProperty("access_token")
private String accessToken;
@JsonProperty("token_type")
private String tokenType;

@JsonProperty("expires_in")
private String expiresIn;

@JsonProperty("refresh_token")
private String refreshToken;
// 값을 조회하고 설정하는 메소드는 생략
}
```

8. 그다음에는 다음과 같은 내용의 AuthorizationCodeConfiguration 클래스를 만든다(org.springframework.http 패키지에서 MediaType을 임포트한다). AuthorizationCodeConfiguration 클래스는 OAuth2Token과 동일한 패키지에 위치해야 한다.

```java
@Component
public class AuthorizationCodeConfiguration {
    public String encodeCredentials(String username, String password) {
        String credentials = username + ":" + password;
        String encoded = new String(Base64.getEncoder().encode(
                credentials.getBytes()));
        return encoded;
    }

    public MultiValueMap<String, String> getBody(String
            authorizationCode) {
        MultiValueMap<String, String> formData = new
                LinkedMultiValueMap<>();
        formData.add("grant_type", "authorization_code");
        formData.add("scope", "read_profile");
        formData.add("code", authorizationCode);
```

```java
        formData.add("redirect_uri",
                "http://localhost:9000/callback");
        return formData;
    }

    public HttpHeaders getHeader(String clientAuthentication) {
        HttpHeaders httpHeaders = new HttpHeaders();
        httpHeaders.setContentType(MediaType.
                APPLICATION_FORM_URLENCODED);
        httpHeaders.setAccept(Arrays.asList(
                MediaType.APPLICATION_JSON));
        httpHeaders.add("Authorization", "Basic " +
                clientAuthentication);
        return httpHeaders;
    }
}
```

9. 그리고 다음과 같은 내용의 AuthorizationCodeService 클래스를 만든다.

```java
@Service
public class AuthorizationCodeTokenService {
    @Autowired
    private AuthorizationCodeConfiguration configuration;
    public String getAuthorizationEndpoint() {
        String endpoint = "http://localhost:8080/oauth/authorize";
        Map<String, String> authParameters = new HashMap<>();
        authParameters.put("client_id", "clientapp");
        authParameters.put("response_type", "code");
        authParameters.put("redirect_uri",
                getEncodedUrl("http://localhost:9000/callback"));
        authParameters.put("scope", getEncodedUrl("read_profile"));
        return buildUrl(endpoint, authParameters);
    }
    private String buildUrl(String endpoint, Map<String, String>
```

```
            parameters) {
        List<String> paramList = new ArrayList<>(parameters.size());
        parameters.forEach((name, value) -> { paramList.add(name + "="
                + value); });
        return endpoint + "?" + paramList.stream().reduce((a, b) -> a +
                "&" + b).get();
    }
    private String getEncodedUrl(String url) {
        try {
            return URLEncoder.encode(url, "UTF-8");
        } catch (UnsupportedEncodingException e) {
            throw new RuntimeException(e);
        }
    }
    public OAuth2Token getToken(String authorizationCode) {
        RestTemplate rest = new RestTemplate();
        String authBase64 =
                configuration.encodeCredentials("clientapp", "123456");
        RequestEntity<MultiValueMap<String, String>> requestEntity =
                new RequestEntity<>(configuration.getBody(
                authorizationCode), configuration.getHeader(authBase64),
                HttpMethod.POST, URI.create("http://
                        localhost:8080/oauth/token"));
        ResponseEntity<OAuth2Token> responseEntity =
                rest.exchange(requestEntity, OAuth2Token.class);
        if (responseEntity.getStatusCode().is2xxSuccessful())
            return responseEntity.getBody();
        throw new RuntimeException("error trying to retrieve access
                token");
    }
}
```

10. 이제 액세스 토큰을 얻기 위해서 필요한 모든 로직을 만들었다. 이번에는
    AuthorizationCodeTokenService 클래스를 이용해 auth-code-server 애플

리케이션에게 사용자의 프로파일을 요청하기 위해 액세스 토큰을 얻기 위한 코드를 작성해보자. UserDashboard 클래스에 AuthorizationCodeTokenService 인스턴스와 UserRepository 인스턴스를 삽입한다.

```
@Autowired
private AuthorizationCodeTokenService tokenService;
@Autowired
private UserRepository users;
```

11. 그다음에는 UserDashboard의 callback 메소드를 다음과 같이 교체한다 (tokenService를 이용한다는 점에 주목하기 바란다).

```
@GetMapping("/callback")
public ModelAndView callback(String code, String state) {
    ClientUserDetails userDetails =
            (ClientUserDetails)SecurityContextHolder.
            getContext().getAuthentication().getPrincipal();
    ClientUser clientUser = userDetails.getClientUser();
    OAuth2Token token = tokenService.getToken(code);
    clientUser.setAccessToken(token.getAccessToken());
    Calendar tokenValidity = Calendar.getInstance();
    tokenValidity.setTime(new
            Date(Long.parseLong(token.getExpiresIn())));
    clientUser.setAccessTokenValidity(tokenValidity);
    users.save(clientUser);
    return new ModelAndView("forward:/dashboard");
}
```

12. UserDashboard의 dashboard 메소드는 다음과 같이 작성돼야 한다. clientUser.getAccessTokens() == null일 때 사용자를 인가 엔드포인트로 리다이렉트 시킨다는 점에 주목하기 바란다.

```
@GetMapping("/dashboard")
public ModelAndView dashboard() {
    ClientUserDetails userDetails =
            (ClientUserDetails)SecurityContextHolder.
            getContext().getAuthentication().getPrincipal();
    ClientUser clientUser = userDetails.getClientUser();
    if (clientUser.getAccessToken() == null) {
        String authEndpoint = tokenService.getAuthorizationEndpoint();
        return new ModelAndView("redirect:" + authEndpoint);
    }
    clientUser.setEntries(Arrays.asList(new Entry("entry 1"), new
            Entry("entry 2")));
    ModelAndView mv = new ModelAndView("dashboard");
    mv.addObject("user", clientUser);
    tryToGetUserProfile(mv, clientUser.getAccessToken());
    return mv;
}
```

13. 이제 사용자의 프로파일을 얻기 위해 OAuth2RestTemplate 대신 RestTemplate
    을 사용하면 된다. 주목할 점은 OAuth2RestTemplate을 이용했을 때보다 훨
    씬 많은 코드를 작성해야 한다는 점이다.

```
private void tryToGetUserProfile(ModelAndView mv, String token) {
    RestTemplate restTemplate = new RestTemplate();
    MultiValueMap<String, String> headers = new
            LinkedMultiValueMap<>();
    headers.add("Authorization", "Bearer " + token);
    String endpoint = "http://localhost:8080/api/profile";
    try {
        RequestEntity<Object> request = new RequestEntity<>(headers,
                HttpMethod.GET, URI.create(endpoint));
        ResponseEntity<UserProfile> userProfile =
                restTemplate.exchange(request, UserProfile.class);
```

```
                if (userProfile.getStatusCode().is2xxSuccessful()) {
                    mv.addObject("profile", userProfile.getBody());
                } else {
                    throw new RuntimeException("it was not possible to retrieve
                        user profile");
                }
            } catch (HttpClientErrorException e) {
                throw new RuntimeException("it was not possible to retrieve user
                    profile");
            }
        }
```

14. ClientRestTemplateApplication 클래스를 열어 ServletContextInitializer
   를 구현하는지 확인하고 onStartup 메소드를 다음과 같이 오버라이드한다.

```
public void onStartup(ServletContext servletContext) throws
        ServletException {
    servletContext.getSessionCookieConfig().setName("clientsession");
}
```

예제 분석

UserDashboard 컨트롤러는 client-authorization-code와 동일한 메소드를 갖고 있
다. 그것은 home, callback, dashboard, tryToGetUserProfile이다. UserDashboard
는 인가 엔드포이트로 사용자를 리다이렉트시키는 것을 처리하며, 새로운 액세스 토
큰 발급 요청을 처리하기 때문에 callback과 dashboard 메소드를 수정해야 한다.

요청이 dashboard 메소드에 의해 처리될 때 현재 로그인된 사용자의 액세스 토큰을
가져온다. 그것이 null이면 다음과 같이 리다이렉트된다.

```
if (clientUser.getAccessToken( ) == null) {
    String authEndpoint = tokenService.getAuthorizationEndpoint( );
    return new ModelAndView("redirect:" + authEndpoint);
}
```

그리고 사용자가 다시 리다이렉트 URI(이는 callback 메소드로 처리된다)로 리다이렉트
된 다음에는 다음과 같이 메소드의 파라미터로 전달된 인가 코드와 **tokenService**를
사용해서 액세스 토큰을 구한다.

```
OAuth2Token token = tokenService.getToken(code);
```

 모든 구현 로직 자체는 OAuth2RestTemplate을 이용했을 때와 동일하지만, 너무 많
은 코드를 작성해야 하고 모든 로직이 캡슐화되지 않았다. 따라서 가능하다면
OAuth2RestTemplate을 사용하길 바란다.

참고 사항

- 인가 코드 그랜트 타입을 이용하는 OAuth 2.0 클라이언트

04

OAuth 2.0 프로파일

4장에서 다루는 내용은 다음과 같다.

- 발급된 토큰 폐기
- 토큰 인트로스펙션을 이용한 원격 검증
- 캐시를 이용한 원격 검증 성능 향상
- Gatling을 이용한 원격 토큰 검증에 대한 부하 테스트
- 동적 클라이언트 등록

▌ 소개

4장에서는 OAuth 2.0 스펙(RFC 6749)에 명시되지 않은 사용자 정의 시나리오를 처리하기 위해서 몇 가지 고유한 OAuth 2.0 프로파일의 사용 방법을 알아본다. 프로파일은 그랜트 타입과 토큰 타입에 대한 OAuth 2.0의 몇 가지 확장 포인트에 기반을 두고 있다. 몇 가지 OAuth 2.0 프로파일을 이해해야만 특정 시나리오를 처리할 수 있는 애플리케이션을 제공할 수 있다.

▌ 발급된 토큰 폐기

이번에는 토큰 폐기 스펙인 RFC 7009(https://tools.ietf.org/html/rfc7009)에 정의된 클라이언트 액세스 토큰 폐기에 대해 알아본다. 스펙에 의하면 OAuth 2.0 프로파일을 이용해서 클라이언트는 액세스 토큰이나 리프레시 토큰이 더 이상 필요 없다는 것을 인가 서버에게 알릴 수 있다. 그러면 인가 서버는 데이터베이스에서 사용되지 않는 토큰을 제거할 수 있고 결국 필요 없는 데이터를 저장하지 않아도 된다. 토큰 폐기뿐만 아니라 사용자 프로파일 API를 제공하는 OAuth 2.0 프로바이더도 만들어본다.

준비

자바 8과 Maven, MySQL, 그리고 자주 사용하는 IDE가 필요하다. Spring Boot을 사용할 것이며, 프로젝트는 Spring Initializr로 만들 것을 권장한다.

예제 구현

다음은 토큰 폐기 프로파일을 구현하는 인가 서버를 만드는 방법이다.

1. Spring Initializr로 프로젝트를 만든다. https://start.spring.io/에서 다음과 같은 내용을 설정한다.

    ○ Group을 `com.packt.example`로 설정

    ○ Artifact를 `revoke-server`로 정의

    ○ Dependencies에는 `Web`, `Security`, `JPA`, `MySQL`을 추가

2. pom.xml 파일을 열어 Spring Security OAuth2 프로젝트를 이용한다는 내용을 추가한다.

```
<dependency>
    <groupId>org.springframework.security.oauth</groupId>
    <artifactId>spring-security-oauth2</artifactId>
</dependency>
```

3. application.properties 파일에 다음과 같은 내용을 추가한다.

```
security.user.name=adolfo
security.user.password=123
spring.datasource.url=jdbc:mysql://localhost/oauth2provider
spring.datasource.username=oauth2provider
spring.datasource.password=123
spring.datasource.driver-class-name=com.mysql.jdbc.Driver
spring.jpa.properties.hibernate.dialect=org.hibernate.dialect.
    MySQL5Dialect
spring.jpa.properties.hibernate.hbm2ddl.auto=validate
spring.jackson.property-namingstrategy=
com.fasterxml.jackson.
    databind.PropertyNamingStrategy.SnakeCaseStrategy
```

4. 3장과 동일한 내용의 `UserController`와 `UserProfile` 클래스를 선언해서 클라이언트를 위한 사용자 프로파일 API를 만든다. 소스코드는 https://github.com/PacktPublishing/OAuth-2.0-Cookbook의 Chapter04/revoke-server 디

렉토리에서 다운로드하면 된다.

5. com.packt.example.revokeserver 안에 oauth/config와 oauth/revoke 서브패키지를 만든다.

6. oauth/config 서브패키지에 OAuth2AuthorizationServer와 OAuth2Resource Server 클래스를 선언한다. 2장의 rdbm-server 프로젝트에서 해당 클래스들은 복사해서 쓸 수 있다(개발을 좀 더 쉽게 하려면 OAuth2AuthorizationServer 클래스에 클라이언트 자격증명 데이터를 암호화하기 위해 추가한 설정을 제거하고 클라이언트 자격증명을 위한 패스워드는 평문을 사용하면 된다).

7. 인가 서버 설정은 2장의 토큰과 클라이언트 정보를 저장하기 위한 관계형 데이터베이스 이용에서 만든 데이터베이스를 이용하기 때문에 DataSource 인스턴스를 이용해서 JdbcTokenStore를 선언해야 한다.

8. 리소스 서버가 /api/** 엔드포인트를 보호하고 있는지 확인한다.

9. 완벽한 토큰 폐기 기능을 제공하기 위해서는 액세스 토큰 폐기를 위한 서비스와 리프레시 토큰 폐기를 위한 서비스를 분리할 필요가 있다. oauth/revoke 패키지에 토큰 폐기 서비스가 동작하는 방법을 기술하는 다음과 같은 인터페이스를 만든다.

```
public interface RevocationService {
    void revoke(String token);
    boolean supports(String tokenTypeHint);
}
```

10. 그다음에는 다음과 같이 토큰 폐기 서비스에 접근하기 위한 인터페이스를 구현한다(RevocationService 인터페이스와 동일한 패키지 안에 만들어야 한다).

```
@Service
public class AccessTokenRevocationService implements
        RevocationService {
```

```java
@Autowired
private ConsumerTokenServices tokenService;
@Override
public void revoke(String token) {
    tokenService.revokeToken(token);
}
@Override
public boolean supports(String tokenTypeHint) {
    return "access_token".equals(tokenTypeHint);
}
}
```

11. 리프레시 토큰 폐기를 지원하기 위해 앞 단계에서 사용된 동일한 패키지에
다음과 같은 클래스를 만든다.

```java
@Service
public class RefreshTokenRevocationService implements
        RevocationService {
@Autowired
private TokenStore tokenStore;
@Override
public void revoke(String token) {
    if (tokenStore instanceof JdbcTokenStore) {
        JdbcTokenStore store = (JdbcTokenStore) tokenStore;
        store.removeRefreshToken(token);
    }
}
@Override
public boolean supports(String tokenTypeHint) {
    return "refresh_token".equals(tokenTypeHint);
}
}
```

12. 토큰 폐기 기능을 지원하기 위해 등록된 클라이언트 애플리케이션이 접근할 수 있는 엔드포인트를 만들어야 한다. 하지만 액세스 토큰이나 리프레시 토큰을 폐기할 때 각기 다른 두 개의 엔드포인트를 사용하는 대신 OAuth 2.0의 토큰 폐기 스펙에서 정의된 token_type_hint 파라미터를 이용할 것이다. 그렇다면 애플리케이션은 이 파라미터를 기반으로 RevocationService 인스턴스나 다른 인스턴스를 어떻게 삽입할 수 있을까? 이에 대한 해답은 oauth/revoke 서브패키지에 다음과 같은 Factory 클래스를 만드는 것이다(다음과 같은 create 메소드에서는 해당 토큰 타입을 지원하는 것을 찾기 위해서 모든 서비스를 검색한다).

```
@Component
public class RevocationServiceFactory {
    @Autowired
    private List<RevocationService> revocationServices;
    public RevocationService create(String hint) {
        return revocationServices.stream()
            .filter(service -> service.supports(hint))
            .findFirst().orElse(noopRevocationService());
    }
    private RevocationService noopRevocationService() {
        return new RevocationService() {
            public boolean supports(String hint) { return false; }
            public void revoke(String token) { }
        };
    }
}
```

13. 이제는 /oauth/revoke 엔드포이트를 제공하는 컨트롤러를 만든다. 컨트롤러는 RevocationServiceFactory를 이용해서 token_type_hint 파라미터를 기반으로 하는 적당한 RevocationService를 찾는다.

234

```
@Controller
public class TokenRevocationController {
    @Autowired
    private RevocationServiceFactory revocationServiceFactory;
    @PostMapping("/oauth/revoke")
    public ResponseEntity<String> revoke(@RequestParam Map<String,
            String> params) {
        RevocationService revocationService =
                revocationServiceFactory.create(params.get(
                "token_type_hint"));
        revocationService.revoke(params.get("token"));
        return ResponseEntity.ok().build();
    }
}
```

14. 또 한 가지 중요한 점은 등록된 클라이언트 애플리케이션만 요청할 수 있게 해당 엔드포인트를 보호해야 한다는 점이다. 그렇게 하기 위해 다음과 같은 CustomPathsConfigurer 클래스를 만든다(TokenRevocationController와 동일한 패키지에 만들어야 한다).

```
@Configuration
public class CustomPathsConfigurer extends
        WebSecurityConfigurerAdapter {
    @Autowired
    private ClientDetailsService clientDetailsService;
    @Override
    protected void configure(AuthenticationManagerBuilder auth)
            throws Exception {
        ClientDetailsUserDetailsService userDetailsService = new
                ClientDetailsUserDetailsService(clientDetailsService);
        auth.userDetailsService(userDetailsService);
    }
    @Override
```

```
protected void configure(HttpSecurity http) throws Exception {
    http
        .requestMatchers().antMatchers("/oauth/revoke").and()
        .httpBasic().and()
        .authorizeRequests().anyRequest().authenticated().and()
        .csrf().disable();
    }
}
```

15. 이제는 mvn spring-boot:run 명령으로 애플리케이션을 실행시킬 준비가
    됐다.

예제 분석

Spring Security OAuth는 여전히 토큰 폐기를 위한 엔드포인트를 제공하지 않기 때문에 여기서는 OAuth 2.0 토큰 폐기 스펙인 RFC 7009의 내용에 최대한 부합되는 토큰 폐기 방법을 설명했다. 스펙의 내용대로 선택적인 파라미터(인가 서버가 어떤 종류의 토큰에 대한 폐기인지 자동으로 알 수 있으면 사용하지 않아도 된다)인 token_type_hint 파라미터를 기준으로 구현했다.

이미 알고 있겠지만 RevocationServiceFactory는 인가 서버가 token_type_hint를 모를 때 토큰 폐기와 관련된 어떤 작업도 수행하지 않는 익명 클래스를 만든다. 또한 폐기되기 위해 전달된 토큰이 유효하지 않은 것이라면 이미 유효하지 않은 상태(이미 액세스 토큰에 대한 무효화 작업이 완료된 것과 같다)이기 때문에 인가 서버는 HTTP 200 상태 코드를 반환한다.

애플리케이션을 실행시키고 클라이언트가 사용할 수 있는 그랜트 타입으로 액세스 토큰을 요청해보자. oauth2provider 데이터베이스의 oauth_client_details 테이블에 클라이언트가 올바로 등록됐는지 확인해야 한다. 다음과 같은 SQL 명령으로 클

라이언트의 세부 정보를 조회해서 사용한다(이미 등록된 것이 있다면 다른 client_id를 사용해도 된다. 여기서는 client_id와 client_secret 값으로 각각 clientapp과 123456을 평문으로 사용했다).

```
select client_id, client_secret,
    scope, authorized_grant_types,
    web_server_redirect_uri
from oauth_client_details where client_id = 'clientapp';
```

발급 받은 액세스 토큰이 cd12bf75-e3dc-4de1-bdae-154680393a89라고 가정해보자. 그렇다면 이 액세스 토큰을 폐기하기 위한 요청을 어떻게 하면 될까? 다음과 같은 명령으로 토큰 폐기 요청을 보내면 HTTP 응답 코드로 200을 전달받는다.

```
curl -v -X POST --user clientapp:123456 http://localhost:8080/oauth/revoke -H
"content-type: application/x-www-form-urlencoded" -d "token=cd12bf75-
e3dc-4de1-bdae-154680393a89&token_type_hint=access_token"
```

리프레시 토큰을 폐기하고 싶다면 token_type_hint 파라미터 값을 access_token에서 refresh_token으로 변경하기만 하면 된다.

▌ 토큰 인트로스펙션을 이용한 원격 검증

OAuth 프로바이더를 개별적으로 배포할 수 있으므로 리소스 서버는 공유된 데이터베이스에 직접 질의하거나 인가 서버가 제공하는 엔드포인트를 통해 인가 서버에게 요청해서 액세스 토큰을 검증할 수 있어야 한다. 이를 위해 OAuth 2.0 토큰 인트로스펙션Token Introspection이라는 OAuth 2.0 프로파일이 만들어졌다. 스펙은 RFC 7662으로 정의됐고, https://tools.ietf.org/html/rfc7662에서 확인할 수 있다. 이번에는 인가 서버가 /oauth/check_token 엔드포인트를 지원하기 만드는 방법과 원격으로 액세스 토큰을 검증하는 데 사용될 수 있는 리소스 서버의 RemoteTokenServices를 설정하는 방법을 다룬다.

준비

원격 토큰 검증 기능을 구현하려면 인가 서버와 리소스 서버는 각기 다른 별도의 애플리케이션으로 구현해야 한다. 두 애플리케이션 모두 리소스 소유자의 정보를 저장하고 공유하기 위해 지금까지 사용해온 application.properties를 통한 Spring Boot의 자동 설정을 이용하지 않고 데이터베이스를 이용할 것이다. 또한 자바 8과 빠른 개발을 위해 Spring Initializr를 이용할 것이다. 소스코드는 https://github.com/PacktPublishing/OAuth-2.0-Cookbook의 Chapter04/remote-validation 디렉토리에서 확인 가능하다.

예제 구현

다음은 원격 토큰 검증을 이용하는 인가 서버와 리소스 서버의 구현 방법이다.

1. Spring Initializr로 remote-authserver와 remote-resource라는 이름의 프로젝트를 만들고 두 프로젝트 모두 Group ID를 com.packt.example로 설정한다. 또한 Dependencies에는 Web, Security, JPA, MySQL을 추가한다.

2. 자주 사용하는 IDE로 두 애플리케이션을 임포트하고 각 프로젝트의 pom.xml 파일에 다음 내용을 추가한다.

```xml
<dependency>
    <groupId>org.springframework.security.oauth</groupId>
    <artifactId>spring-security-oauth2</artifactId>
</dependency>
```

3. 다음의 SQL 명령으로 **oauth2provider** 데이터베이스에 리소스 소유자의 정보를 저장할 테이블을 만든다.

```
create table resource_owner(
    id bigint auto_increment primary key,
    name varchar(200),
    username varchar(60),
    password varchar(100),
    email varchar(100)
);
```

4. application.properties 안의 사용자 데이터를 설정하는 대신 다음 명령으로 resource_owner 데이블에 사용자 데이터를 추가한다.

```
insert into resource_owner (name, username, password, email) values
('Adolfo Eloy', 'adolfo', '123', 'adolfo@mailinator.com');
```

5. 인가 서버와 리소스 서버 애플리케이션을 위해 다음과 같은 데이터베이스 설정을 추가한다.

```
spring.datasource.url=jdbc:mysql://localhost/oauth2provider
spring.datasource.username=oauth2provider
spring.datasource.password=123
spring.datasource.driver-class-name=com.mysql.jdbc.Driver
spring.jpa.properties.hibernate.dialect=org.hibernate.dialect.
    MySQL5Dialect
spring.jpa.properties.hibernate.hbm2ddl.auto=validate
```

6. 리소스 서버의 application.properties 파일에 다음과 같이 설정됐는지 확인한다. 그래야 두 애플리케이션이 동일한 컴퓨터에서 실행될 수 있다.

```
server.port=8081
```

7. 이제는 remote-authserver 프로젝트에 다음과 같이 설정 클래스를 만든다
(com.packt.example.remoteauthserver 패키지 안에 만들어야 한다). 여기서는
JdbcTokenStore 설정 방법과 다음의 코드가 동작하기 위해 무엇이 추가돼야
하는지에 대해서는 설명하지 않을 것이다. 이미 그 방법을 알고 있을 것이고,
모른다면 2장의 내용과 소스코드를 참고하면 된다.

```
@Configuration @EnableAuthorizationServer
public class OAuth2AuthorizationServer extends
        AuthorizationServerConfigurerAdapter {
    // 설명을 간단히 하기 위해서 데이터 소스와 인증 관리자 부분은 생략
    public void configure(AuthorizationServerEndpointsConfigurer
            endpoints) throws Exception {
        endpoints.authenticationManager(authenticationManager).
            tokenStore(tokenStore());
    }
    public void configure(ClientDetailsServiceConfigurer clients)
            throws Exception {
        clients.jdbc(dataSource);
    }
}
```

8. 이제는 /oauth/check_token 엔드포인트를 위한 가장 중요한 코드를 다음과
같이 OAuth2AuthorizationServer 클래스에 추가해야 한다.

```
@Override
public void configure(AuthorizationServerSecurityConfigurer
        security) throws Exception {
    security.checkTokenAccess("hasAuthority('introspection')");
}
```

9. Spring Security가 리소스 소유자를 인식할 수 있도록 com.packt.example. remoteauthserver.security 패키지에 ResourceOwner, ResourceOwnerRepository, SecurityConfiguration, Users 클래스를 선언한다.

10. 사용자 데이터를 나타내는 ResourceOwner 클래스를 만든다(데이터를 설정하고 조회하는 메소드는 생략됐지만 실제로는 해당 메소드들을 선언해야 한다).

```
@Entity
public class ResourceOwner {
    @Id @GeneratedValue(strategy = GenerationType.IDENTITY)
    private Long id;
    private String name;
    private String username;
    private String password;
    private String email;
}
```

11. ResourceOwnerRepository 인터페이스를 만든다.

```
public interface ResourceOwnerRepository extends
        CrudRepository<ResourceOwner, Long> {
    Optional<ResourceOwner> findByUsername(String username);
}
```

12. 사용자 정보를 검증할 수 있게 UserDetailsService를 구현하는 Users 클래스를 만든다(org.springframework.security.core.userdetails 패키지에서 User 클래스를 임포트한다).

```
@Service
public class Users implements UserDetailsService {
    @Autowired
```

```
private ResourceOwnerRepository repository;
@Override
public UserDetails loadUserByUsername(String username) throws
        UsernameNotFoundException {
    ResourceOwner resourceOwner =
            repository.findByUsername(username).orElseThrow(() ->
            new RuntimeException());
    return new User(resourceOwner.getUsername(),
            resourceOwner.getPassword(), new ArrayList<>());
}
}
```

13. 이제 인가 서버는 올바로 설정됐다. 이번에는 리소스 서버로 관심을 돌려 발급된 토큰을 폐기하기 위해 remote-resource 애플리케이션의 api 서브패키지에 UserController와 UserProfile 클래스를 선언했던 것과 동일한 방법으로 사용자의 프로파일 API를 만든다.

14. 또한 remote-authserver 프로젝트에서 했던 것과 동일한 방법으로 security라는 이름의 서브패키지를 만들고 리소스 소유자를 검증하기 위해 만들었던 것과 동일한 클래스를 만든다.

15. 그다음에는 /api/** 엔드포인트를 보호하기 위한 OAuth2ResourceServer 클래스를 만든다.

```
@Configuration
@EnableResourceServer
public class OAuth2ResourceServer extends
        ResourceServerConfigurerAdapter {
    @Override
    public void configure(HttpSecurity http) throws Exception {
        http
            .authorizeRequests()
            .anyRequest().authenticated().and()
```

```
            .requestMatchers( ).antMatchers( "/api/**" );
    }
}
```

16. 마지막으로 원격 액세스 토큰 검증을 지원하기 위해 OAuth2ResourceServer
    에 다음과 같은 선언을 추가한다.

```
@Autowired
private Users userDetailsService;
@Bean
public RemoteTokenServices remoteTokenServices( ) {
    RemoteTokenServices tokenServices = new RemoteTokenServices( );
    tokenServices.setClientId( "resource_server" );
    tokenServices.setClientSecret( "abc123" );
    tokenServices.setCheckTokenEndpointUrl( "http://
            localhost:8080/oauth/check_token" );
    tokenServices.setAccessTokenConverter(accessTokenConverter( ));
    return tokenServices;
}
@Bean
public AccessTokenConverter accessTokenConverter( ) {
    DefaultAccessTokenConverter converter = new
            DefaultAccessTokenConverter( );
    converter.setUserTokenConverter(userTokenConverter( ));
    return converter;
}
@Bean
public UserAuthenticationConverter userTokenConverter( ) {
    DefaultUserAuthenticationConverter converter = new
            DefaultUserAuthenticationConverter( );
    converter.setUserDetailsService(userDetailsService);
    return converter;
}
```

17. 리소스 서버는 인가 서버의 **check_token** 엔드포인트로 액세스 토큰의 유효성을 검증해야 하므로 자체적인 자격증명을 갖고 있어야 한다. 그 자격증명은 리소스 서버가 OAuth 2.0 스펙에서 봤을 때 클라이언트가 아님에도 불구하고 Spring Security OAuth2에 클라이언트 자격증명으로 설정된다. 리소스 서버의 유효한 자격증명을 만들기 위해 다음과 같은 SQL 명령을 실행한다.

```
INSERT INTO oauth_client_details (
    client_id, resource_ids, client_secret, scope,
    authorized_grant_types, web_server_redirect_uri, authorities,
    access_token_validity, refresh_token_validity,
    additional_information, autoapprove)
VALUES (
    'resource_server', '', 'abc123', 'read_profile,write_profile',
    'authorization_code', 'http://localhost:9000/callback',
    'introspection', null, null, null, '');
```

18. 이제는 두 애플리케이션을 실행할 준비가 됐으며, 각 애플리케이션은 서로 다른 포트로 실행된다. `mvn spring-boot:run` 명령으로 두 애플리케이션을 실행시킨다.

예제 분석

인가 서버와 리소스 서버가 개별적인 프로젝트로 만들어지기 때문에 두 애플리케이션은 서로 다른 포트로 상호작용해야 한다. 인가 서버로는 8080 포트로 요청을 보내야 하고, 리소스 서버가 제공하는 사용자의 프로파일에 접근하기 위해서는 8081 포트를 이용해야 한다. 더 많은 테스트를 수행할 수 있게 적합한 클라이언트 자격증명이 있어야 한다. MySQL 콘솔에서 다음과 같은 SQL 명령을 실행한다.

```
update oauth_client_details
set authorized_grant_types = 'authorization_code,password'
where client_id = 'clientapp';
```

동작 방법을 이해하려면 두 애플리케이션을 실행시키고 다음의 명령으로 액세스 토큰을 요청한다.

```
curl -X POST --user clientapp:123456 http://localhost:8080/oauth/token -H
"accept: application/json" -H "content-type: application/x-www-
formurlencoded" -d
"grant_type=password&username=adolfo&password=123&scope=read_profile"
```

이 명령은 액세스 토큰을 반환하게 되고 다음과 같은 사용자 프로파일 요청에 사용된다(8081 포트를 사용한다).

```
curl -H "Authorization: Bearer f2a0394f-f88f-4e7b-98ac-5ced5ecb73ca"
"http://localhost:8081/api/profile"
```

Spring Security OAuth2는 RemoteTokenServices로 엔드포인트(checkTokenEndpointUrl 속성으로 제공되며, http://localhost:8080/oauth/check_token이다)에 전달된 액세스 토큰을 검증하기 시작한다.

부연 설명

리소스 서버가 액세스 토큰 검증을 위해 인트로스펙션 엔드포인트를 이용하지만, 두 애플리케이션은 사용자의 데이터를 얻기 위한 데이터베이스를 공유한다. OAuth 프로바이더를 두 개의 개별적인 애플리케이션으로 분리시키면 그 만큼 공격 표면이 줄어들기 때문에 보안적으로 적절한 접근 방법이라고 할 수 있다. 많은 애플리케이션이 서로 통합돼야 하는 복잡한 기업형 솔루션을 위해서는 연합 신원 프로바이더^{Federation} ^{Identity Provider}에 의존하는 것이 가장 좋다고 할 수 있다.

 연합 신원 프로바이더는 예를 들면 동일한 회사 내의 서로 다른 신원 프로바이더들을 연결해 사용자에게 통일된 신원 확인 방법을 제공한다. 이는 싱글 사인온에 주로 사용되며, 사용자 관리를 단일 지점에서 할 수 있는 장점을 제공한다.

/oauth/check_token을 이용하는 것과 관련해 또 한 가지 중요한 점은 그것이 RFC 7662를 구현하는 것이 아니라는 점이다. /oauth/check_token은 스펙의 https://tools. ietf.org/html/rfc7662#section-2.2 항목에서 요구하는 active 속성을 반환하지 않는다.

▌ 캐시를 이용한 원격 검증 성능 향상

이번에는 리소스 서버가 원격으로 액세스 토큰을 검증해야 할 때 그것의 성능을 향상 시키는 방법을 살펴본다. 성능 향상을 위해 OAuth의 보호된 리소스에 대한 요청이 발생할 때마다 매번 /oauth/check_token에 대한 요청이 이뤄지지 않게 캐시를 이용 할 것이다.

준비

이번에 만들 리소스 서버는 발급된 액세스 토큰을 캐싱함으로써 바로 전에 만든 리소 스 서버의 성능을 향상시킨다. 따라서 앞의 '토큰 인트로스펙션을 이용한 원격 검증' 절에서 만든 remote-authserver 애플리케이션이 필요하다. 캐시를 위해 Redis를 사 용하고, MySQL 데이터베이스가 필요하며, Spring Boot을 이용해 자바 8로 개발한다.

예제 구현

다음은 Spring Security OAuth2의 RemoteTokenValidation으로 액세스 토큰을 검사하는 리소스 서버의 성능을 향상시키는 방법이다.

1. 토큰 인트로스펙션을 이용한 원격 검증을 위해 만든 remote-resource 애플리케이션을 복사해서 사용하거나 Spring Initializr로 애플리케이션을 만들어도 된다. 하지만 이 애플리케이션 이름은 cache-introspection으로 사용해야 한다.

2. Dependency에 Web, Security, JPA, MySQL이 추가돼 있는지 확인해야 한다. 또한 pom.xml 파일에 spring-security-auth2를 추가하는 것도 잊어서는 안 된다.

3. 모든 클래스와 설정은 remote-resource와 동일하게 만들어져야 한다. Redis를 이용해서 액세스 토큰을 캐시하기 때문에 차이점은 다음과 같이 종속성을 추가하는 것부터 시작한다.

```
<dependency>
    <groupId>org.springframework.boot</groupId>
    <artifactId>spring-boot-starter-cache</artifactId>
</dependency>
<dependency>
    <groupId>org.springframework.boot</groupId>
    <artifactId>spring-boot-starter-data-redis</artifactId>
</dependency>
```

4. 이제는 다음과 같은 클래스로 캐시 설정을 만든다(cache 서브패키지에 만든다).

```
@Configuration @EnableCaching
public class CacheConfiguration {
    @Autowired
```

```
    private RedisTemplate<Object, Object> redisTemplate;
    @Bean
    public CacheManager cacheManager() {
        RedisCacheManager cacheManager = new
                RedisCacheManager(redisTemplate);
        cacheManager.setCacheNames(Arrays.asList("oauth2"));
        cacheManager.setUsePrefix(true);
        cacheManager.setDefaultExpiration(60);
        return cacheManager;
    }
}
```

5. 캐시 설정을 한 다음에는 그것을 이용하는 RemoteTokenServices의 상속 클래스를 만든다. 다음의 클래스를 oauth 서브패키지에 만든다(IDE로 클래스를 자동으로 임포트하면 충돌이 발생할 수 있기 때문에 import문을 직접 추가했다).

```
import org.springframework.cache.annotation.Cacheable;
import org.springframework.security.core.AuthenticationException;
public class CustomRemoteTokenServices extends RemoteTokenServices {
    private RemoteTokenServices remoteTokenServices;
    public CustomRemoteTokenServices(RemoteTokenServices
            remoteTokenServices) {
        this.remoteTokenServices = remoteTokenServices;
    }
    @Override
    @Cacheable("oauth2")
    public OAuth2Authentication loadAuthentication(String
            accessToken) throws AuthenticationException,
            InvalidTokenException {
        return remoteTokenServices.loadAuthentication(accessToken);
    }
    @Override
    public OAuth2AccessToken readAccessToken(String accessToken) {
```

```
    return remoteTokenServices.readAccessToken(accessToken);
  }
}
```

6. 그다음에는 OAuth2ResourceServer 클래스 안에 RemoteTokenServices를 선언해야 한다.

```
@Bean
public RemoteTokenServices remoteTokenServices() {
    RemoteTokenServices tokenServices = new RemoteTokenServices();
    tokenServices.setClientId("resource_server");
    tokenServices.setClientSecret("abc123");
    tokenServices.setCheckTokenEndpointUrl("http://
        localhost:8080/oauth/check_token");
    tokenServices.setAccessTokenConverter(accessTokenConverter());
    return new CustomRemoteTokenServices(tokenServices);
}
```

7. `redis-server` 명령으로 Redis를 실행시킨다.

8. `mvn spring-boot:run` 명령으로 애플리케이션을 실행시키고 액세스 토큰을 획득해 그것으로 사용자의 프로파일 API에 접근한다.

9. `redis-cli` 명령으로 Redis 클라이언트 애플리케이션을 실행시킨다.

10. Redis 콘솔에서 `keys *` 명령을 실행하면 다음과 유사한 결과가 나타난다.

```
"oauth2:\xac\xed\x00\x05t\x00$f2a0394f-f88f-4e7b-98ac-5ced5ecb73ca"
```

예제 분석

기본적으로 이번 예제는 토큰 인트로스펙션을 이용한 원격 검증에서 만든 것과 매우 유사하게 동작한다. 차이점이라고 한다면 `CustomRemoteTokenServices` 클래스의 `RemoteTokenServices` 인스턴스를 이용함으로써 `RemoteTokenServices`를 직접 사용할 때(Spring Security OAuth2가 제공하는 코드를 이용)는 할 수 없었던 `loadAuthentication` `Method` 메소드의 호출을 캐시할 수 있게 됐다는 점이다.

`CustomRemoteTokenServices`는 원격 토큰 검증을 위한 플로우를 수행하는 `Remote` `TokenServices`의 인스턴스에게 모든 메소드 호출을 위임한다. 캐시를 위해서 Redis 를 사용한다는 것 또한 중요한 점이며, 다음은 그에 대한 설정 방법이다.

```
RedisCacheManager cacheManager = new RedisCacheManager(redisTemplate);
cacheManager.setCacheNames(Arrays.asList("oauth2"));
cacheManager.setUsePrefix(true);
cacheManager.setDefaultExpiration(60);
```

여기서는 일부러 Redis 데이터베이스에 대한 보안을 신경 쓰지는 않는다. Redis 통신 을 보호하기 위해서는 SSL을 이용해야 하고 인증을 수행해야 한다. 이를 위해 Spring Boot에서는 다음과 같이 설정하면 된다.

```
# Redis 서버에 대한 로그인 패스워드
spring.redis.password=password
# SSL 지원 활성화
spring.redis.ssl=true
```

`oauth2`로 정의된 `cacheNames` 속성은 Redis 클라이언트 콘솔상에서 `keys *` 명령을 실 행했을 때도 동일하게 발견할 수 있다. 한 가지 더 중요한 속성은 `defaultExpiration` 이다. 여기서는 60초를 사용하지만 액세스 토큰의 유효 시간에 따라 달라져야 한다. 권장하는 캐시 지속 시간은 액세스 토큰 만료 시간보다 상대적으로 짧아야 한다. 이는

캐시돼 있는 액세스 토큰이 폐기되는 것을 막기 위함이다.

 캐시 사용은 일부 상황에서는 모순될 수 있지만 네트워크 트래픽이 많은 경우에는 필요하다. 공식적인 Spring Security OAuth2 문서(http://projects.spring.io/spring-security-oauth/docs/oauth2.html)에서도 캐시의 사용을 권장하고 있다.

참고 사항

- 토큰 인트로스펙션을 이용한 원격 검증

▌ Gatling을 이용한 원격 토큰 검증에 대한 부하 테스트

앞에서는 캐시를 이용한 성능 향상 방법을 다뤘다. 하지만 모든 것이 잘 동작함에도 불구하고, 어떻게 하면 캐시를 이용한 성능 향상이 얼마나 향상됐는지 측정할 수 있을까? 이번에는 Gatling을 이용해서 캐시를 이용하지 않을 때와 이용할 때의 토큰 검증 절차의 성능을 측정해본다.

준비

앞서 구현한 remote-authserver와 remote-resource, cache-introspection 애플리케이션이 필요하다. 먼저 remote-authserver와 remote-resource에 대한 부하 테스트를 수행할 것이다. 그리고 캐시의 장점을 측정하기 위해 remote-authserver와 cache-introspection 애플리케이션에 대한 동일한 부하 테스트를 수행할 것이다. 부하 테스트 스크립트 작성을 위해 이클립스를 위한 스칼라 IDE가 필요하다(스칼라 IDE의 설정 방법과 사용 방법을 모른다면 2장의 공유된 데이터베이스를 이용한 토큰 유효성 검사 과정을 Gatling으로 테스트 부분을 참조하기 바란다).

예제 구현

부하 테스트를 수행하기 위해서는 2장에서 한 것과 동일한 방법으로 스칼라 프로젝트를 만들어야 한다.

1. https://github.com/adolfoweloy/scala-maven-skel에서 프로젝트를 다운로드한다. 알다시피 다운로드한 프로젝트는 여기서 만들 프로젝트의 뼈대 역할을 할 것이다.

2. `mv scala-maven-skel load-testing-remote` 명령으로 프로젝트 이름을 `scala-maven-skel`에서 `load-testing-remote`로 변경한다.

3. 터미널의 프로젝트 디렉토리에서 `mvn spring-boot:run` 명령으로 `remote-authserver` 애플리케이션을 실행시킨다.

4. load-testing-remote 디렉토리로 이동해서 에디터(프로젝트에 임포트하기 전에 VIM이나 간단한 에디터를 이용하면 된다)로 pom.xml 파일을 연다.

5. `artifactId` 태그의 이름이 `scala-maven-skel` 대신 `load-testing-remote`인지 확인한다.

6. 프로젝트를 이클립스를 위한 스칼라 IDE로 임포트하고 2장의 `load-testing` 프로젝트에서 만들었던 OAuth.scala 파일을 `load-testing-remote` 프로젝트의 src/main/scala/oauth2 폴더에 복사한다(프로젝트의 구조는 `load-testing`과 동일해야 한다).

7. 2장의 `load-testing` 프로젝트에서 선언된 모든 종속성과 동일한지 확인한다.

8. `gatling-maven-plugin`을 위한 `plugin` 태그 안에 다음과 같은 코드를 추가해서 여러 개의 시뮬레이션이 가능하게 만든다.

```
<configuration>
    <runMultipleSimulations>true</runMultipleSimulations>
</configuration>
```

9. src/test/resources 디렉토리에 다음과 같은 내용의 gatling.conf 파일을 만
든다.

```
gatling {
  core {
    outputDirectoryBaseName = "result"
      runDescription = "Token validation using Redis as shared
          database"
    encoding = "utf-8"
    directory {
      data = src/test/resources
      results = target/gatling
      bodies = src/test/resources
      binaries = target/classes
    }
  }
  charting {
    indicators {
      lowerBound = 5
      higherBound = 10
    }
  }
}
```

10. src/test/main/oauth2provider 디렉토리에 다음과 같은 내용의 Authorization
Scenarios.scala 파일을 만든다.

```
import oauth2.OAuth
import io.gatling.core.Predef._
import io.gatling.http.Predef._
import org.json4s.DefaultFormats
import org.json4s.native.JsonMethods.parse
```

```
object AuthorizationScenarios {
    case class Token(access_token:String)
    implicit val formats = DefaultFormats
    val jsValue = parse(OAuth.getToken())
    val accessToken = "Bearer " + jsValue.extract[Token].access_token
    var withoutCache = scenario("Without cache")
        .exec(http("Validate access token without cache")
        .get("/api/profile")
        .header("Authorization", accessToken))
    var withCache = scenario("Using cache")
        .exec(http("Validate access token with cache")
        .get("/api/profile")
        .header("Authorization", accessToken))
}
```

11. src/test/scala/oauth2provider 디렉토리에 다음과 같은 내용의 WithCache Simulation.scala 파일을 만든다.

```
import scala.concurrent.duration._
import io.gatling.core.Predef._
import io.gatling.http.Predef._
class WithCacheSimulation extends Simulation {
    val httpConfCache = http.baseURL("http://localhost:8082")
    val withCacheScenario = List(AuthorizationScenarios.withCache.
            inject(rampUsers(100) over(10 seconds)))
    setUp(withCacheScenario).protocols(httpConfCache)
}
```

12. 캐시를 이용하지 않는 시뮬레이션을 위해 src/test/scala/oauth2provider 디렉 토리에 다음과 같은 내용의 src/test/scala/oauth2provider 파일을 만든다.

254

```
import scala.concurrent.duration._
import io.gatling.core.Predef._
import io.gatling.http.Predef._
class WithoutCacheSimulation extends Simulation {
    val httpConf = http.baseURL("http://localhost:8081")
    val withoutCacheScenario = List(
    AuthorizationScenarios.withoutCache.inject(rampUsers(100)
        over(10 seconds)))
    setUp(withoutCacheScenario).protocols(httpConf)
}
```

13. 그다음에는 cache-introspection 프로젝트의 application.properties 파일에 정의돼 있는 server.port 속성을 8081에서 8082로 변경한다.

14. 그 후 remote-authserver와 remote-resource, cache-introspection 애플리케이션을 각 애플리케이션 디렉토리에서 mvn spring-boot:run 명령으로 실행시킨다.

15. load-testing-remote 프로젝트의 디렉토리로 가서 mvn clean install 명령을 실행한다.

16. load-testing을 실행시킨 이후에는 각각의 시뮬레이션을 위해서 만들어진 HTML 리포트를 열어 비교한다.

17. 필자의 컴퓨터에서 WithoutCacheSimulation에 대한 실행 결과는 다음과 같다.

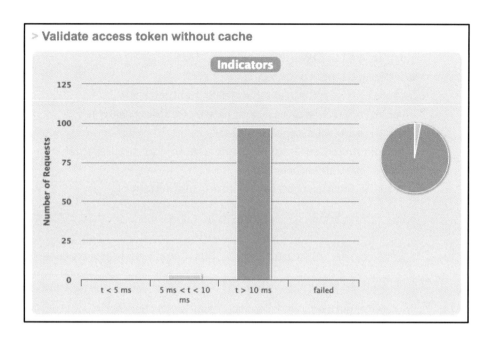

18. WithCacheSimulation에 대해서는 다음과 같은 결과를 얻었다.

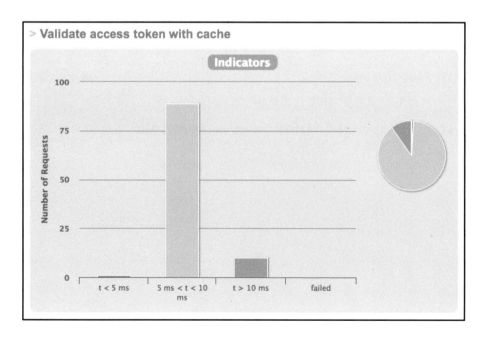

19. 차이점은, 캐시를 사용할 때는 대부분의 요청에 대한 응답이 5에서 10ms 사이에서 이뤄졌지만 그렇지 않은 경우에는 10ms 이상이 100%였다는 점이다.

부연 설명

모든 부하 테스트는 인가 서버와 개별적으로 실행되는 리소스 서버에 대해 이뤄지고 있다. 캐시 지원을 추가함에 따라 성능이 향상됐지만 두 애플리케이션은 동일한 시스템에서 동작하고 있다(둘 다 localhost에서 실행 중). 그런 조건이기 때문에 고려해야 할 네트워크 지연은 고려하지 않았다.

참고 사항

- 토큰 인트로스펙션을 이용한 원격 검증
- 캐시를 이용한 원격 검증 성능 향상

█ 동적 클라이언트 등록

이번에는 인가 서버가 동적 클라이언트 등록을 지원하게 개선해본다. 이는 클라이언트 자격증명 정보를 애플리케이션에 포함하지 않고 배포해야 하는 네이티브 클라이언트에게 매우 중요할 것이다. 동적 등록은 보안성을 높이기 위해 동적 등록을 이용하는 모바일 클라이언트 애플리케이션에 적당하다.

준비

자바 8, Maven, MySQL, IDE가 필요하다. Spring Boot을 사용할 것이며, 프로젝트는 Spring Initializr로 만드는 것을 권장한다.

예제 구현

다음은 동적 클라이언트 등록 프로파일에서 사용자 시나리오를 구현하는 인가 서버를 만드는 방법이다.

1. Spring Initializr로 프로젝트를 만든다. https://start.spring.io/에서 다음과 같은 내용을 설정한다.
   - Group을 com.packt.example로 설정
   - Artifact를 dynamic-server로 정의
   - Dependencies에는 Web, Security, JPA, MySQL을 추가

2. pom.xml 파일을 열어 Spring Security OAuth2 프로젝트의 사용과 관련된 내용을 추가한다.

```
<dependency>
    <groupId>org.springframework.security.oauth</groupId>
    <artifactId>spring-security-oauth2</artifactId>
</dependency>
```

3. 클라이언트가 인가 서버에 적절히 등록될 수 있게 하기 위해서는 클라이언트의 세부 정보와 데이터에 관련된 액세스 토큰을 저장하기 위한 데이터베이스와 관련 테이블이 필요하다. 이를 위해 2장의 토큰과 클라이언트 정보를 저장하기 위한 관계형 데이터베이스 이용에서 사용했던 것과 동일한 데이터베이스를 사용한다. 클라이언트를 동적으로 등록하기 위해 등록 엔드포인트로 전달되는 메타데이터는 oauth2provider 데이터베이스의 oauth_client_details 테이블에 저장된다.

4. application.properties 파일을 열어 다음과 같이 데이터 소스 설정을 추가한다.

```
spring.datasource.url=jdbc:mysql://localhost/oauth2provider
spring.datasource.username=oauth2provider
spring.datasource.password=123
spring.datasource.driver-class-name=com.mysql.jdbc.Driver
spring.jpa.properties.hibernate.dialect=org.hibernate.dialect.
    MySQL5Dialect
spring.jpa.properties.hibernate.hbm2ddl.auto=validate
```

5. 동적 클라이언트 등록뿐만 아니라 OAuth의 보호된 리소스와 상호작용할 수 있는 API도 클라이언트에게 제공할 것이다. 리소스 소유자 프로파일 조회를 하기 위해 이전에 사용한 API와 동일한 것을 사용할 것이다. api라는 새로운 서브패키지에 UserController와 UserProfile 클래스를 만들고 2장의 인가 코드 그랜트 타입을 이용한 리소스 보호에서 사용한 클래스의 내용을 복사한다. 또한 https://github.com/PacktPublishing/OAuth-2.0-Cookbook의 Chapter04/dynamicserver 디렉토리에서 소스코드를 보거나 다운로드할 수도 있다.

6. 몇 가지 설정 클래스를 만든다. 첫 번째는 WebSecurityConfiguration이며, security 서브패키지에 만든다.

```
@Configuration
@EnableWebSecurity
public class WebSecurityConfiguration extends
WebSecurityConfigurerAdapter {
    protected void configure(AuthenticationManagerBuilder auth)
        throws Exception {
      auth.inMemoryAuthentication().withUser("adolfo").
          password("123").authorities(new
              ArrayList<>());
    }
    protected void configure(HttpSecurity http) throws Exception {
      http
        .requestMatchers().antMatchers("/clients",
```

```
                    "/oauth/authorize").and()
        .httpBasic().and()
        .authorizeRequests().anyRequest().authenticated().and()
        .csrf().disable();
    }
}
```

7. com.example.dynamicserver.oauth.config 패키지에 인가 서버 설정을 만
   든다(DataSource는 javax.sql.DataSource에서 임포트한다).

```
@Configuration @EnableAuthorizationServer
public class OAuth2AuthorizationServer extends
        AuthorizationServerConfigurerAdapter {
    @Autowired private DataSource dataSource;
    @Bean public TokenStore tokenStore() {
        return new JdbcTokenStore(dataSource);
    }
    @Bean public ApprovalStore approvalStore() {
        return new JdbcApprovalStore(dataSource);
    }
    public void configure(AuthorizationServerEndpointsConfigurer
            endpoints) throws Exception {
        endpoints.approvalStore(approvalStore()).
                tokenStore(tokenStore());
    }
    public void configure(ClientDetailsServiceConfigurer clients)
            throws Exception {
        clients.jdbc(dataSource);
    }
    @Bean
    public ClientRegistrationService clientRegistrationService() {
        return new JdbcClientDetailsService(dataSource);
    }
}
```

8. 인가 서버 설정의 경우와 동일한 패키지에 다음과 같이 리소스 서버 설정을 만든다.

```
@Configuration @EnableResourceServer
public class OAuth2ResourceServer extends
        ResourceServerConfigurerAdapter {
    public void configure(HttpSecurity http) throws Exception {
        http
            .authorizeRequests()
            .antMatchers("/register").permitAll()
            .anyRequest().authenticated().and()
            .requestMatchers().antMatchers("/api/**");
    }
}
```

9. 클라이언트 등록을 위한 클래스를 만들기 전에 인가 서버가 `client_id`와 `client_secret`을 만드는 데 도움이 되는 중요한 클래스를 먼저 만든다. 다음과 같이 RandomHelper 클래스를 만든다.

```
package com.example.dynamicserver.util;
@Component
public class RandomHelper {
    private SecureRandom random;
    public RandomHelper() { random = new SecureRandom(); }
    public String nextString(int size, int radix) {
        double numberOf = Math.log10(radix) / Math.log10(2);
        int bits = (int) (size * numberOf);
        int mod = (int) (bits % numberOf);
        return new BigInteger(bits + mod, random).toString(radix);
    }
}
```

10. 그다음에는 동적 클라이언트 등록 절차를 위한 도메인 모델을 나타내는 클래스를 만든다. 도메인 로직을 표현하는 모든 클래스는 com.example.dynamicserver. registration 패키지에 만든다. 먼저 동적 등록을 위한 클라이언트의 세부 정보를 전달하기 위한 데이터 구조체로 사용될 ClientRegistrationRequest 클래스를 만든다(여기서는 간단한 설명을 위해서 생략한 값을 설정하고 조회하는 메소드를 만들어야 하는 것을 잊으면 안 되며, @JsonProperty를 사용할 때는 com. fasterxml.jackson.annotation 패키지의 애노테이션을 사용한다).

```
public class ClientRegistrationRequest {
    @JsonProperty("redirect_uris")
    private Set<String> redirectUris = new HashSet<>();
    @JsonProperty("grant_types")
    private Set<String> grantTypes = new HashSet<>();
    @NotBlank
    @JsonProperty("client_name")
    private String clientName;
    @NotBlank
    @JsonProperty("client_uri")
    private String clientUri;
    @NotBlank
    private String scope;
    @NotBlank
    @JsonProperty("software_id")
    private String softwareId;
    // 값을 조회하고 설정하는 메소드는 생략
}
```

11. 이제는 oauth2provider 데이터베이스에 있는 oauth_client_details 테이블의 필드로 각 속성을 매핑하는 ClientDetails 인터페이스를 구현할 것이다. 다음과 같은 DynamicClientDetails 클래스를 만든다.

```java
public class DynamicClientDetails implements ClientDetails {
    private String clientId;
    private Set<String> resourceIds = new HashSet<>();
    private Set<String> authorizedGrantTypes = new HashSet<>();
    private String clientSecret;
    private Set<String> scopes = new HashSet<>();
    private Set<String> registeredRedirectUri = new HashSet<>();
    private Set<GrantedAuthority> authorities = new HashSet<>();
    private Integer accessTokenValiditySeconds;
    private Integer refreshTokenValiditySeconds;
    private Map<String, Object> additionalInformation = new HashMap<>();
}
```

12. DynamicClientDetails를 위해 추가되는 모든 필드를 위해서 2장의 내용을 알아야 한다(2장에서 이미 클라이언트의 상세 정보를 다뤘기 때문이다). 동적 클라이언트 등록을 위한 스펙인 RFC 7591을 준수하기 위해 몇 가지 필드를 추가해야 한다. 필드를 추가로 만들고 각각의 값을 저장하기 위해 additionalInformation 속성을 이용한다. DynamicClientDetails에 다음과 같은 속성을 추가한다.

```java
private String softwareId;
private String tokenEndpointAuthMethod;
private Set<String> responseTypes = new HashSet<>();
private String clientName;
private String clientUri;
private long clientSecretExpiresAt;
```

13. 다음과 같이 값을 설정하는 메소드를 만든다(해당 필드에 대한 값을 조회하는 메소드는 단순히 해당 속성 값을 반환하게 만든다).

```java
public void setSoftwareId(String softwareId) {
    this.softwareId = softwareId;
```

```
        additionalInformation.put("software_id", softwareId);
    }
    public void setTokenEndpointAuthMethod(String
            tokenEndpointAuthMethod) {
        this.tokenEndpointAuthMethod = tokenEndpointAuthMethod;
        additionalInformation.put("token_endpoint_auth_method",
            tokenEndpointAuthMethod);
    }
    public void setResponseTypes(Set<String> responseTypes) {
        this.responseTypes = responseTypes;
        additionalInformation.put("response_types", getResponseTypes());
    }
    public void setClientName(String clientName) {
        this.clientName = clientName;
        additionalInformation.put("client_name", clientName);
    }
    public void setClientUri(String clientUri) {
        this.clientUri = clientUri;
        additionalInformation.put("client_uri", clientUri);
    }
    public void setClientSecretExpiresAt(long clientSecretExpiresAt) {
        this.clientSecretExpiresAt = clientSecretExpiresAt;
        additionalInformation.put("client_secret_expires_at",
            Long.toString(clientSecretExpiresAt));
    }
```

14. 나머지 속성에 대한 설정 메소드와 조회 메소드를 만든다.

15. DynamicClientDetails 구현 코드에서 속성에 대한 접근자와 설정자를 확인한다.

```
public boolean isSecretRequired() {
    return authorizedGrantTypes.containsAll(Arrays.asList(
            "authorization_code", "password", "client_credentials"));
```

```
    }

    public boolean isScoped( ) { return scopes.size( ) > 0; }

    public Set<String> getScope( ) { return scopes; }

    public boolean isAutoApprove(String scope) { return false; }

    public void addAuthorizedGrantTypes(String... authorizedGrantTypes)
    {
        for (String grantType : authorizedGrantTypes) {
            this.authorizedGrantTypes.add(grantType);
        }
    }

    public void addScope(String scope) {
        scopes.add(scope);
    }

    public void addRegisteredRedirectUri(String uri) {
        registeredRedirectUri.add(uri);
    }
```

16. 다음과 같이 DynamicClientDetailsFactory 클래스를 만든다.

```
@Component
public class DynamicClientDetailsFactory {
    private RandomHelper randomHelper;
    @Autowired
    DynamicClientDetailsFactory(RandomHelper randomHelper) {
        this.randomHelper = randomHelper;
    }
}
```

17. 클라이언트 등록 엔드포인트로 데이터 전송을 담당하는 ClientRegistrationRequest 로부터 DynamicClientDetails의 인스턴스를 만드는 메소드를 추가한다.

```java
public DynamicClientDetails create(ClientRegistrationRequest
        request) {
    DynamicClientDetails clientDetails = new DynamicClientDetails();
    clientDetails.setClientName(request.getClientName());
    clientDetails.setClientUri(request.getClientUri());
    clientDetails.setSoftwareId(request.getSoftwareId());
    setClientCredentials(request, clientDetails);
    request.getRedirectUris().forEach(uri ->
            clientDetails.addRegisteredRedirectUri(uri));
    if (request.getScope() != null) {
        for (String scope : request.getScope().split("\\s")) {
            clientDetails.addScope(scope);
        }
    }
    if (request.getGrantTypes().size() == 0) {
        clientDetails.addAuthorizedGrantTypes("authorization_code");
    } else {
        request.getGrantTypes().forEach(grantType ->
                clientDetails.addAuthorizedGrantTypes(grantType));
    }
    clientDetails.setTokenEndpointAuthMethod(
            "client_secret_basic");
    if (clientDetails.getAuthorizedGrantTypes().contains("implicit")) {
        clientDetails.getResponseTypes().add("token");
    }
    if (clientDetails.getAuthorizedGrantTypes().contains(
            "authorization_code")) {
        clientDetails.getResponseTypes().add("code");
    }
    return clientDetails;
}
```

18. 이 코드는 아직 선언되지 않은 private 메소드를 사용하고 있다. 따라서 private 메소드인 setClientCredentials를 선언한다.

```
private void setClientCredentials(
        ClientRegistrationRequest clientMetadata, DynamicClientDetails
        clientDetails) {
    clientDetails.setClientId(randomHelper.nextString(10, 32));
    Set<String> grantTypes = clientMetadata.getGrantTypes();
    long otherThanImplicit = grantTypes.stream().filter(grantType
            -> !grantType.equals("implicit")).count();
    if (otherThanImplicit > 0 || grantTypes.size() == 0) {
        clientDetails.setClientSecret(randomHelper.
            nextString(32, 32));
        LocalDateTime after30Days = LocalDateTime.now().plusDays(30);
        clientDetails.setClientSecretExpiresAt(
            after30Days.atZone(ZoneId.systemDefault()).
            toEpochSecond());
    }
}
```

19. 동적 클라이언트 등록 프로토콜에서 명시된 몇 가지 규칙을 확인하기 위해서 클라이언트 메타데이터로 그것을 확인하기 위한 클래스를 만든다.

20. 등록하려는 클래스가 리다이렉트에 의존하는 플로우를 사용하는지 콜백을 전달 받기 위해 최소한 하나의 리다이렉트 URI을 전달하는지 확인하는 것이 중요하기 때문에 RedirectFlowSpecification 클래스를 만든다.

```
@Component
public class RedirectFlowSpecification {
    public boolean isSatisfiedBy(ClientRegistrationRequest
            clientMetadata) {
        List<String> flowsWithRedirection =
                Arrays.asList("authorization_code", "implicit");
```

```
        boolean hasFlowWithRedirection =
            clientMetadata.getGrantTypes().stream().
            filter(grantType -> flowsWithRedirection.contains(
            grantType)).findAny().isPresent();
        if (hasFlowWithRedirection) {
            return clientMetadata.getRedirectUris().size() > 0;
        }
        return false;
    }
}
```

21. 모든 유효성 검증과 관련해 등록 절차에서 문제가 발생한 경우 인가 서버는
    몇 가지 에러 정보를 제공할 필요가 있다. 동적 클라이언트 등록 프로토콜이
    전달하는 데이터 구조체를 갖는 RegistrationError 클래스를 다음과 같이
    만든다.

```
public class RegistrationError {
    public final static String INVALID_CLIENT_METADATA =
            "invalid_client_metadata";
    public final static String INVALID_REDIRECT_URI =
            "invalid_redirect_uri";
    public final static String INVALID_SOFTWARE_STATEMENT =
            "invalid_software_statement";
    public final static String UNAPPROVED_SOFTWARE_STATEMENT =
            "unapproved_software_statement";
    private String error;
    private String errorDescription;
    public RegistrationError(String error) {
        this.error = error;
    }
    public String getError() {
        return error;
    }
```

```java
        public String getErrorDescription( ) {
            return errorDescription;
        }
        public void setErrorDescription(String errorDescription) {
            this.errorDescription = errorDescription;
        }
    }
```

22. 클라이언트가 성공적으로 등록되면 서버는 클라이언트의 세부 정보에 대한
몇 가지 데이터를 반환해야 한다. 따라서 oauth/registration 서브패키지에
ClientRegistrationResponse 클래스를 만든다(또한 각 속성을 조회하고 설정
하는 메소드도 함께 만든다).

```java
public class ClientRegistrationResponse {
    @JsonProperty("redirect_uris")
    private Set<String> redirectUris = new HashSet<>( );
    @JsonProperty("token_endpoint_auth_method")
    private String tokenEndpointAuthMethod;
    @JsonProperty("grant_types")
    private Set<String> grantTypes = new HashSet<>( );
    @JsonProperty("response_types")
    private Set<String> responseTypes = new HashSet<>( );
    @JsonProperty("client_name")
    private String clientName;
    @JsonProperty("client_uri")
    private String clientUri;
    private String scope;
    @JsonProperty("software_id")
    private String softwareId;
    @JsonProperty("client_id")
    private String clientId;
    @JsonProperty("client_secret")
    private String clientSecret;
```

```
    @JsonProperty("client_secret_expires_at")
    private long clientSecretExpiresAt;
    // 값을 조회하고 설정하는 메소드는 생략
}
```

23. 다음 속성으로 모든 등록 절차를 처리하는 DynamicClientRegistrationController
    클래스를 만든다(com.example.dynamicserver.web 패키지 내에 만들어야 한다).

```
@Controller
public class DynamicClientRegistrationController {
    @Autowired
    private ClientRegistrationService clientRegistration;
    @Autowired
    private DynamicClientDetailsFactory clientDetailsFactory;
    @Autowired
    private RedirectFlowSpecification redirectFlowSpecification;
    // 메소드는 다음 단계에서 선언한다.
}
```

24. /register 엔드포인트를 처리하기 위해 DynamicClientRegistrationController
    에 다음과 같은 메소드를 만든다.

```
@PostMapping("/register")
public ResponseEntity<Object> register(@RequestBody
        ClientRegistrationRequest clientMetadata) {
    if (!redirectFlowSpecification.isSatisfiedBy(clientMetadata)) {
        RegistrationError error = new
                RegistrationError(RegistrationError.INVALID_REDIRECT_URI);
        error.setErrorDescription("You must specify redirect_uri when
                using flows with redirection");
        return new ResponseEntity<>(error, HttpStatus.BAD_REQUEST);
    }
```

```
DynamicClientDetails clientDetails =
        clientDetailsFactory.create(clientMetadata);
clientRegistration.addClientDetails(clientDetails);
return new ResponseEntity<>(createResponse(clientDetails),
        HttpStatus.CREATED);
}
```

25. 새로 등록된 클라이언트를 표현하기 위한 데이터 구조체인 `Client-RegistrationResponse` 인스턴스를 반환하는 private 메소드를 만든다.

```
private ClientRegistrationResponse
createResponse(DynamicClientDetails clientDetails) {
    ClientRegistrationResponse response = new
            ClientRegistrationResponse();
    response.setClientId(clientDetails.getClientId());
    response.setClientSecret(clientDetails.getClientSecret());
    response.setClientName(clientDetails.getClientName());
    response.setClientUri(clientDetails.getClientUri());
    response.setGrantTypes(clientDetails.getAuthorizedGrantTypes());
    response.setRedirectUris(clientDetails.getRegisteredRedirectUri());
    response.setResponseTypes(clientDetails.getResponseTypes());
    response.setScope(clientDetails.getScope().stream().reduce((a,
            b) -> a + " " + b).get());
    response.setSoftwareId(clientDetails.getSoftwareId());
    response.setTokenEndpointAuthMethod(clientDetails.
            getTokenEndpointAuthMethod());
    response.setClientSecretExpiresAt(clientDetails.
            getClientSecretExpiresAt());
    return response;
}
```

26. 등록된 클라이언트를 테스트하기 위한 메소드를 만든다.

```
@GetMapping("/clients")
public ResponseEntity<List<ClientDetails>> list() {
    return new ResponseEntity<>(clientRegistration.listClientDetails(),
        HttpStatus.OK);
}
```

예제 분석

이 프로젝트는 동적 클라이언트 등록을 지원하는 OAuth 2.0 프로바이더며, 다음과
같은 특징을 갖고 있다.

- 리소스 소유자를 인증할 수 있다.
- 리소스 소유자는 서드파티 애플리케이션이 자신의 리소스에 접근할 수 있는
  권한을 부여해준다.
- 엔드포인트인 http://localhost:8080/register를 통해 동적 클라이언트 등록을
  허용한다.
- OAuth 2.0으로 사용자의 리소스를 보호한다.

mvn spring-boot:run 명령으로 애플리케이션을 실행하고 터미널에서 다음과 같은
명령으로 동적으로 클라이언트를 등록한다.

```
curl -X POST http://localhost:8080/register -H "Content-Type:
application/json" -d "{\"software_id\":
\"f6b35c96-50ab61\",\"client_name\":\"flavio\",\"client_uri\":
\"http://localhost:9000\",\"scope\": \"read_profile
write_profile\",\"grant_types\": [\"authorization_code\",
\"implicit\"],\"redirect_uris\": [\"http://localhost:9000/callback\"]}"
```

명령의 결과로 다음과 같은 내용과 함께 HTTP 201이 반환된다.

```json
{
    "redirect_uris": [
        "http://localhost:9000/callback"
    ],
    "token_endpoint_auth_method": "client_secret_basic",
    "grant_types": [
        "implicit",
        "authorization_code"
    ],
    "response_types": [
        "code",
        "token"
    ],
    "client_name": "flavio",
    "client_uri": "http://localhost:9000",
    "scope": "read_profile write_profile",
    "software_id": "f6b35c96-b61f-4e4a-b6bc-7ab38650ab61",
    "client_id": "lm5f0pvrhn",
    "client_secret": "c3697smh9brp9abiakqfnhoefobtjaf9",
    "client_secret_expires_at": 1505793646
}
```

많은 코드를 작성해야 하지만 JdbcClientDetailsService 클래스에 의존할 수 있기 때문에 ClientDetailsService를 반드시 구현할 필요는 없다. 이 책을 쓸 당시만 해도 Spring Security OAuth2 프로젝트는 동적 클라이언트 등록을 위한 RFC 7591과 RFC 7592를 지원하지 않았다.

부연 설명

이번에는 클라이언트의 메타데이터 정보의 유효성과 무결성을 검사하기 위한 어떤 소프트웨어적인 처리 없이 오픈된 등록 절차를 만들어봤다. 소프트웨어적인 처리를 위한 방법으로 클라이언트 메타데이터를 위해 만들어진 서명된 JWT를 사용할 수 있으며, 그에 대해서는 5장에서 다룬다.

참고 사항

- 동적 클라이언트 등록을 위한 스펙인 RFC 7591(https://tools.ietf.org/html/rfc7591)

05

JWT

5장에서 다루는 내용는 내용은 다음과 같다.

- JWT 액세스 토큰 만들기
- 리소스 서버에서 JWT 토큰 검증
- JWT에 사용자 정의 클레임 추가
- JWT 토큰의 비대칭 서명
- 비대칭 서명된 JWT 토큰 검증
- JWT 토큰을 암호화해서 보호하기 위한 JWE
- 리소스 서버에서의 JWE 사용
- OAuth 2.0 프로바이더에서 소유 증명 키 사용
- 클라이언트에서 소유 증명 키 사용

▍ 소개

5장에서는 리소스 서버가 자체적으로 액세스 토큰을 검증할 수 있도록 클라이언트 정보를 JWT^{JSON Web Token}로 안전하게 전달하는 방법을 살펴본다. 또한 JWT 사용법뿐만 아니라 JWT 페이로드의 무결성과 기밀성을 정의하는 JWS와 JWE에 대해서도 알아본다. 비대칭 서명 방법과 클라이언트가 액세스 토큰의 소유를 증명하는 방법과 같은 몇 가지 고급 주제에 대해서도 살펴본다.

 JWT 페이로드를 서명하거나 암호화하더라도 모든 통신은 TLS/SSL로 이뤄져야 한다는 점을 명심하기 바란다. 여기서는 설명을 위해 TLS/SSL을 사용하지 않았다.

▍ JWT 액세스 토큰 만들기

OAuth 2.0 솔루션에서는 액세스 토큰을 포함하는 수단으로 JSON 웹 토큰을 많이 사용하지만 JWT 스펙(RFC 7519, https://tools.ietf.org/html/rfc7519)상에 기술된 JWT의 목적은 네트워크 구성 요소 간의 클레임^{Claim}을 표현하는 것이다. 간단히 말해 JWT는 https://jwt.io/introduction에 설명된 바와 같이 인증이나 정보 교환 수단으로 사용될 수 있다. JWT는 리소스 서버가 클라이언트 정보나 데이터(주로 리소스 소유자에 대한 데이터)를 추출할 수 있고 액세스 토큰을 자체적으로 검증할 수 있는 구조로 만들어졌기 때문에 데이터베이스를 공유하거나 토큰 인트로스펙션을 이용해서 토큰을 검증할 필요가 없다. JWT에서 클레임은 JSON 페이로드로 표현되며, HMAC 서명이나 암호화가 적용될 수 있다.

 HMAC(Hash-based Message Authentication Code)는 데이터의 무결성을 검증하는 네 사용될 수 있는 징보며, MD5와 SHA256과 같은 해시 함수에 의해 만들어진다.

276

5장에서는 Spring Security OAuth2와 인가 서버가 JWT 액세스 토큰을 발급할 수 있게 해주는 라이브러리의 사용법을 알아본다.

준비

자바 8과 Maven, Spring Web, Spring Security가 필요하다. Spring Initializr로 프로젝트를 만들고 http://start.spring.io/에서 프로젝트 종속성을 Web, Security로 설정한다. 또한 Artifact와 Group 이름도 설정해야 한다.

예제 구현

이번 프로젝트는 auth-server-jwt이며, 깃허브의 Chapter05 디렉토리에서 소스코드를 볼 수 있다. IDE에 Maven 프로젝트로 임포트하고 다음과 같은 절차를 수행한다.

1. pom.xml 파일을 열어 Spring Security OAuth2와 Spring Security JWT를 위한 내용을 추가한다(이 글을 쓸 당시 가장 최신 버전의 Spring Security OAuth2를 선언했다).

```
<dependency>
    <groupId>org.springframework.security.oauth</groupId>
    <artifactId>spring-security-oauth2</artifactId>
    <version>2.2.0.RELEASE</version><!--$NO-MVN-MAN-VER$-->
</dependency>
<dependency>
    <groupId>org.springframework.security</groupId>
    <artifactId>spring-security-jwt</artifactId>
</dependency>
```

2. application.properties 파일에 다음 내용을 추가한다.

```
security.user.name=adolfo
security.user.password=123
```

3. 먼저 com.packt.example.authserverjwt.oauth 패키지 안에 다음과 같이
   OAuth2AuthorizationServer 클래스를 선언한다.

```
@Configuration
@EnableAuthorizationServer
public class OAuth2AuthorizationServer extends
        AuthorizationServerConfigurerAdapter {
    @Autowired
    private AuthenticationManager authenticationManager;
    @Override
    public void configure(AuthorizationServerEndpointsConfigurer
            endpoints) throws Exception {
        endpoints.authenticationManager(authenticationManager);
    }
    @Override
    public void configure(ClientDetailsServiceConfigurer clients)
            throws Exception {
        clients.inMemory()
            .withClient("clientapp").secret("123456")
            .scopes("read_profile")
            .authorizedGrantTypes("password", "authorization_code");
    }
}
```

4. OAuth2AuthorizationServer 클래스는 콘텐츠가 포함되는 JWT의 경우와 다
   른 Bearer 토큰을 만드는 간단한 버전의 인가 서버를 선언한다. JWT 액세스
   토큰을 만들려면 OAuth2AuthorizationServer에 다음과 같은 코드를 추가해
   야 한다.

```
@Bean
public JwtAccessTokenConverter accessTokenConverter() {
    JwtAccessTokenConverter converter = new JwtAccessTokenConverter();
    converter.setSigningKey("non-prod-signature");
    return converter;
}
@Bean
public JwtTokenStore jwtTokenStore() {
    return new JwtTokenStore(accessTokenConverter());
}
```

5. 그 후 다음처럼 AuthorizationServerEndpointsConfigurer를 위한 tokenStore
   와 accessTokenConverter 인스턴스를 정의하는 authenticationManager로 configure
   메소드를 교체한다.

```
@Override
public void configure(AuthorizationServerEndpointsConfigurer
        endpoints) throws Exception {
    endpoints
        .authenticationManager(authenticationManager)
        .tokenStore(jwtTokenStore())
        .accessTokenConverter(accessTokenConverter());
}
```

6. 이제 인가 서버를 실행해서 JWT 액세스 토큰을 만들 준비가 됐다. 다음에는 대칭
   키로 서명된 JWT 토큰token을 만들기 위해 JwtTokenStore와 JwtAccessToken
   Converter가 어떻게 동작하는지 이해할 차례다.

예제 분석

여기서 선언한 인가 서버와 일반적인 버전(즉, JWT 액세스 토큰을 만들지 않는 인가 서버)의 인가 서버와의 주요 차이점은 특별히 구현된 TokenStore와 AccessTokenConverter 인터페이스를 이용한다는 wja이다.

 서명 키로 non-prod-signature 문자열을 사용할 것이다. 하지만 속성 값에 선언하거나 여타 장소에 저장해서 읽는 것이 더 좋은 방법이다. 예제 코드에서는 서명 키를 소스코드에 직접 선언했다.

토큰 저장소 클래스는 아무것도 저장하지 않는다. 그 대신 JWT의 내용을 읽는 역할을 담당하며, 그를 위해 AccessTokenConverter와 TokenEnhancer 인터페이스를 구현하는 JwtAccessTokenConverter와 연계한다.

사용되는 클래스 외에도 클라이언트 애플리케이션에서는 어떤 점이 달라질까? 기본적으로 액세스 토큰은 클라이언트에게는 불명확한 구조이기 때문에 클라이언트 애플리케이션은 변경할 필요가 없다. 구조적인 측면에서 봤을 때 새로운 액세스 토큰을 요청함으로써 그 차이점을 확인할 수 있다. 다음과 같은 명령을 실행해서 리소스 소유자 패스워드 자격증명 그랜트 타입을 이용하는 액세스 토큰을 요청하고 그 결과를 확인해보자.

```
curl -X POST --user clientapp:123456 -H "Content-Type:
application/x-wwform-urlencoded" -H "Accept: application/json"
"http://localhost:8080/oauth/token" -d
"grant_type=password&username=adolfo&password=123"
```

명령에 대한 응답으로 다음과 유사한 형태가 나타난다.

eyJhbGciOiJIUzI1NiIsInR5cCI6IkpXVCJ9.eyJleHAiOjE1MDQ2NTE3MDQsInVzZXJfbmFtZS
I6ImFkb2xmbyIsImF1dGhvcml0aWVzIjpbIlJPTEVfVVNFUiJdLCJqdGkiOiIzOTQ3YWQ1Zi1lN
mU2LTRlOTItItYjAxMS1kY2EyNzg3ZjgzZTYiLCJjbGllbnRfaWQiOiJjbGllbnRhcHAiLCJzY29w
ZSI6WyJyZWFkX3Byb2ZpbGUiXX0.Wz8fI5UdKnxxqC3nWQ461HaQXPpwVEVQmQXMlVqBZAY

이 응답 토큰에서 '.' 문자를 확인하기 바란다. '.' 문자에 의해 헤더와 페이로드, 그리고 JWT 서명 부분이 나뉜다. 모두 Base64로 인코딩됐기 때문에 이 토큰에서 페이로드 부분을 추출해서 디코딩만 하면 (암호화 돼 있지 않고 단지 서명만 된 것이기 때문에) 페이로드 데이터를 완벽히 읽을 수 있을 것이다. JWT, JWS, JWE 개념에 대해 좀 더 깊이 들어가고 싶다면 Prabath Siriwardena이 쓴 훌륭한 글(https://medium.facilelogin.com/jwt-jws-and-jwe-for-not-so-dummies-b63310d201a3)을 참고하기 바란다.

또한 이 명령을 실행할 때 약간의 지연이 발생할 수 있다. 필자의 컴퓨터에서는 액세스 토큰을 전달받는 데 5초가 걸렸다. 이는 `javax.crypto.Mac` 클래스에 의존하는 MacSigner의 초기화 과정 때문에 발생한다.

`javax.crypto.Mac` 클래스는 초기화하는 데 많은 비용이 들어간다. 하지만 그런 지연은 액세스 토큰을 처음 서명할 때 한 번 발생하기 때문에 걱정할 필요가 없다.

참고 사항

- Prabath Siriwardena의 글(JWT, JWS, and JWE for Not So Dummies):
  https://medium.facilelogin.com/jwt-jws-and-jwe-for-not-so-dummies-b63310d201a3

▌ 리소스 서버에서 JWT 토큰 검증

앞에서는 인가 서버에서 JWT 액세스 토큰을 만드는 방법을 알아봤다. 이제는 리소스 서버에서 대칭적으로 서명된 JWT 액세스 토큰을 검증하는 방법을 알아본다. 클라이언트가 JWT로 OAuth 2.0 보호된 리소스에 접근하려고 할 때 리소스 서버는 인가 서버에서 페이로드 서명에 사용된 것과 동일한 서명 키를 이용해서 JWT 페이로드가 악의적인 클라이언트나 사용자에 의해 변경됐는지 확인한다.

준비

자바 8과 Maven, Spring Web, Spring Security로 Spring Boot 애플리케이션을 만들 것이다. Spring Initializr로 프로젝트를 만들고 http://start.spring.io/에서 프로젝트 종속성을 Web, Security로 설정한다.

예제 구현

이번 프로젝트는 resource-server-jwt이며 깃허브의 Chapter05 디렉토리에서 소스 코드를 볼 수 있다. IDE에 Maven 프로젝트로 임포트하고 다음 절차를 수행한다.

1. pom.xml 파일을 열어 Spring Security OAuth2와 Spring Security JWT를 위한 내용을 앞의 인가 서버 프로젝트에서와 동일하게 추가한다.

```
<dependency>
    <groupId>org.springframework.security.oauth</groupId>
    <artifactId>spring-security-oauth2</artifactId>
    <version>2.2.0.RELEASE</version><!--$NO-MVN-MAN-VER$-->
</dependency>
<dependency>
    <groupId>org.springframework.security</groupId>
```

```
    <artifactId>spring-security-jwt</artifactId>
  </dependency>
```

2. application.properties 파일에 다음 내용을 추가한다.

```
server.port=8081
security.oauth2.resource.jwt.key-value=non-prod-signature
```

3. com.packt.example.resourceserverjwt.oauth 패키지에 다음과 같은 내용
   의 OAuth2ResourceServer 클래스를 선언한다.

```
@Configuration
@EnableResourceServer
public class OAuth2ResourceServer extends
        ResourceServerConfigurerAdapter {
    @Override
    public void configure(HttpSecurity http) throws Exception {
        http
            .authorizeRequests()
            .anyRequest().authenticated().and()
            .requestMatchers().antMatchers("/api/**");
    }
}
```

4. 다 됐다. Spring Security OAuth2를 이용해서 JWS 토큰을 검증하기 위해
   application.properties 파일에 security.oauth2.resource.jwt.key-value
   속성을 추가하기만 하면 모든 것이 자동으로 이뤄질 것이다.

5. 클라이언트와의 상호작용을 위한 API를 제공하기 위해 api 서브패키지에 다
   음과 같은 클래스를 만든다.

```
@Controller
public class UserController {
    @RequestMapping("/api/profile")
    public ResponseEntity<UserProfile> myProfile() {
        String username = (String)SecurityContextHolder.getContext().
                getAuthentication().getPrincipal();
        String email = username + "@mailinator.com";
        UserProfile profile = new UserProfile(username, email);
        return ResponseEntity.ok(profile);
    }
    public static class UserProfile {
        private String name;
        private String email;
        public UserProfile(String name, String email) {
            this.name = name;
            this.email = email;
        }
        // 값을 조회하는 메소드는 생략
    }
}
```

6. 선택적으로 현재 프로젝트에서 Spring Boot을 이용하지 않는다면 다음과 같
   이 JwtAccessTokenConverterConfigurer 인터페이스를 구현할 수도 있다(간
   단한 설명을 위해 HttpSecurity에 대한 설정은 생략했기 때문에 다음과 코드가 제대
   로 동작하려면 HttpSecurity 설정 부분이 필요하다).

```
@Configuration @EnableResourceServer
public class OAuth2ResourceServer extends
        ResourceServerConfigurerAdapter implements
        JwtAccessTokenConverterConfigurer {
    @Override
    public void configure(JwtAccessTokenConverter converter) {
        converter.setVerifier(verifier());
```

```
        converter.setSigningKey("non-prod-signature");
    }
    @Bean
    public SignatureVerifier verifier() {
        return new MacSigner("non-prod-signature");
    }
}
```

예제 분석

클라이언트가 JWT 액세스 토큰으로 요청을 보내면 리소스 서버는 인가 서버가 액세스 토큰을 만들 때 사용했던 동일한 대칭 키로 토큰의 한 구성 요소로서 전달된 서명을 검증한다. 서명을 검증한 다음에는 페이로드에서 데이터를 추출해서 사용한다. 추출한 데이터에는 리소스 소유자나 클라이언트에 대한 데이터가 포함될 수 있다. RFC 7519는 발급자, 주체, 만료 시간 및 토큰 수신자를 식별하는 속성을 정의하는 클레임을 지정한다. Spring Security JWT는 user_name과 같이 속성에 대한 서로 다른 이름을 사용해서 페이로드를 만든다.

앞의 JWT 액세스 토큰 만들기에서 만들었던 resource-server-jwt와 auth-server-jwt 애플리케이션을 실행시킨다. 그다음에는 다음과 같은 명령으로 액세스 토큰을 만들도록 인가 서버에게 요청을 보낸다.

```
curl -X POST --user clientapp:123456 -H "Content-Type: application/x-
wwwform-urlencoded" -H "Accept: application/json"
"http://localhost:8080/oauth/token" -d
"grant_type=password&username=adolfo&password=123"
```

이 명령의 결과로 전달된 액세스 토큰을 복사해서 https://www.base64decode.org/에서 그것의 페이로드를 디코딩해 인가 서버가 전달한 내용을 본다. 페이로드를 디코딩하기 위해서는 액세스 토큰의 두 번째 부분을 추출해야 하고, 그것을 base64decode 웹 사이트에서 디코딩해서 보면 다음과 같은 형태의 결과를 얻을 수 있을 것이다.

```
{
    "exp": 1504694916,
    "user_name": "adolfo",
    "authorities": ["ROLE_USER"],
    "jti": "87913ebc-6c13-4b94-86d9-2b310f742fb2",
    "client_id": "clientapp",
    "scope": ["read_profile"]
}
```

그리고 리소스 서버가 액세스 토큰을 제대로 검증하는지 살펴보기 위해서 발급받은 JWT 토큰으로 사용자의 프로파일 엔드포인트에 접근한다(다음 명령에 사용된 액세스 토큰은 설명을 위해 간단히 축약한 것이다).

```
curl -X GET -H "Authorization: Bearer
eyJhbGzI1NiIsInR5cCI6IkpXVCJ9.eyJleHAiOjWFkX3Byb2ZpbGUiXX0.2igl4eTPTaqwSw
y3NnbQQEDmWQGaYzXjE" "http://localhost:8081/api/profile"
```

부연 설명

Spring Security OAuth2로 JWT를 이용할 때는 인증된 사용자 데이터를 UserDetails 구현으로 변환해야 하는 경우가 있다. UserDetails는 액세스 토큰이 만들어지게 허용한 리소스 소유자를 나타내는 정교한 구조체라고 할 수 있다. 세부적인 UserDetails 변환을 위해서 UserAuthenticationConverter를 선언하고 그것을 DefaultAccessTokenConverter에 설정한다.

```
@Configuration
public class AccessTokenConverterConfiguration {
    @Autowired
    private UserDetailsService userDetailsService;

    @Bean
    public DefaultAccessTokenConverter defaultAccessTokenConverter() {
        DefaultAccessTokenConverter tokenConverter = new
                DefaultAccessTokenConverter();
        tokenConverter.setUserTokenConverter(userAuthenticationConverter());
        return tokenConverter;
    }

    @Bean
    public UserAuthenticationConverter userAuthenticationConverter() {
        DefaultUserAuthenticationConverter converter = new
                DefaultUserAuthenticationConverter();
        converter.setUserDetailsService(userDetailsService);
        return converter;
    }
}
```

참고 사항

- JWT 액세스 토큰 만들기

▌ JWT에 사용자 정의 클레임 추가

경우에 따라서는 일반적이지 않은 특정한 시나리오를 처리해야 하는 경우도 있다.
예를 들면 리소스 서버가 리소스 소유자에 대해 더 많은 데이터를 필요로 하거나,
리소스 서버와 인가 서버 간의 왕복되는 통신을 없애야 할 때 JWT와 같은 액세스

토큰은 페이로드에 더 많은 정보를 포함할 수 있다. 이번에는 정확히 이와 같은 상황을 처리하는 방법을 알아본다.

준비

이번에도 자바 8, Maven, Spring Web, Spring Security, H2 데이터베이스를 이용해서 Spring Boot 애플리케이션을 만든다. 프로젝트 생성과 설정은 http://start.spring.io/의 Spring Initializr를 이용하며, 종속성으로 Web, JPA, H2, Security를 설정한다. 앞서도 설명했듯이 Artifact와 Group 이름도 설정해야 한다.

예제 구현

이번 프로젝트는 custom-claims-jwt이며, 깃허브의 Chapter05 디렉토리에서 소스코드를 볼 수 있다. IDE에 Maven 프로젝트로 임포트하고 다음 절차를 수행한다.

1. pom.xml 파일을 열어 Spring Security OAuth2와 Spring Security JWT를 위한 내용을 앞의 인가 서버 프로젝트에서와 동일하게 추가한다.

```xml
<dependency>
    <groupId>org.springframework.security.oauth</groupId>
    <artifactId>spring-security-oauth2</artifactId>
    <version>2.2.0.RELEASE</version><!--$NO-MVN-MAN-VER$-->
</dependency>
<dependency>
    <groupId>org.springframework.security</groupId>
    <artifactId>spring-security-jwt</artifactId>
</dependency>
```

2. 코드를 간단하게 만들기 위해 인메모리 데이터베이스를 사용할 것이기 때문에 application.properties 파일에 다음과 같이 h2 데이터베이스 설정을 추가한다.

```
spring.datasource.url=jdbc:h2:mem:ironbank;DB_CLOSE_DELAY=-1;
    DB_CLOSE_ON_EXIT=false
spring.datasource.username=sa
spring.datasource.password=
spring.datasource.driver-class-name=org.h2.Driver
spring.jpa.properties.hibernate.dialect=org.hibernate.dialect.
    H2Dialect
spring.jpa.properties.hibernate.hbm2ddl.auto=create
```

3. 리소스 소유자의 인증과 데이터 추출을 좀 더 잘 처리할 수 있게 보안 설정 클래스를 위한 패키지를 만든다(패키지 이름은 단순히 security라고 하면 된다).

4. 리소스 소유자를 표현하기 위한 클래스를 추가한다(값을 조회하고 설정하는 메소드는 생략했다).

```
@Entity
class ResourceOwner {
    @Id @GeneratedValue(strategy = GenerationType.IDENTITY)
    private Long id;
    private String username;
    private String password;
    private String email;
}
```

5. UserDetails 인터페이스를 구현한다. 모든 불리언 메소드들이 단순히 true 를 반환하게 선언하거나 getAuthorities 메소드가 빈 GrantedAuthority 리스트를 반환하게 만들 수 있다.

```
public class ResourceOwnerUserDetails implements UserDetails {
    private static final long serialVersionUID = 1L;
    private ResourceOwner wrapped;
    public ResourceOwnerUserDetails(ResourceOwner wrapped) {
```

```
            this.wrapped = wrapped;
    }
    public String getEmail( ) { return wrapped.getEmail( ); }
    public String getPassword( ) { return wrapped.getPassword( ); }
    public String getUsername( ) { return wrapped.getUsername( ); }
    // 간단한 설명을 위해서 나머지 메소드는 생략
}
```

6. 리소스 소유자의 정보를 얻을 수 있는 저장소를 만든다.

```
public interface ResourceOwnerRepository extends
        CrudRepository<ResourceOwner, Long> {
    Optional<ResourceOwner> findByUsername(String username);
}
```

7. 그다음에는 UserDetailsService 인터페이스를 다음과 같이 구현한다.

```
@Service
public class ResourceOwnerDetailsService implements
        UserDetailsService {
    @Autowired
    private ResourceOwnerRepository repo;
    public UserDetails loadUserByUsername(String uname) throws
            UsernameNotFoundException {
        ResourceOwner user =
                repo.findByUsername(uname).orElseThrow(( ) -> new
                        RuntimeException( ));
        return new ResourceOwnerUserDetails(user);
    }
}
```

8. 이제는 OAuth 2.0 관련 클래스를 담을 새로운 패키지를 만든다(패키지 이름을 oauth라고 하면 된다). 그다음에는 JWT 액세스 토큰에 사용자 정의 클레임을 추가하는 것을 담당하는 클래스를 만든다.

```
@Component
public class AdditionalClaimsTokenEnhancer implements TokenEnhancer {
    @Override
    public OAuth2AccessToken enhance(OAuth2AccessToken accessToken,
            OAuth2Authentication authentication) {
        Map<String, Object> additional = new HashMap<>();
        ResourceOwnerUserDetails user = (ResourceOwnerUserDetails)
                authentication.getPrincipal();
        additional.put("email", user.getEmail());
        DefaultOAuth2AccessToken token =
                (DefaultOAuth2AccessToken)accessToken;
        token.setAdditionalInformation(additional);
        return accessToken;
    }
}
```

9. 다음과 같이 인가 서버 설정 클래스를 만든다.

```
@Configuration @EnableAuthorizationServer
public class OAuth2AuthorizationServerConfiguration extends
        AuthorizationServerConfigurerAdapter {
    @Autowired
    private AuthenticationManager authenticationManager;
    @Autowired
    private AdditionalClaimsTokenEnhancer enhancer;
    public void configure(ClientDetailsServiceConfigurer clients)
            throws Exception {
        clients.inMemory()
            .withClient("clientapp").secret("123456")
```

```
                .scopes("read_profile")
                .authorizedGrantTypes("password", "authorization_code");
        }
    }
```

10. OAuth2AuthorizationServerConfiguration 클래스에 다음과 같이 선언한다.

```
@Bean
public JwtAccessTokenConverter accessTokenConverter() {
    JwtAccessTokenConverter conv = new JwtAccessTokenConverter();
    conv.setSigningKey("non-prod-signature");
    return conv;
}
@Bean
public JwtTokenStore jwtTokenStore() {
    return new JwtTokenStore(accessTokenConverter());
}
```

11. OAuth2AuthorizationServerConfiguration 클래스에 다음과 같은 configure 메소드를 추가한다.

```
@Override
public void configure(AuthorizationServerEndpointsConfigurer
        endpoints) throws Exception {
    TokenEnhancerChain chain = new TokenEnhancerChain();
    chain.setTokenEnhancers(Arrays.asList(enhancer,
            accessTokenConverter()));
    endpoints
        .authenticationManager(authenticationManager)
        .tokenStore(jwtTokenStore())
        .tokenEnhancer(chain)
        .accessTokenConverter(accessTokenConverter());
}
```

12. 애플리케이션을 위한 사용자를 만들기 위해 resources 디렉토리에 다음과 같은 내용의 data.sql 파일을 만든다.

```
insert into resource_owner (username, password, email)
values ('adolfo', '123', 'adolfo@mailinator.com');
```

예제 분석

발급된 JWT 액세스 토큰에 사용자 정의 클레임을 추가할 수 있도록 Spring Security OAuth2가 제공하는 것은 AdditionalClaimsTokenEnhancer 클래스가 구현하는 TokenEnhancer 인터페이스다. 즉, 토큰을 생성하는 과정을 가로채 OAuth2AccessToken 인스턴스에 대해서 처리하고 싶을 것을 수행할 수 있게 해준다.

여기서는 사용자 지정 클레임을 추가하는 것이 목적이므로 추가적인 정보 데이터 구조체에 사용자의 이메일 속성을 추가했다. 이와 같이 토큰의 확장 결과를 확인하기 위해 애플리케이션을 실행시키고 인가 코드 그랜트 타입이나 리소스 소유자 패스워드 자격증명 그랜트 타입을 이용해서 새로운 액세스 토큰을 요청한다. 액세스 토큰을 수신한 이후에는 JWT의 페이로드 부분을 추출한다(다음 액세스 토큰의 강조된 부분을 추출하면 된다).

eyJhbGciOiJIUzI1NiIsInR5cCI6IkpXVCJ9.**eyJleHAiOjE1MDQ3MzgyMDMsInVzZXJfbmFt
ZSI6ImFkb2xmbyIsImp0aSI6IjJmYmM1OTI4LTQxYTYtNDJkYy1iODhkLWJlYmRhMjcxMGRlO
CIsImVtYWlsIjoiYWRvbGZvQG1haWxpbmF0b3IuY29tIiwiY2xpZW50X2lkIjoiY2xpZW50YX
BwIiwic2NvcGUiOlsicmVhZF9wcm9maWxlIl19**.Qdn733oDshHRKgIJXbO8WFslVmpedZUgen
xIndNr048

Base 64 디코딩을 하면 액세스 토큰이 사용자의 이메일 주소를 담고 있다는 것을 확인할 수 있을 것이다.

```
{
    "exp": 1504738203,
    "user_name": "adolfo",
    "jti": "2fbc5928-41a6-42dc-b88d-bebda2710de8",
    "email": "adolfo@mailinator.com",
    "client_id": "clientapp",
    "scope": [
        "read_profile"
    ]
}
```

참고 사항

- JWT 액세스 토큰 만들기

▌ JWT 토큰의 비대칭 서명

앞에서는 액세스 토큰을 대칭 키로 서명했다. 즉, 인가 서버가 페이로드를 서명할 때와 리소스 서버가 그것을 검증할 때 동일한 키를 사용했다. 이번에는 비대칭 키를 이용해서 JWT를 서명하는 방법을 살펴본다. 즉, 인가 서버는 JWT 페이로드를 서명할 때 개인 키를 이용하고 리소스 서버는 공개 키를 이용해서 그것을 검증한다.

준비

이번에도 자바 8, Maven, Spring Web, Spring Security를 이용해서 Spring Boot 애플리케이션을 만든다. 설정할 종속성에 대해서는 다음 절에서 설명한다.

예제 구현

jwt-asymmetric-server 프로젝트로 정의되는 인가 서버를 만드는 방법을 설명할 것이다. 깃허브의 Chapter05 디렉토리에서 소스코드를 볼 수 있으며, 다음 절차대로 프로젝트를 만들면 된다.

1. Spring Initializr로 jwt-asymmetric-server 프로젝트를 만들고 종속성으로는 Web, Security를 설정한다.

2. Spring Initializr로 프로젝트를 만들었다면 IDE에서 Maven 프로젝트로 임포트한다.

3. pom.xml 파일에 Spring Security OAuth2와 Spring Security JWT에 대한 내용을 추가한다.

```xml
<dependency>
    <groupId>org.springframework.security.oauth</groupId>
    <artifactId>spring-security-oauth2</artifactId>
    <version>2.2.0.RELEASE</version><!--$NO-MVN-MAN-VER$-->
</dependency>
<dependency>
    <groupId>org.springframework.security</groupId>
    <artifactId>spring-security-jwt</artifactId>
</dependency>
```

4. application.properties 파일에 리소스 소유자의 자격증명 정보를 추가한다.

```
security.user.name=adolfo
security.user.password=123
```

5. JWT에 대한 비대칭 서명을 지원하는 인가 서버를 설정하기 위한 가장 중요한 클래스를 만들어보자. oauth 서브패키지에 다음과 같은 OAuth2AuthorizationServer 클래스를 만든다.

```
@Configuration @EnableAuthorizationServer
public class OAuth2AuthorizationServer extends
        AuthorizationServerConfigurerAdapter {
    @Autowired
    private AuthenticationManager authenticationManager;
    @Override
    public void configure(AuthorizationServerEndpointsConfigurer
            endpoints) throws Exception {
        endpoints.authenticationManager(authenticationManager);
    }
    @Override
    public void configure(ClientDetailsServiceConfigurer clients)
            throws Exception {
        clients.inMemory()
            .withClient("clientapp").secret("123456")
            .scopes("read_profile")
            .authorizedGrantTypes("password", "authorization_code");
    }
}
```

6. 인가 서버가 대칭 키를 지원하게 만들었을 때처럼 이번에도 JwtTokenStore와 JwtAccessTokenConverter를 만들어야 한다. 따라서 OAuth2AuthorizationServer 클래스에 다음과 같은 정의를 추가한다(예를 들어 자바 KeyStore를 나타내는 JKS 파일과 같은 어떤 외부 파일을 가리키는 KeyStore를 사용하지 않기 때문에 키 값은 메모리에 저장된다는 것에 유의하기 바란다).

```
@Bean
public JwtAccessTokenConverter accessTokenConverter() {
```

296

```
JwtAccessTokenConverter converter = new JwtAccessTokenConverter();
try {
    KeyPairGenerator keyGen =
            KeyPairGenerator.getInstance("RSA");
    SecureRandom random = SecureRandom.getInstance("SHA1PRNG");
    keyGen.initialize(1024, random);
    KeyPair keyPair = keyGen.generateKeyPair();
    converter.setKeyPair(keyPair);
} catch (Exception e) {
    throw new RuntimeException(e);
}
return converter;
}
```

7. 앞 단계에서 선언한 JwtAccessTokenConverter를 이용해서 JwtTokenStore
를 정의한다.

```
@Bean
public JwtTokenStore jwtTokenStore() {
    return new JwtTokenStore(accessTokenConverter());
}
```

8. 마지막으로 다음과 같이 AuthorizationServerEndpointsConfigurer 설정
메소드를 바꾼다.

```
@Override
public void configure(AuthorizationServerEndpointsConfigurer
        endpoints) throws Exception {
    endpoints.authenticationManager(authenticationManager)
        .tokenStore(jwtTokenStore())
        .accessTokenConverter(accessTokenConverter());
}
```

9. AuthorizationServerSecurityConfigurer 객체를 설정해 OAuth2Authorization-
Server 클래스에 다음과 같은 메소드를 추가한다.

```
@Override
public void configure(AuthorizationServerSecurityConfigurer
        security) throws Exception {
    security.tokenKeyAccess("permitAll()");
}
```

10. 이제 인가 서버는 8080 포트로 동작해서 JWT 액세스 토큰을 발급할 준비가
    됐다.

예제 분석

대칭 키로 JWT를 구성하는 방법과 비대칭 키로 구성하는 방법은 약간의 차이가 있다.
주요 차이점은 액세스 토큰을 서명하고 검증하는 데 사용되는 개인 키와 공개 키를
담는 KeyPair를 설정한다는 것이다. 그리고 개인 키와 공개 키를 사용해 암호화 기능
을 수행하는 RSA 알고리즘을 사용한다.

흥미로운 또 다른 차이점은 인가 서버가 공개 키를 얻을 수 있는 엔드포인트를 제공하
고 리소스 서버는 그것을 이용해서 전달되는 JWT 액세스 토큰을 검증한다는 것이다.
Spring Security OAuth2가 제공하는 디폴트 엔드포인트는 /oauth/token_key다.

인가 서버가 액세스 토큰을 어떻게 발급하는지, token_key 엔드포인트가 어떻게 사용
되는지 확인하려면 커맨드라인에서 mvn spring-boot:run 명령으로 애플리케이션을
실행시키고 인가 코드 그랜트 타입이나 리소스 소유자 패스워드 자격증명 그랜트 타
입으로 새로운 액세스 토큰을 만들어보면 된다. 다음은 액세스 토큰 요청에 대한 결과
를 예로 보여준다(간단한 설명을 위해서 다음의 JSON 결과에 포함된 액세스 토큰은 간략화된
것이다).

```
{
    "access_token": "eyJhbGciOzXVCJ9.eyJleHAiOGhvOiI1Z.XmzNfaUrkOfwX0Uym8M",
    "token_type": "bearer",
    "expires_in": 43199,
    "scope": "read_profile",
    "jti": "5e928e52-585c-4b97-b1dd-839889828a00"
}
```

/oauth/token_key 엔드포인트는 누구든지 다음과 같은 명령으로 제한 없이 접근할 수 있다.

```
curl http://localhost:8080/oauth/token_key
```

원한다면 해당 엔드포인트를 인증과 역할로 제약을 걸 수도 있지만 액세스 토큰의 무결성을 침해하려면 개인 키가 필요하기 때문에 대부분의 경우 문제가 되지는 않는다. 다음은 위 명령의 결과로 전달된 내용이다.

```
{
    "alg": "SHA256withRSA",
    "value": "-----BEGIN PUBLIC
KEY-----\nMIGfMA0GCSqGSIb3DQEBAQUAA4GNADCBiQKBgQCpNHEdV/peR9iaKvTUTyl1/Ey
4oeXPjC/qv9zsNk9eO3NJ4mhUfv7R0JQmLQL7ayjKW9LiFlNq0eso/yVAi9rNz6U/pyIcaw+7
88ymaAL+zzAmRtvHVryPu8HEkalnBPfZtNHAziKibgwWLwVYWg6w/RclOzHKI5wUxpAXc6JMz
QIDAQAB\n-----END PUBLIC KEY-----"
}
```

참고 사항

* JWT 액세스 토큰 만들기

▌ 비대칭 서명된 JWT 토큰 검증

앞에서는 인가 서버가 비대칭 키를 이용해서 JWT 액세스 토큰을 만드는 방법을 배웠다. 이제 비대칭 키로 서명된 JWT 액세스 토큰을 리소스 서버에서 검증하는 방법을 알아본다. 리소스 서버는 액세스 토큰을 검증할 때 사용할 키를 정적으로 설정해서 이용하지 않고 인가 서버가 제공하는 /oauth2/token_key 엔드포인트를 통해 공개 키를 얻어 사용할 것이다. 그렇게 하면 OAuth 프로바이더에게 유연성을 제공하며, 유지 보수가 쉬워진다.

준비

이번에도 자바 8, Maven, Spring Web, Spring Security를 이용해서 리소스 서버를 위한 Spring Boot 애플리케이션을 만든다. 설정할 종속성에 대해서는 다음 절에서 설명한다.

예제 구현

jwt-asymmetric-resource 프로젝트로 정의되는 리소스 서버를 만드는 방법을 알아본다. 깃허브의 Chapter05 디렉토리에서 소스코드를 볼 수 있으며, 다음 절차대로 프로젝트를 만들면 된다.

1. Spring Initializr로 jwt-asymmetric-resource 프로젝트를 만들고 종속성으로는 Web, Security를 설정한다.

2. Spring Initializr로 프로젝트를 만들었다면 IDE에서 Maven 프로젝트로 임포트한다.

3. pom.xml 파일에 Spring Security OAuth2와 Spring Security JWT에 대한 내용을 추가한다.

```
<dependency>
    <groupId>org.springframework.security.oauth</groupId>
    <artifactId>spring-security-oauth2</artifactId>
    <version>2.2.0.RELEASE</version><!--$NO-MVN-MAN-VER$-->
</dependency>
<dependency>
    <groupId>org.springframework.security</groupId>
    <artifactId>spring-security-jwt</artifactId>
</dependency>
```

4. application.properties 파일에 리소스 소유자의 자격증명 정보를 추가한다.

```
server.port=8081
security.user.name=adolfo
security.user.password=123
security.oauth2.resource.jwt.key-uri=http://localhost:8080/oauth/token_key
```

5. 사용자의 프로파일을 제공하는 API를 만든다. api 서버 패키지에 UserController 클래스를 만든다.

```
@Controller
public class UserController {
    @RequestMapping("/api/profile")
    public ResponseEntity<UserProfile> myProfile() {
        String username = (String)SecurityContextHolder.getContext()
                .getAuthentication().getPrincipal();
        String email = username + "@mailinator.com";
        UserProfile profile = new UserProfile(username, email);
        return ResponseEntity.ok(profile);
    }
    public static class UserProfile {
        private String name;
```

```
        private String email;
        // 생성자와 값을 조회하고 설정하는 메소드는 설명을 위해 생략
    }
}
```

6. 그다음에는 리소스 서버 설정을 선언하기 위한 가장 중요한 클래스 중 하나인 OAuth2ResourceServer 클래스를 만든다.

```
@Configuration @EnableResourceServer
public class OAuth2ResourceServer extends
ResourceServerConfigurerAdapter {
    @Override
    public void configure(HttpSecurity http) throws Exception {
        http
            .authorizeRequests()
            .anyRequest().authenticated().and()
            .requestMatchers().antMatchers("/api/**");
    }
}
```

예제 분석

기본적으로 이번에 만든 리소스 서버는 앞의 리소스 서버에서 JWT 토큰 검증을 위해 만든 것과 동일한 방식으로 동작한다. 내부적으로 봤을 때 주요 차이점은 비대칭 키를 사용해서 유효성을 검사하는 방법이라고 할 수 있다.

또한 리소스 서버는 /oauth/token_key 엔드포인트를 이용해서 공개 키를 얻기 때문에 JwtAccessTokenConverter의 인스턴스를 만들고 그것이 만들어질 때 ResourceServerTokenServicesConfiguration 내부 클래스에 의해 서명 키가 정의된다. 공개 키는 RestTemplate을 이용한 요청을 통해 얻기 때문에 Spring Boot의

security.oauth2.resource.jwt.key-uri를 이용하지 않는다면 그것을 직접 구현해야 한다.

인가 서버와 리소스 서버를 실행시키고 액세스 토큰을 요청한 다음 비대칭 키로 서명된 JWT를 이용해서 사용자의 프로파일 API에 대한 접근을 시도해보기 바란다.

참고 사항

- JWT 액세스 토큰 만들기
- 리소스 서버에서 JWT 토큰 검증
- JWT 토큰의 비대칭 서명

▌ JWT 토큰을 암호화해서 보호하기 위한 JWE

이번에는 JWT 아키텍처와 관련된 고급 주제인 JWE^{JSON Web Encryption}에 대해 알아본다. 5장의 앞에서도 봤듯이 무결성을 제공하기 위한 JWS^{JSON Web Signature}를 사용하고 있었다. JWE를 이용하면 인가 서버가 발급한 JWT 토큰에 기밀성을 제공할 수 있다. 이번 절은 애플리케이션에 또 다른 보안 계층을 추가할 수 있는 방법을 배울 수 있는 중요한 절이라고 할 수 있다.

준비

자바 8, MySQL, Maven, Nimbus(JWE와 암호화 제공)를 이용해서 인가 서버를 위한 Spring Boot 애플리케이션을 만든다. 설정할 종속성은 다음 절에서 설명한다.

예제 구현

이번에는 jwe-server 프로젝트로 정의되는 인가 서버를 만드는 방법을 설명한다. 깃허브의 Chapter05 디렉토리에서 소스코드를 볼 수 있으며, 다음 절차대로 프로젝트를 만들면 된다.

1. Spring Initializr로 jwe-server 프로젝트를 만들고 종속성으로는 Web, Security를 설정한다.

2. Spring Initializr로 프로젝트를 만들었다면 IDE에서 Maven 프로젝트로 임포트하고 pom.xml 파일에 다음과 같은 내용을 추가한다.

```
<dependency>
    <groupId>org.springframework.security.oauth</groupId>
    <artifactId>spring-security-oauth2</artifactId>
    <version>2.2.0.RELEASE</version><!--$NO-MVN-MAN-VER$ -->
</dependency>
<dependency>
    <groupId>org.springframework.security</groupId>
    <artifactId>spring-security-jwt</artifactId>
</dependency>
<dependency>
    <groupId>com.nimbusds</groupId>
    <artifactId>nimbus-jose-jwt</artifactId>
    <version>4.23</version>
</dependency>
```

3. application.properties 파일에 리소스 소유자의 자격증명 정보를 추가한다.

```
security.user.name=adolfo
security.user.password=123
```

4. 인가 서버를 설정하기에 앞서 Spring Security OAuth2의 몇 가지 기본적인 동작을 사용자 정의할 수 있는 클래스를 추가해서 서버가 JWE 토큰(즉, 페이로드가 암호화된 JWT)을 만들 수 있게 해보자. 먼저 oauth.jwt 서브패키지를 만든다.

5. oauth.jwt 서브클래스에 다음과 같은 JweTokenSerializer 클래스를 만든다.

```
public class JweTokenSerializer {
    private String encodedKeypair;
    public JweTokenSerializer(String encodedKeypair) {
        this.encodedKeypair = encodedKeypair;
    }
}
```

6. 페이로드 암호화를 담당하는 JweTokenSerializer 메소드를 추가한다.

```
public String encode(String payload) {
    try {
        byte[] decodedKey = Base64.getDecoder().decode(encodedKeypair);
        SecretKey key = new SecretKeySpec(decodedKey, 0,
                decodedKey.length, "AES");
        JWEHeader header = new JWEHeader(JWEAlgorithm.DIR,
                EncryptionMethod.A128GCM);
        Payload payloadObject = new Payload(payload);
        JWEObject jweObject = new JWEObject(header, payloadObject);
        jweObject.encrypt(new DirectEncrypter(key));
        return jweObject.serialize();
    } catch (Exception e) {
        throw new RuntimeException(e);
    }
}
```

7. JweTokenSerializer 안에 다음과 같이 페이로드를 복호화해주는 메소드를
   추가한다.

```
public Map<String, Object> decode(String base64EncodedKey,
        String content) {
    byte[] decodedKey = Base64.getDecoder().decode(base64EncodedKey);
    SecretKey key = new SecretKeySpec(decodedKey, 0,
            decodedKey.length, "AES");
    try {
        JWEObject jweObject = JWEObject.parse(content);
        jweObject.decrypt(new DirectDecrypter(key));
        Payload payload = jweObject.getPayload();
        ObjectMapper objectMapper = new ObjectMapper();
        ObjectReader reader = objectMapper.readerFor(Map.class);
        return reader.with(DeserializationFeature.USE_LONG_FOR_INTS).
                readValue(payload.toString());
    } catch (Exception e) {
        throw new RuntimeException(e);
    }
}
```

8. 이제는 JweTokenEnhancer 클래스를 만든다. 이 클래스는 Spring Security
   OAuth2가 JWT 액세스 토큰을 만들기 위해서 사용하는 기본 클래스
   인 JwtAccessTokenConverter에 대한 사용자 정의 버전이라고 할 수 있
   다(org.springframework.security.oauth2.common.util 패키지에서 JsonParser와
   JsonParserFactory 클래스를 임포트한다).

```
public class JweTokenEnhancer implements TokenEnhancer {
    public static final String TOKEN_ID = AccessTokenConverter.JTI;
    private JsonParser objectMapper = JsonParserFactory.create();
    private AccessTokenConverter tokenConverter;
    private JweTokenSerializer tokenSerializer;
```

```java
    public JweTokenEnhancer(AccessTokenConverter tokenConverter,
            JweTokenSerializer tokenSerializer) {
        this.tokenConverter = tokenConverter;
        this.tokenSerializer = tokenSerializer;
    }

    @Override
    public OAuth2AccessToken enhance(OAuth2AccessToken accessToken,
            OAuth2Authentication authentication) {
        DefaultOAuth2AccessToken result = new
                DefaultOAuth2AccessToken(accessToken);
        Map<String, Object> info = new
                LinkedHashMap<>(accessToken.getAdditionalInformation());
        String tokenId = result.getValue();
        if (!info.containsKey(TOKEN_ID)) {
            info.put(TOKEN_ID, tokenId);
        }
        result.setAdditionalInformation(info);
        result.setValue(encode(result, authentication));
        return result;
    }

    private String encode(DefaultOAuth2AccessToken accessToken,
            OAuth2Authentication authentication) {
        String content;
        try {
            content = objectMapper.formatMap(tokenConverter.
                    convertAccessToken(accessToken, authentication));
            return tokenSerializer.encode(content);
        } catch (Exception e) {
            throw new IllegalStateException("Cannot convert access
                    token to JSON", e);
        }
    }
}
```

9. 다음과 같이 `OAuth2AuthorizationServer` 클래스를 만든다.

```
@Configuration @EnableAuthorizationServer
public class OAuth2AuthorizationServer extends
        AuthorizationServerConfigurerAdapter {
    @Autowired
    private AuthenticationManager authenticationManager;
    @Override
    public void configure(AuthorizationServerSecurityConfigurer
            security) throws Exception {
        security.tokenKeyAccess("permitAll()");
    }
    @Override
    public void configure(ClientDetailsServiceConfigurer clients)
            throws Exception {
        clients
            .inMemory().withClient("clientapp").secret("123456")
            .scopes("read_profile").authorizedGrantTypes("password",
                "authorization_code");
    }
}
```

10. JWE를 암호화하거나 복호화하는 데 사용되는 AES[Advanced Encryption Standard] 알고리즘의 사용을 통해 생성된 대칭 키의 Base 64 인코딩된 버전을 만드는 메소드를 `OAuth2AuthorizationServer` 클래스에 추가한다.

```
@Bean
public String symmetricKey() {
    try {
        KeyGenerator keyGenerator = KeyGenerator.getInstance("AES");
        keyGenerator.init(128);
        SecretKey key = keyGenerator.generateKey();
        return Base64.getEncoder().encodeToString(key.getEncoded());
```

```
    } catch (NoSuchAlgorithmException e) {
        throw new RuntimeException(e);
    }
}
```

11. OAuth2AuthorizationServer에 다음을 추가한다.

```
@Bean
public TokenEnhancer tokenEnhancer() {
    return new JweTokenEnhancer(accessTokenConverter(), new
            JweTokenSerializer(symmetricKey()));
}

@Bean
public JwtTokenStore jwtTokenStore() {
    return new JwtTokenStore(accessTokenConverter());
}

@Bean
public JwtAccessTokenConverter accessTokenConverter() {
    JwtAccessTokenConverter tokenConverter = new
            JwtAccessTokenConverter();
    tokenConverter.setSigningKey(symmetricKey());
    return tokenConverter;
}
```

12. 마지막으로 다음과 같이 AuthorizationServerEndpointsConfigurer를 설
    정한다.

```
@Override
public void configure(AuthorizationServerEndpointsConfigurer
        endpoints) throws Exception {
    endpoints.authenticationManager(authenticationManager)
```

```
        .tokenStore(jwtTokenStore())
        .tokenEnhancer(tokenEnhancer())
        .accessTokenConverter(accessTokenConverter());
    }
```

13. 이제는 mvn springboot:run 명령으로 jwe-server를 실행시킬 준비가 됐다.

예제 분석

이번 예제의 핵심은 인가 서버가 JWE 토큰을 발급할 수 있게 만들기 위한 사용자 정의 버전의 TokenEnhancer와 데이터의 암/복호화를 담당하는 JweTokenSerializer 클래스다. 사용자 정의 TokenEnhancer를 구현함으로써 Spring Security OAuth2는 추가 기능이나 발급되는 액세스 토큰의 포맷을 설정할 수 있게 됐다. 즉, JWE 지원을 추가하기 위한 완벽한 확장이라고 할 수 있다.

언급해야 할 중요한 점은 여기서는 대칭 키를 설정하기 때문에 비대칭 키를 설정했을 때처럼 oauth/token_key 엔드포인트를 공개적으로 사용할 수 없다는 점이다. 그것은 페이로드의 내용을 서명하고 검증하는 데 하나의 키만을 사용하기 때문이다. 반면 비대칭 키를 사용할 때는 개인 키와 공개 키를 사용하며, 이름이 의미하는 대로 공개 키는 애플리케이션의 보안을 노출하지 않은 상태에서 누구에게나 공유해서 사용할 수 있다.

애플리케이션을 실행시키고 액세스 토큰을 만들면 다음과 같은 형태의 결과를 얻을 수 있다.

```
{
    "access_token":
"eyJlbmMiOiJBMTI4R0NNIiwiYWxnIjoiZGlyIn0..6LyaLUPq3DQREzxM.cZ_Pjp7mFP2CPx
WSRuN-9SvRHLZsjQ6BPqQNFDIz6XwoW_8MOxQmlcuj9T1rLD__UvbNruAbCgdLEun1QrdGLXF
```

310

```
Ap9q5WvKmmDhmUBX4a0a9RgCrVby3LKMB3DbxeghqdjnNv8f14n04Yz2ipMjjNYNazYle0qZV
YWaMbi2EphLXK4Cl7aqiX33VsS0whHJveJxjBmgpcmPQltZrvLkrWc.pREyWEUwr9hQP6MJq_
lHdA",
    "token_type": "bearer",
    "expires_in": 43194,
    "scope": "read_profile",
    "jti": "d649f685-449a-421d-8d68-ddb5217a1905"
}
```

참고 사항

- JWT 액세스 토큰 만들기

▌ 리소스 서버에서의 JWE 사용

이번에는 JWE 액세스 토큰을 검증할 수 있는 리소스 서버를 만드는 방법을 알아본다. 이를 통해 Spring Security OAuth2의 중요한 확장 포인트와 암호화를 위한 Numbus 라이브러리 같은 다른 라이브러리와의 통합 방법을 이해할 수 있다.

준비

자바 8, Maven, Spring Web, Spring Security, Nimbus(JWE와 암호화 제공)를 이용해서 리소스 서버를 위한 Spring Boot 애플리케이션을 만든다. 설정할 종속성에 대해서는 다음 절에서 설명한다.

예제 구현

jwe-resource 프로젝트로 정의되는 리소스 서버를 만드는 방법을 알아본다. 깃허브의 Chapter05 디렉토리에서 소스코드를 볼 수 있으며, 다음 절차대로 프로젝트를 만들면 된다.

1. Spring Initializr로 jwe-resource 프로젝트를 만들고, 종속성으로는 Web, Security를 설정한다.

2. Spring Initializr로 프로젝트를 만들었다면 IDE에서 Maven 프로젝트로 임포트하고, pom.xml 파일에 다음과 같은 내용을 추가한다.

```xml
<dependency>
    <groupId>org.springframework.security.oauth</groupId>
    <artifactId>spring-security-oauth2</artifactId>
    <version>2.2.0.RELEASE</version><!--$NO-MVN-MAN-VER$ -->
</dependency>
<dependency>
    <groupId>org.springframework.security</groupId>
    <artifactId>spring-security-jwt</artifactId>
</dependency>
<dependency>
    <groupId>com.nimbusds</groupId>
    <artifactId>nimbus-jose-jwt</artifactId>
    <version>4.23</version>
</dependency>
```

3. application.properties 파일에 리소스 소유자의 자격증명 정보를 추가한다.

```
server.port=8081

security.user.name=adolfo
security.user.password=123
```

```
security.oauth2.resource.jwt.key-uri=http://localhost:8080/oauth/
    token_key
security.oauth2.client.client-id=clientapp
security.oauth2.client.client-secret=123456
```

4. 사용자의 프로파일 API를 제공하는 UserController 클래스를 만든다(api 서
   브패키지에 만들어야 한다). UserProfile 클래스를 위한 각 속성 값을 설정하고
   조회하는 메소드와 생성자를 만들어야 하는 것을 잊어서는 안 된다.

```
@Controller
public class UserController {
    @RequestMapping("/api/profile")
    public ResponseEntity<UserProfile> myProfile() {
        String username = (String)SecurityContextHolder.getContext().
            getAuthentication().getPrincipal();
        String email = username + "@mailinator.com";
        UserProfile profile = new UserProfile(username, email);
        return ResponseEntity.ok(profile);
    }

    public static class UserProfile {
        private String name;
        private String email;
        // 설명을 간단히 하기 위해서 값을 조회하고 설정하는 메소드는 생략
    }
}
```

5. 프로젝트의 메인 패키지에 oauth/jwt 서브패키지를 만들고 앞의 JWT 토큰
   을 암호화해서 보호하기 위한 JWE와 동일한 내용의 JweTokenEnhancer와
   JweTokenSerializer 클래스를 만든다. 해당 클래스를 직접 복사해서 사용하
   거나 실제 제품 환경을 위한 어떤 것을 개발하고 있다면 별도의 라이브러리로
   만들어도 된다.

6. oauth/jwt 서브패키지에 다음과 같은 JweTokenStore 클래스를 만든다.

```java
public class JweTokenStore implements TokenStore {
    private String encodedSigningKey;
    private final TokenStore delegate;
    private final JwtAccessTokenConverter converter;
    private final JweTokenSerializer crypto;
    public JweTokenStore(String encodedSigningKey,
            TokenStoredelegate, JwtAccessTokenConverter converter,
            JweTokenSerializer crypto) {
        this.encodedSigningKey = encodedSigningKey;
        this.delegate = delegate;
        this.converter = converter;
        this.crypto = crypto;
    }

    @Override
    public OAuth2AccessToken readAccessToken(String tokenValue) {
        return converter.extractAccessToken(tokenValue,
                crypto.decode(encodedSigningKey, tokenValue));
    }

    @Override
    public OAuth2Authentication readAuthentication(OAuth2AccessToken
            token) {
        return readAuthentication(token.getValue());
    }

    @Override
    public OAuth2Authentication readAuthentication(String token) {
        return converter.extractAuthentication(crypto.
                decode(encodedSigningKey, token));
    }
}
```

7. 아직은 TokenStore 인터페이스가 선언한 모든 메소드가 구현되지 않았다. 수정된 TokenStore에 실행을 위임하기 위한 나머지 메소드를 모두 구현한다. 그리고 그것은 모두 **delegate**로 참조된다. 다음의 메소드는 하나의 예로서 제시한 것이며, 그것을 통해 나머지 메소드 구현을 위해 무엇을 해야 할지 알게 될 것이다.

```
@Override
public void removeAccessToken(OAuth2AccessToken token) {
    delegate.removeAccessToken(token);
}
```

8. OAuth2ResourceServer 클래스를 통해서 다음과 같이 리소스 서버 설정을 만든다.

```
@Configuration @EnableResourceServer
public class OAuth2ResourceServer extends
ResourceServerConfigurerAdapter {
    @Autowired
    private ResourceServerProperties resource;

    @Override
    public void configure(HttpSecurity http) throws Exception {
        http
            .authorizeRequests()
            .anyRequest().authenticated().and()
            .requestMatchers().antMatchers("/api/**");
    }
}
```

9. OAuth2ResourceServer 클래스에 다음과 같은 선언을 추가한다.

```java
@Bean
public JweTokenStore tokenStore() {
    return new JweTokenStore(getSignKey(), new
            JwtTokenStore(jwtTokenConverter()), jwtTokenConverter(),
            tokenSerializer());
}

@Bean
public JweTokenSerializer tokenSerializer() {
    return new JweTokenSerializer(getSignKey());
}

@Bean
public JwtAccessTokenConverter jwtTokenConverter() {
    JwtAccessTokenConverter converter = new JwtAccessTokenConverter();
    converter.setSigningKey(getSignKey());
    return converter;
}

@Bean
public String getSignKey() {
    RestTemplate keyUriRestTemplate = new RestTemplate();
    HttpHeaders headers = new HttpHeaders();
    String username = this.resource.getClientId();
    String password = this.resource.getClientSecret();
    if (username != null && password != null) {
        byte[] token = Base64.getEncoder().encode((username + ":" +
                password).getBytes());
        headers.add("Authorization", "Basic " + new String(token));
    }
    HttpEntity<Void> request = new HttpEntity<>(headers);
    String url = this.resource.getJwt().getKeyUri();
    return (String) keyUriRestTemplate.exchange(url, HttpMethod.GET,
            request,Map.class).getBody().get("value");
}
```

316

10. 그다음에는 OAuth2ResourceServer 클래스에 다음과 같은 설정을 추가한다.

```
@Override
public void configure(ResourceServerSecurityConfigurer resources)
        throws Exception {
    resources.tokenStore(tokenStore());
}
```

11. 이제는 리소스 서버를 실행시켜서 사용자의 프로파일 API를 제공할 준비가
    됐다.

예제 분석

이번에 만든 리소스 서버는 앞선 리소스 서버의 JWT 토큰 검증과 비대칭 서명된 JWT
토큰 검증에서 만든 리소스 서버보다 좀 더 복잡하다. Spring Boot가 제공하는 자동
설정 프로세스를 시작시키기 위한 oauth/token_key 엔드포인트에 의존할 수 없기 때
문이다. 그리고 공개 키를 수동으로 가져와야 했기 때문에 JwtAccessTokenConverter,
JweTokenSerializer, JweTokenStore와 같은 것을 추가적으로 선언해야 했다.

JWE 토큰을 지원하는 인가 서버와 리소스 서버를 실행시킨 다음 새로운 액세스 토큰
을 만들어서 모든 것이 제대로 동작하는지 확인해보기 바란다. 액세스 토큰을 만든
다음에는 새로운 JWE 토큰을 이용해서 사용자의 프로파일 엔드포인트에 접근해보기
바란다.

참고 사항

- JWT 토큰을 암호화해서 보호하기 위한 JWE

OAuth 2.0 프로바이더에서 소유 증명 키 사용

이번에는 JWT 토큰 사용을 통해서 클라이언트가 특정 키를 소유하고 있다는 것을 리소스 서버에게 증명할 수 있는 OAuth 2.0 솔루션 구현 방법을 알아본다. 이 기능을 사용하면 요청을 보내는 클라이언트에 속하지 않는 액세스 토큰의 이용을 차단할 수 있기 때문에 API의 안전성을 향상시킬 수 있다. 이에 대한 공식적인 스펙은 RFC 7800(https://tools.ietf.org/html/rfc7800)으로 기술되고 있으며, 그것을 다양한 방법으로 구현할 수 있다. 여기서는 비대칭 키를 이용해서 키의 소유 증명을 구현하는 방법을 알아본다.

준비

이번에는 리소스 서버와 인가 서버로 구성되는 OAuth 2.0 프로바이더를 만든다. 인가 서버와 리소스 서버 모두 고유한 Spring Boot 애플리케이션 형태로 구현하며, 자바 8, Maven, Spring Web, Spring Security, Nimbus(JWE와 암호화 제공)를 이용한다. 설정할 종속성은 다음 절에서 설명한다.

예제 구현

다음은 pop-server라는 이름의 OAuth 2.0 프로바이더를 만드는 방법이다. 소스코드는 깃허브의 Chapter05 디렉토리에서 볼 수 있다.

1. 먼저 pop-server라는 이름의 Spring Boot 애플리케이션을 만든다(Spring Initializr를 이용하는 것을 권장한다). Spring Initializr에서 종속성으로는 Web, Thymeleaf, Security를 설정한다.
2. IDE에서 pop-server 프로젝트를 Maven 프로젝트로 임포트하고, pom.xml 파일에 다음과 같은 내용을 추가한다.

```xml
<dependency>
    <groupId>org.springframework.security.oauth</groupId>
    <artifactId>spring-security-oauth2</artifactId>
    <version>2.2.0.RELEASE</version><!--$NO-MVN-MAN-VER$ -->
</dependency>
<dependency>
    <groupId>org.springframework.security</groupId>
    <artifactId>spring-security-jwt</artifactId>
</dependency>
<dependency>
    <groupId>com.nimbusds</groupId>
    <artifactId>nimbus-jose-jwt</artifactId>
    <version>4.23</version>
</dependency>
```

3. application.properties 파일에 다음 내용을 추가한다(key-value 속성은 리소스
   서버가 JWT 토큰을 검증하기 위해 정의된다).

```
security.user.name=adolfo
security.user.password=123
security.oauth2.resource.jwt.key-value=non-prod
```

4. authorizationserver와 resourceserver라는 두 개의 내부 패키지로 oauth
   라는 이름의 서브패키지 하나를 만든다.

5. 인가 서버는 토큰 요청에 대한 응답으로 JWT 토큰을 반환할 것이고, 애플리케
   이션은 소유 증명 키를 지원해야 하므로 다음과 같이 TokenEnhancer 인터페
   이스를 구현한다. PoPTokenEnhancer 클래스는 토큰을 요청하는 과정에서 클
   라이언트가 전달한 공개 키를 추출하는 작업을 담당한다. 그리고 공개 키는
   JWT 토큰 내에서 추가적인 정보로서 이용된다(oauth.authorizationserver 서
   브패키지에 다음과 같은 클래스를 만든다).

```
class PoPTokenEnhancer implements TokenEnhancer {
    @Override
    public OAuth2AccessToken enhance(OAuth2AccessToken accessToken,
            OAuth2Authentication authentication) {
        Map<String, Object> additional = new HashMap<>();
        String publicKey = authentication.getOAuth2Request().
                getRequestParameters().get("public_key");
        additional.put("public_key", publicKey);
        DefaultOAuth2AccessToken defaultAccessToken =
                (DefaultOAuth2AccessToken) accessToken;
        defaultAccessToken.setAdditionalInformation(additional);
        return accessToken;
    }
}
```

6. JWT 토큰 구조체 안에 클레임을 포함시켜 전달하거나 토큰 요청에 대한 응답으로 전달되는 JSON에 클레임을 포함시켜 전달하는 것은 좋은 방법이 아니다. 데이터가 중복되는 것을 피하기 위해 **PoPTokenEnhancer**와 동일한 패키지에 다음과 같은 클래스를 만든다.

```
public class CleanTokenEnhancer implements TokenEnhancer {
    @Override
    public OAuth2AccessToken enhance(OAuth2AccessToken accessToken,
            OAuth2Authentication authentication) {
        accessToken.getAdditionalInformation().remove("public_key");
        return accessToken;
    }
}
```

7. 이제는 다음과 같이 **OAuth2AuthorizationServer** 클래스를 통해 인가 서버 설정을 만든다.

```
@Configuration
@EnableAuthorizationServer
public class OAuth2AuthorizationServer extends
AuthorizationServerConfigurerAdapter {
    @Override
    public void configure(ClientDetailsServiceConfigurer clients)
            throws Exception {
        clients
            .inMemory()
            .withClient("clientapp").secret("123456")
            .scopes("read_profile")
            .authorizedGrantTypes("authorization_code");
    }
}
```

8. 그다음에는 OAuth2AuthorizationServer 클래스에 다음과 같은 메소드를 추가한다.

```
@Bean
public JwtAccessTokenConverter accessTokenConverter() {
    JwtAccessTokenConverter converter = new JwtAccessTokenConverter();
    converter.setSigningKey("non-prod");
    return converter;
}

@Override
public void configure(AuthorizationServerEndpointsConfigurer
        endpoints) throws Exception {
    TokenEnhancerChain chain = new TokenEnhancerChain();
    chain.setTokenEnhancers(Arrays.asList(new PoPTokenEnhancer(),
            accessTokenConverter(), new CleanTokenEnhancer()));
    endpoints.tokenEnhancer(chain);
}
```

9. 인가 서버는 액세스 토큰 내에 존재할 필요가 있는 공개 키라고 하는 사용자 정의 클레임을 사용해서 JWT 토큰을 만들 준비가 됐으므로 클라이언트는 소유 증명 키를 사용해서 OAuth의 보호된 리소스에 접근할 수 있다(리소스 서버는 클라이언트가 전달한 nonce 필드를 검증하기 위해 공개 키가 필요하다).

10. 리소스 서버를 설정할 차례다. 먼저 nonce 속성을 포함하는 Authentication 구조체를 만든다. nonce 속성은 nonce를 만들기 위해 사용된 공개 키와 대응되는 개인 키를 클라이언트가 소유하고 있는 것을 증명하는 데 사용된다. oauth.resourceserver 서브패키지에 다음과 같은 클래스를 만든다(기존의 Authentication 클래스에 대한 데코레이터 클래스라고 할 수 있다).

```
public class PoPAuthenticationToken implements Authentication {
    private Authentication authentication;
    private String nonce;
    public PoPAuthenticationToken(Authentication authentication) {
        this.authentication = authentication;
    }
    public void setNonce(String nonce) {this.nonce = nonce;}
    public String getNonce() {return nonce;}
    public Collection<? extends GrantedAuthority> getAuthorities()
    {
        return authentication.getAuthorities();
    }
    public Object getCredentials() {return
        authentication.getCredentials();}
    public Object getDetails() {return authentication.getDetails();}
    public Object getPrincipal() {return
        authentication.getPrincipal();}
    public boolean isAuthenticated() {return
        authentication.isAuthenticated();}
    public void setAuthenticated(boolean isAuthenticated) throws
        IllegalArgumentException {
        authentication.setAuthenticated(isAuthenticated);
```

```
    }
    public String getName() {return authentication.getName();}
}
```

11. 다음과 같이 PoPTokenExtractor 클래스를 만든다. PoPTokenExtractor는
    HTTP 헤더에 표시돼야 하는 nonce 필드로 PoPAuthenticationToken의 인스
    턴스를 만든다.

```
public class PoPTokenExtractor implements TokenExtractor {
    private TokenExtractor delegate;
    public PoPTokenExtractor(TokenExtractor delegate) {
        this.delegate = delegate;
    }
    public Authentication extract(HttpServletRequest request) {
        Authentication authentication = delegate.extract(request);
        if (authentication != null) {
            PoPAuthenticationToken popAuthenticationToken = new
                    PoPAuthenticationToken(authentication);
            popAuthenticationToken.setNonce(request.
                    getHeader("nonce"));
            return popAuthenticationToken;
        }
        return authentication;
    }
}
```

12. 인증 절차를 나름대로 정의하기 위해서 PoPAuthenticationManager 클래스
    를 만든다.

```
public class PoPAuthenticationManager implements
        AuthenticationManager {
    private AuthenticationManager authenticationManager;
```

```java
public PoPAuthenticationManager(AuthenticationManager
        authenticationManager) {
    this.authenticationManager = authenticationManager;
}
@Override
public Authentication authenticate(Authentication authentication)
        throws AuthenticationException {
    Authentication authenticationResult =
            authenticationManager.authenticate(authentication);
    if (authenticationResult.isAuthenticated()) {
        if (authentication instanceof PoPAuthenticationToken) {
            PoPAuthenticationToken popAuthentication =
                    (PoPAuthenticationToken) authentication;
            String nonce = popAuthentication.getNonce();
            if (nonce == null) {
                throw new UnapprovedClientAuthenticationException(
                    "This request does not have a valid signed nonce");
            }
            String token = (String)popAuthentication.getPrincipal();
            try {
                JWT jwt = JWTParser.parse(token);
                String publicKey = jwt.getJWTClaimsSet().
                        getClaim("public_key").toString();
                JWK jwk = JWK.parse(publicKey);
                JWSObject jwsNonce = JWSObject.parse(nonce);
                JWSVerifier verifier = new RSASSAVerifier((RSAKey) jwk);
                if (!jwsNonce.verify(verifier)) {
                    throw new InvalidTokenException("Client hasn't
                            possession of given token");
                }
            } catch (Exception e) {
                throw new RuntimeException(e);
            }
        }
    }
```

```
            return authenticationResult;
        }
    }
```

13. 리소스 서버 설정을 마무리하기 위해서 OAuth2ResourceServer 클래스를 만
    든다.

```
@Configuration @EnableResourceServer
public class OAuth2ResourceServer extends
        ResourceServerConfigurerAdapter {
    @Bean @Primary
    public DefaultTokenServices tokenServices() {
        DefaultTokenServices tokenServices = new DefaultTokenServices();
        tokenServices.setTokenStore(tokenStore());
        return tokenServices;
    }
    @Bean
    public TokenStore tokenStore() {
        JwtTokenStore tokenStore = new
                JwtTokenStore(accessTokenConverter());
        return tokenStore;
    }
    @Bean
    public JwtAccessTokenConverter accessTokenConverter() {
        JwtAccessTokenConverter converter = new
                JwtAccessTokenConverter();
        converter.setVerifier(verifier());
        converter.setSigningKey("non-prod");
        return converter;
    }
    @Bean
    public SignatureVerifier verifier() {
        return new MacSigner("non-prod");
    }
```

```
@Override
public void configure(ResourceServerSecurityConfigurer resources)
        throws Exception {
    resources.tokenExtractor(new PoPTokenExtractor(new
            BearerTokenExtractor()));
    OAuth2AuthenticationManager oauth = new
            OAuth2AuthenticationManager();
    oauth.setTokenServices(tokenServices());
    resources.authenticationManager(new
            PoPAuthenticationManager(oauth));
}
@Override
public void configure(HttpSecurity http) throws Exception {
    http
        .authorizeRequests()
        .anyRequest().authenticated().and()
        .requestMatchers().antMatchers("/api/**");
}
}
```

14. 이제 OAuth 프로바이더가 인가 서버와 리소스 서버를 제공하므로 OAuth 2.0
을 이용해 클라이언트가 액세스할 수 있는 API를 만든다.

```
@Controller
public class UserController {

    @RequestMapping("/api/profile")
    public ResponseEntity<UserProfile> myProfile() {
        String username = (String)SecurityContextHolder.
                getContext().getAuthentication().getPrincipal();
        String email = username + "@mailinator.com";
        UserProfile profile = new UserProfile(username, email);
        return ResponseEntity.ok(profile);
    }
```

```java
public static class UserProfile {
    private String name;
    private String email;
    public UserProfile(String name, String email) {
        this.name = name;
        this.email = email;
    }
    // 설명을 간단히 하기 위해서 값을 설정하고 조회하는 메소드는 생략
}
}
```

예제 분석

기본적으로 인가 서버와 리소스 서버의 책임에 대한 많은 것이 이번 예제에서 적용됐다. 인가 서버는 공개 키가 포함된 JWK^{JSON Web Key} 구조체를 전달 받을 준비가 됐고, 공개 키는 토큰 요청의 응답으로 전달되는 액세스 토큰에 포함돼야 한다. 액세스 토큰에 클레임을 포함시키는 것을 허용하기 위해 인가 서버는 JWS^{JSON Web Signature}를 만든다. 여기서는 설명을 위해 대칭 키 non-prod로 서명하고 있다.

 여기서 설명한 소스코드처럼 대칭 키를 소스코드에 직접 포함시키지 않는 것이 좋다. 추천하는 방법은 대칭 키를 외부 파일에 저장하는 것이며, 암호화해서 저장하면 더 좋다.

반면에 리소스 서버는 클라이언트 애플리케이션이 전달하는 JWS 토큰을 검증하는 것뿐만 아니라 헤더의 nonce도 검증을 한다. JWS와 nonce 검증을 위한 주요 로직은 PoPAuthenticationManager 클래스에서 작성된다. OAuth의 보호된 리소스에 대한 요청을 인증하려고 할 때, 인가 서버가 JWS 토큰을 서명할 때 사용했던 것과 동일한 대칭 키(즉, non-prod)를 사용해서 액세스 토큰을 검증한다. 검증 후에는 JWT를 파싱

해서 앞서 설명한 public_key 클레임을 추출한다. public_key는 nonce 속성을 검증하는 데 사용되며, nonce는 클라이언트 애플리케이션이 만들어야 하고 클라이언트는 공개 키와 쌍을 이루는 개인 키를 소유한다.

 애플리케이션의 안전성을 높이기 위한 연습으로서 클라이언트 ID에 대한 nonce를 관리할 수 있으며, nonce 속성의 실제 의미를 이용하는 요청에는 동일하게 사용할 수 없다. 그리고 이름 자체가 의미하듯이 한 번만 사용되는 랜덤 값이어야 한다.

부연 설명

여기서 만든 OAuth 프로바이더와 상호작용하기 위해서는 공개 키와 개인 키가 필요하며, 공개 키는 인가 서버와 공유해야 하고 리소스 서버로 요청을 보내기 전에는 개인 키로 서명된 nonce를 만들어야 한다. 이 모든 절차가 다소 복잡할 수 있지만 걱정할 필요는 없다. 다음에는 소유 증명 키를 이용해서 OAuth 프로바이더와 상호작용할 수 있는 클라이언트 애플리케이션 작성 방법을 설명할 것이기 때문이다.

참고 사항

- JWT 액세스 토큰 만들기
- 클라이언트에서 소유 증명 키 사용

▌클라이언트에서 소유 증명 키 사용

앞에서는 소유 증명 키를 사용하기 위해 OAuth 프로바이더에서 필요한 모든 것을 설명했다. 이번에는 보호된 리소스에 접근하기 위해 리소스 서버에 전달되는 JWS 토큰 내부에 포함되는 공개 키에 대응되는 개인 키를 소유하고 있다고 증명하면서

OAuth 프로바이더와 상호작용하는 애플리케이션을 만들어본다.

준비

이번에는 소유 증명 키를 지원하는 클라이언트를 Spring Boot 애플리케이션 형태로
구현하며, 자바 8, Maven, Spring Web, Spring Security, Nimbus(JWE와 암호화 제공)를
이용한다. 설정할 종속성은 다음 절에서 설명한다.

예제 구현

이번에는 소유 증명 키를 이용하는 pop-client라는 이름의 애플리케이션을 만드는
방법을 알아본다. 소스코드는 깃허브의 Chapter05 디렉토리에서 볼 수 있다.

1. pop-client라는 이름의 Spring Boot 애플리케이션을 만든다(Spring Initializr를
   이용하는 것을 권장한다). Spring Initializr에서 종속성으로는 Web과 Security를
   설정한다.
2. IDE에서 pop-client 프로젝트를 Maven 프로젝트로 임포트하고, pom.xml
   파일에 다음과 같은 내용을 추가한다.

```
<dependency>
    <groupId>org.springframework.security.oauth</groupId>
    <artifactId>spring-security-oauth2</artifactId>
    <version>2.2.0.RELEASE</version><!--$NO-MVN-MAN-VER$ -->
</dependency>
<dependency>
    <groupId>org.springframework.security</groupId>
    <artifactId>spring-security-jwt</artifactId>
</dependency>
<dependency>
    <groupId>com.nimbusds</groupId>
```

```
        <artifactId>nimbus-jose-jwt</artifactId>
        <version>4.23</version>
    </dependency>
```

3. application.properties에 다음 내용을 추가한다(key-value 속성은 리소스 서버
   가 JWT 토큰을 검증하기 위해 정의된다).

```
server.port=9000
spring.http.converters.preferred-json-mapper=jackson
spring.thymeleaf.cache=false
security.user.name=adolfo
security.user.password=123
```

4. oauth라는 이름의 서브패키지를 만들고, 특정 개인 키를 소유하고 있다는 것
   을 증명하기 위한 nonce 헤더 서명에 필요한 KeyPair를 관리하기 위한 클래
   스를 추가한다.

```
@Component
public class JwkKeyPairManager {
    private final JWK clientJwk;

    public JwkKeyPairManager() {
        KeyPair keyPair = createRSA256KeyPair();
        this.clientJwk = new RSAKey.Builder((RSAPublicKey)
                keyPair.getPublic())
                .privateKey((RSAPrivateKey) keyPair.getPrivate())
                .keyID(UUID.randomUUID().toString()).build();
    }

    public JWK createJWK() { return clientJwk.toPublicJWK(); }

    public String getSignedContent(String content) {
        try {
```

```
            RSASSASigner signer = new RSASSASigner((RSAKey)clientJwk);
            JWSObject jwsObject = new JWSObject(new JWSHeader
                    .Builder(JWSAlgorithm.RS256)
                    .keyID(clientJwk.getKeyID()).build(),
                    new Payload(content));
            jwsObject.sign(signer);
            return jwsObject.serialize();
        } catch (Exception e) {
            throw new RuntimeException(e);
        }
    }

    private KeyPair createRSA256KeyPair() {
        try {
            KeyPairGenerator generator =
                    KeyPairGenerator.getInstance("RSA");
            generator.initialize(2048);
            return generator.generateKeyPair();
        } catch (NoSuchAlgorithmException e) {
            throw new RuntimeException(e);
        }
    }
}
```

5. 그다음에는 클라이언트가 새로운 액세스 토큰을 요청할 때 인가 서버에게 공
   개 키를 전송할 수 있도록 PoPTokenRequestEnhancer 클래스를 만든다.

```
@Component
public class PoPTokenRequestEnhancer implements RequestEnhancer {
    @Autowired
    private JwkKeyPairManager keyPairManager;

    public void enhance(AccessTokenRequest request,
            OAuth2ProtectedResourceDetails resource,
```

```
                    MultiValueMap<String, String> form, HttpHeaders headers) {
            form.add("public_key", keyPairManager.createJWK()
                    .toJSONString());
        }
    }
```

6. 이제는 클라이언트가 OAuth 보호된 리소스에 대한 상호작용을 위해 리소스
   서버에게 서명된 nonce를 전달해야 하므로 ClientHttpRequestInterceptor
   를 구현해서 외부 엔드포인트와 상호작용하기 전에 HTTP 요청을 가로채서
   처리할 수 있는 클래스를 만든다.

```
@Component
public class HttpRequestWithPoPSignatureInterceptor implements
        ClientHttpRequestInterceptor, ApplicationContextAware {
    private ApplicationContext applicationContext;

    @Autowired
    private JwkKeyPairManager keyPairManager;

    @Override
    public void setApplicationContext(ApplicationContext
            applicationContext) throws BeansException {
        this.applicationContext = applicationContext;
    }

    @Override
    public ClientHttpResponse intercept(HttpRequest request, byte[]
            body, ClientHttpRequestExecution execution) throws
            IOException {
        OAuth2ClientContext clientContext = applicationContext
                .getBean(OAuth2ClientContext.class);
        OAuth2AccessToken accessToken =
                clientContext.getAccessToken();
        request.getHeaders().set("Authorization", "Bearer " +
```

```
                accessToken.getValue());
        request.getHeaders().set("nonce", keyPairManager
                .getSignedContent(UUID.randomUUID().toString()));
        return execution.execute(request, body);
    }
}
```

7. 클라이언트를 설정하기 전에 사용자를 위한 액세스 토큰을 저장하고 조회하
   는 것을 담당하는 다음과 같은 클래스를 만든다.

```
@Service
public class OAuth2ClientTokenSevices implements
        ClientTokenServices {
    private ConcurrentHashMap<String, ClientUser> users = new
            ConcurrentHashMap<>();
    public OAuth2AccessToken
            getAccessToken(OAuth2ProtectedResourceDetails resource,
            Authentication authentication) {
        ClientUser clientUser = getClientUser(authentication);
        if (clientUser.accessToken == null) return null;
        DefaultOAuth2AccessToken oAuth2AccessToken = new
                DefaultOAuth2AccessToken(clientUser.accessToken);
        oAuth2AccessToken.setAdditionalInformation(clientUser
                .additionalInformation);
        oAuth2AccessToken.setExpiration(new
                Date(clientUser.expirationTime));
        return oAuth2AccessToken;
    }
    public void saveAccessToken(OAuth2ProtectedResourceDetails
            resource, Authentication authentication, OAuth2AccessToken
            accessToken) {
        ClientUser clientUser = getClientUser(authentication);
        clientUser.accessToken = accessToken.getValue();
        clientUser.expirationTime =
```

```java
                accessToken.getExpiration().getTime();
        clientUser.additionalInformation =
                accessToken.getAdditionalInformation();
        users.put(clientUser.username, clientUser);
    }

    @Override
    public void removeAccessToken(OAuth2ProtectedResourceDetails
            resource, Authentication authentication) {
        users.remove(getClientUser(authentication).username);
    }
    private ClientUser getClientUser(Authentication
            authentication) {
        String username = ((User)authentication.getPrincipal())
                .getUsername();
        ClientUser clientUser = users.get(username);
        if (clientUser == null) {
            clientUser = new ClientUser(username);
        }
        return clientUser;
    }
    private static class ClientUser {
        private String username;
        private String accessToken;
        private Map<String, Object> additionalInformation;
        private long expirationTime;
        public ClientUser(String username) {
            this.username = username;
        }
    }
}
```

8. ClientConfiguration 클래스를 만든다.

```java
@Configuration @EnableOAuth2Client
public class ClientConfiguration {
    @Autowired
    private ClientTokenServices clientTokenServices;
    @Autowired
    private OAuth2ClientContext oauth2ClientContext;
    @Autowired
    private HttpRequestWithPoPSignatureInterceptor interceptor;
    @Autowired
    private PoPTokenRequestEnhancer requestEnhancer;
    @Bean
    public AuthorizationCodeResourceDetails authorizationCode() {
        AuthorizationCodeResourceDetails resourceDetails = new
                AuthorizationCodeResourceDetails();
        resourceDetails.setId("oauth2server");
        resourceDetails.setTokenName("oauth_token");
        resourceDetails.setClientId("clientapp");
        resourceDetails.setClientSecret("123456");
        resourceDetails.setAccessTokenUri("http://
                localhost:8080/oauth/token");
        resourceDetails.setUserAuthorizationUri("http://
                localhost:8080/oauth/authorize");
        resourceDetails.setScope(Arrays.asList("read_profile"));
        resourceDetails.setPreEstablishedRedirectUri(("http://
                localhost:9000/callback"));
        resourceDetails.setUseCurrentUri(false);
        resourceDetails.setClientAuthenticationScheme(
                AuthenticationScheme.header);
        return resourceDetails;
    }
    @Bean
    public OAuth2RestTemplate oauth2RestTemplate() {
        OAuth2ProtectedResourceDetails resourceDetails =
                authorizationCode();
        OAuth2RestTemplate template = new
```

```
        OAuth2RestTemplate(resourceDetails, oauth2ClientContext);
    AuthorizationCodeAccessTokenProvider authorizationCode = new
        AuthorizationCodeAccessTokenProvider();
    authorizationCode.setTokenRequestEnhancer(requestEnhancer);
    AccessTokenProviderChain provider = new
        AccessTokenProviderChain(
    Arrays.asList(authorizationCode));
    provider.setClientTokenServices(clientTokenServices);
    template.setAccessTokenProvider(provider);
    template.setInterceptors(Arrays.asList(interceptor));
    return template;
    }
}
```

9. 지금은 클라이언트를 만들고 있으므로 최종 사용자가 상호작용할 수 있는 무언가를 만들어야 한다. 다음과 같이 클래스를 정의해서 대시보드를 만들어보자. 가장 먼저 UserProfile 클래스를 만든다.

```
public class UserProfile {
    private String name;
    private String email;
    // 간단한 설명을 위해서 값을 조회하고 설정하는 메소드는 생략
}
```

10. 이제는 사용자의 대시보드에 데이터를 표현하는 Entry 클래스를 만든다.

```
public class Entry {
    private String value;
    public Entry(String value) { this.value = value; }
    public String getValue() { return value; }
}
```

11. 그리고 다음과 같이 UserDashboard 컨트롤러를 만든다.

```java
@Controller
public class UserDashboard {
    @Autowired
    private OAuth2RestTemplate restTemplate;
    @GetMapping("/")
    public String home() { return "index"; }
    @GetMapping("/callback")
    public ModelAndView callback(String code, String state) {
        return new ModelAndView("forward:/dashboard");
    }
    @GetMapping("/dashboard")
    public ModelAndView dashboard() {
        List<Entry> entries = Arrays.asList(new Entry("entry 1"), new
                Entry("entry 2"));
        ModelAndView mv = new ModelAndView("dashboard");
        mv.addObject("entries", entries);
        tryToGetUserProfile(mv);
        return mv;
    }
    private void tryToGetUserProfile(ModelAndView mv) {
        String endpoint = "http://localhost:8080/api/profile";
        try {
            UserProfile userProfile =
                    restTemplate.getForObject(endpoint,
                    UserProfile.class);
            mv.addObject("profile", userProfile);
        } catch (HttpClientErrorException e) {
            throw new RuntimeException("it was not possible to retrieve
                    user profile");
        }
    }
}
```

12. 이제는 프론트엔드를 만들어야 한다. resource/templates 디렉토리에 다음과
같은 내용의 index.html 파일을 만든다.

```
<!DOCTYPE html>
<html xmlns="http://www.w3.org/1999/xhtml"
xmlns:th="http://www.thymeleaf.org">
<head>
    <title>client app</title>
</head>
<body>
    <a href="/dashboard">Go to your dashboard</a>
</body>
</html>
```

13. index.html과 동일한 디렉토리에 dashboard.html 파일을 만든다.

```
<!DOCTYPE html>
<html xmlns="http://www.w3.org/1999/xhtml"
xmlns:th="http://www.thymeleaf.org">
<head><title>client app</title></head>
<body>
    <h1>that's your dashboard</h1>
    <table>
        <tr><td><b>That's your entries</b></td></tr>
        <tr th:each="entry : ${entries}">
            <td th:text="${entry.value}">value</td>
        </tr>
    </table>
    <h3>your profile from [Profile Application]</h3>
    <table>
        <tr>
            <td><b>name</b></td>
            <td th:text="${profile.name}">username</td>
        </tr>
```

```
        <tr>
            <td><b>email</b></td>
            <td th:text="${profile.email}">email</td>
        </tr>
    </table>
</body>
</html>
```

14. 마지막으로 PoPClientApplication(또는 @SpringBootApplication으로 애노테이트된 클래스)이 ServletContextInitializer 인터페이스를 구현해서 다음과 같은 메소드를 추가한다.

```
@Override
public void onStartup(ServletContext servletContext) throws
ServletException {
    servletContext.getSessionCookieConfig().setName("clientsession");
}
```

예제 분석

기본적으로 클라이언트 애플리케이션이 특정 개인 키를 소유하고 있다는 것을 증명하기 위해서 이 프로젝트에서는 가장 먼저 JwkKeyPairManager 클래스에 KeyPair를 만들었다. KeyPair는 JWK 인스턴스로서 관리되므로 공개 키를 이용해 JWK를 만들어서 인가 서버에 전달할 수 있게 해준다. 또한 리소스 서버에 전달될 nonce 값을 생성하도록 관리되는 JWK와 서명된 콘텐츠를 만들 수 있게 해준다.

소유 증명 키를 지원하는 OAuth 프로바이더와 상호작용하기 위해 소유 증명 키 사용에서 만든 pop-server 애플리케이션을 OAuth 2.0 프로바이더에서 실행시킨다. 그다음에는 pop-client 애플리케이션을 실행시키고 http://localhost:9000으로 가서 pop-client와 pop-server 프로젝트의 application.properties 파일에 정의한 자격증명 정보로 인증을 수행한다(여기서는 사용자 이름과 패스워드를 adolfo와 123으로 설정했다).

참고 사항

- OAuth 2.0 프로바이더에서 소유 증명 키 사용

06

인증을 위한 OpenID Connect

6장에서 다루는 내용은 다음과 같다.

- 구글 OpenID Connect를 통한 구글 사용자의 인증
- ID 프로바이더로부터 사용자 정보 획득
- 사용자 인증을 위한 페이스북 이용
- Spring Security 5로 구글 OpenID Connect 이용
- Spring Security 5로 마이크로소프트와 구글 OpenID 프로바이더 함께 이용

▌ 소개

6장에서는 Spring Security OAuth2와 OpenID Connect에 대한 지원이 추가된 Spring Security의 새로운 버전을 소개한다. OpenID는 인증을 구현하기 위해 인가 프로토콜인 OAuth 2.0에서 추가적인 계층으로 동작한다. 이 책을 읽은 후에는 구글이나 마이크로소프트, 페이스북과 같은 OpenID ID 프로바이더^{Identity Providers}와 연동할 수 있을 것이다. 6장에서는 또한 Spring Security의 최신 버전을 사용하는 방법도 소개한다. Spring Security 5는 별도의 프로젝트로 구현된 OAuth 2.0과 OpenID, Single Sign On, Spring Social 같은 보안과 관련된 프로젝트를 모두 통합한다.

 6장의 모든 설명은 ID 프로바이더에 등록된 애플리케이션을 대상으로 한다. 애플리케이션 자격증명을 위해서는 각 프로젝트별로 application.properties.sample 파일을 만들었다. 깃허브에서 소스코드를 다운로드한다면 application.properties.sample 파일의 이름을 application.properties로 바꾸고 자격증명 내용을 변경해야 한다.

▌ 구글 OpenID Connect를 통한 구글 사용자의 인증

서드파티 애플리케이션으로 사용자를 인증하려면 통합하려는 ID 프로바이더가 신뢰할 수 있는 프로바이더이어야 한다. 구글은 그런 요구 사항을 충족시키는 ID 프로바이더의 좋은 예라고 할 수 있다. 또한 구글은 OpenID Connect 스펙을 준수하며, 구글 식별 플랫폼 가이드(https://developers.google.com/identity/protocols/OpenIDConnect)에 설명된 바와 같이 OpenID 인증을 받았다. 여기서는 구글에 계정을 갖고 있는 사용자를 인증하기 위한 구글 OpenID Connect와 Spring Security OAuth 2.0의 사용 방법을 알아본다. OpenID Connect에서 설명한 바와 같이 사용자는 자신의 리소스가 아닌 자신의 식별 정보를 공유한다.

준비

자바 8과 Maven, Spring Web, Spring Security가 필요하다. 프로젝트를 쉽게 만들기 위해 http://start.spring.io/에서 Spring Initializr를 이용하고, 프로젝트 종속성으로는 Web, JPA, H2, Thymeleaf, Security를 설정한다. Artifact와 Group 이름을 설정하는 것도 잊어서는 안 된다.

예제 구현

여기서는 google-connect 프로젝트를 만든다. 해당 프로젝트의 소스코드는 깃허브의 Chapter06 폴더에 있으며, IDE에서 Maven 프로젝트로 임포트하고 다음 절차를 따른다.

1. pom.xml 파일을 열어 Spring Security OAuth2와 Spring Security JWT, Thymeleaf 관련 정보를 추가한다(이 글을 쓸 당시 가장 최신 버전의 Spring Security OAuth2를 선언하고 있다). Web, JPA, H2, Security는 이미 임포트했다고 가정한다.

```
<dependency>
    <groupId>org.thymeleaf.extras</groupId>
    <artifactId>thymeleaf-extras-springsecurity4</artifactId>
</dependency>
<dependency>
    <groupId>org.springframework.security.oauth</groupId>
    <artifactId>spring-security-oauth2</artifactId>
    <version>2.2.0.RELEASE</version>
</dependency>
<dependency>
    <groupId>org.springframework.security</groupId>
    <artifactId>spring-security-jwt</artifactId>
</dependency>
```

2. application.properties 파일을 열고 다음과 같은 내용을 추가한다.

```
spring.datasource.url=jdbc:h2:mem:packt;DB_CLOSE_DELAY=-1;DB_CLOSE
        _ON_EXIT=false
spring.datasource.username=sa
spring.datasource.password=
spring.datasource.driver-class-name=org.h2.Driver
spring.jpa.properties.hibernate.dialect=org.hibernate.dialect
        .H2Dialect
spring.jpa.properties.hibernate.hbm2ddl.auto=create
spring.thymeleaf.cache=false
google.config.clientId=client-id
google.config.clientSecret=client-secret

openid.callback-uri=/google/callback
openid.api-base-uri=/profile/*
```

3. 애플리케이션에 대한 자격증명 정보인 client-id와 client-secret을 전달 받으려면 구글 API 콘솔에서 애플리케이션을 등록해야 한다. 그러기 위해 1장 의 '사용자 세션에 바운딩된 구글의 보호된 리소스에 접근' 절에서 설명한 대 로 애플리케이션을 등록한다. 그리고 인가된 자바스크립트를 위한 주소로 http://localhost:8080을 등록하고, 인가된 리다이렉트 URI로 http://localhost: 8080/google/callback을 등록해서 애플리케이션이 토큰 ID와 액세스 토큰을 받을 수 있게 설정해야 한다.

4. 새로 등록한 애플리케이션의 자격증명 정보를 복사해서 그것으로 application. properties 파일의 클라이언트 ID와 클라이언트 시크릿 속성을 교체한다(물론 여러분이 갖고 있는 자격증명 정보는 다음과 다를 것이다).

```
google.config.clientId=50012j2.apps.googleusercontent.com
google.config.clientSecret=QPe-uIBwVV
```

5. 이제는 사용자 인증을 위한 소스코드를 만들어보자. `openid` 서브패키지를 만들고 사용자 식별자를 담을 `OpenIDAuthentication` 클래스를 만든다(기본적으로 가장 많이 사용되는 OpenID Connect 클레임이다). `javax.persistence` 패키지에서 JPA 애노테이션을 임포트했는지 확인한다.

```
@Entity
public class OpenIDAuthentication {
    @Id @GeneratedValue(strategy = GenerationType.IDENTITY)
    private Long id;
    private String subject;
    private String provider;
    private long expirationTime;
    private String token;

    public boolean hasExpired() {
        OffsetDateTime expirationDateTime = OffsetDateTime
                .ofInstant(Instant.ofEpochSecond(expirationTime),
                ZoneId.systemDefault());
        OffsetDateTime now = OffsetDateTime.now(ZoneId.systemDefault());
        return now.isAfter(expirationDateTime);
    }
    // 간단한 설명을 위해서 값을 조회하고 설정하는 메소드는 생략
}
```

6. 같은 패키지에 다음과 같은 `GoogleUser.java`를 만든다(isAccountNonExpired와 isAccountNonLocked, isEnabled 메소드가 true를 반환하는지 확인한다).

```
@Entity
public class GoogleUser implements UserDetails {
    @Id @GeneratedValue(strategy = GenerationType.IDENTITY)
    private Long id;
    private String email;
    @OneToOne(cascade = {CascadeType.PERSIST, CascadeType.MERGE})
```

```
private OpenIDAuthentication openIDAuthentication;
@Deprecated GoogleUser() {}
public GoogleUser(String email, OpenIDAuthentication
        openIDAuthentication) {
    this.email = email;
    this.openIDAuthentication = openIDAuthentication;
}
@Override public String getUsername() { return email; }
@Override
public Collection<? extends GrantedAuthority>getAuthorities() {
    return new ArrayList<>();
}
@Override public boolean isCredentialsNonExpired() {
    return !openIDAuthentication.hasExpired();
}
// 간단한 설명을 위해서 값을 조회하고 설정하는 메소드는 생략
}
```

7. 그다음에는 애플리케이션이 사용자의 데이터(구글에서는 사용자의 고유한 ID)를 얻을 수 있게 UserRepository 클래스를 만든다. org.springframework. data.repository.query 패키지에서 @Param 애노테이션을 임포트한다.

```
public interface UserRepository extends JpaRepository<GoogleUser,
        Long> {
    @Query("select u from GoogleUser u " + "inner join
        u.openIDAuthentication o " + "where o.subject = :subject")
        Optional<GoogleUser> findByOpenIDSubject(@Param("subject")
        String subject);
}
```

8. ID 프로바이더(여기서는 구글)를 통한 사용자 인증이 끝나면 애플리케이션은 몇 가지 클레임(누가 인증된 사용자인지를 말해주는)이 포함된 토큰 ID를 전달받

는다. openid 서브패키지에 다음과 같은 클래스를 만든다(com.fasterxml.jackson.databind 패키지의 ObjectMapper 클래스를 임포트해야 한다).

```java
public class Claims {
    private String iss;
    private String sub;
    private String at_hash;
    private String email;
    private Long exp;
    public static Claims createFrom(ObjectMapper jsonMapper,
            OAuth2AccessToken accessToken) {
        try {
            String idToken = accessToken.getAdditionalInformation()
                    .get("id_token").toString();
            Jwt decodedToken = JwtHelper.decode(idToken);
            return jsonMapper.readValue(decodedToken.getClaims(),
                    Claims.class);
        } catch (IOException e) {
            throw new RuntimeException(e);
        }
    }
    public String getIss() { return iss; }
    public String getSub() { return sub; }
    public String getAt_hash() { return at_hash; }
    public String getEmail() { return email; }
    public Long getExp() { return exp; }
}
```

9. 애플리케이션이 클레임으로 사용자 정보를 전달받았고 해당 사용자가 데이터 베이스에 존재하지 않는다면 새로운 사용자에 대한 정보를 저장해야 한다. 그렇지 않고 이미 존재하는 사용자라면 해당 사용자 정보를 가져온다. 그것을 위해 UserIdentity 클래스를 만든다.

```
@Component
public class UserIdentity {
    @Autowired
    private UserRepository repository;

    public GoogleUser findOrCreateFrom(Claims claims) {
        Optional<GoogleUser> userAuth = repository
                .findByOpenIDSubject(claims.getSub());

        GoogleUser user = userAuth.orElseGet(() -> {
            OpenIDAuthentication openId = new OpenIDAuthentication();
            openId.setProvider(claims.getIss());
            openId.setSubject(claims.getSub());
            openId.setExpirationTime(claims.getExp());
            openId.setToken(claims.getAt_hash());
            return new GoogleUser(claims.getEmail(), openId);
        });

        if (!user.isCredentialsNonExpired()) {
            user.getOpenIDAuthentication()
                    .setExpirationTime(claims.getExp());
        }
        return user;
    }
}
```

10. 이제는 애플리케이션의 자격증명을 담는 **GoogleProperties** 클래스를 만든다.
    소스코드상에 직접 자격증명 정보를 적으면 좋지 않기 때문에 application.
    properties 파일을 이용하는 것이다.

```
@Component
@ConfigurationProperties(prefix = "google.config")
public class GoogleProperties {
    private String clientId;
```

```
    private String clientSecret;
    // 간단한 설명을 위해서 값을 조회하고 설정하는 것은 생략
}
```

11. OAuth2ProtectedResourceDetails의 인스턴스를 설정하기 위한 Google-
    Configuration 클래스를 만든다. 이 클래스에서 새로운 토큰 ID와 액세스
    토큰을 요청하기 위해서 뿐만 아니라 구글 OpenID Connect에 사용자 인증을
    수행하기 위해서 필요한 엔드포인트와 파라미터를 설정한다.

```
@Configuration @EnableOAuth2Client
public class GoogleConfiguration {
    @Autowired
    private GoogleProperties properties;
    @Bean
    public OAuth2ProtectedResourceDetails resourceDetails() {
        AuthorizationCodeResourceDetails details = new
                AuthorizationCodeResourceDetails();
        details.setClientId(properties.getClientId());
        details.setClientSecret(properties.getClientSecret());
        details.setUserAuthorizationUri("https://
                accounts.google.com/o/oauth2/v2/auth");
        details.setAccessTokenUri("https://
                www.googleapis.com/oauth2/v4/token");
        details.setPreEstablishedRedirectUri("http://
                localhost:8080/google/callback");
        details.setScope(Arrays.asList("openid", "email", "profile"));
        details.setUseCurrentUri(false);
        return details;
    }
    @Bean
    public OAuth2RestTemplate restTemplate(OAuth2ClientContext context) {
        OAuth2RestTemplate rest = new
                OAuth2RestTemplate(resourceDetails(), context);
```

```
        AccessTokenProviderChain providerChain = new
                AccessTokenProviderChain(Arrays.asList(new
                AuthorizationCodeAccessTokenProvider()));
        rest.setAccessTokenProvider(providerChain);
        return rest;
    }
}
```

12. Spring Security OAuth2는 기본적으로 OpenID Connect를 지원하지 않으므로 몇 가지 클래스를 추가적으로 만들어야 한다. 인증 흐름을 조정하기 위해서 `AbstractAuthenticationProcessingFilter`를 상속하는 `OpenIdConnectFilter` 클래스를 만든다. 이 글을 쓰고 있는 현재 OpenID Connect뿐만 아니라 OAuth 2.0과 관련된 프로토콜들이 Spring Security 5에 추가되고 있다. Spring Security 5로 구글 OpenID Connect 이용 부분에서 이처럼 Spring Security에 새롭게 추가된 것을 이용하는 방법을 알아본다.

```
@Component
public class OpenIdConnectFilter extends
AbstractAuthenticationProcessingFilter {
    @Override
    public Authentication attemptAuthentication(HttpServletRequest
            request, HttpServletResponse response) throws
            AuthenticationException, IOException, ServletException {
        return null;
    }
}
```

13. 먼저 `OpenIdConnectFilter` 클래스에 다음과 같은 속성을 추가한다.

```
@Autowired
private OAuth2RestTemplate restTemplate;
```

```
@Autowired
private UserIdentity userIdentity;
@Autowired
private UserRepository repository;
@Autowired
private ObjectMapper jsonMapper;
private ApplicationEventPublisher eventPublisher;
private final AntPathRequestMatcher localMatcher;
```

14. 그다음에는 지금 작성하고 있는 필터^{filter}를 위한 인증 관리자를 오버라이드하는 다음과 같은 private static 클래스를 추가한다.

```
private static class NoopAuthenticationManager implements
        AuthenticationManager {
    @Override
    public Authentication authenticate(Authentication authentication)
            throws AuthenticationException {
        throw new UnsupportedOperationException("No authentication
            should be done");
    }
}
```

15. 이제는 OpenIdConnectFilter 클래스에 다음과 같은 생성자 메소드를 추가한다.

```
public OpenIdConnectFilter(@Value("${openid.callback-uri}") String
callbackUri, @Value("${openid.api-base-uri}") String apiBaseUri) {
    super(new OrRequestMatcher(new AntPathRequestMatcher(callbackUri),
        new AntPathRequestMatcher(apiBaseUri)));
    this.localMatcher = new AntPathRequestMatcher("/profile/**");
    setAuthenticationManager(new NoopAuthenticationManager());
}
```

16. 인증 이벤트를 Spring Security에 통지해야 하므로 **setApplicationEventPublisher** 메소드를 오버라이드하고 다음과 같은 메소드를 추가한다.

```java
@Override
public void setApplicationEventPublisher(ApplicationEventPublisher
        eventPublisher) {
    this.eventPublisher = eventPublisher;
    super.setApplicationEventPublisher(eventPublisher);
}
private void publish(ApplicationEvent event) {
    if (eventPublisher!=null) {
        eventPublisher.publishEvent(event);
    }
}
```

17. OpenIdConnectFilter의 attemptAuthentication 메소드 내용을 다음과 같이 교체한다.

```java
try {
    OAuth2AccessToken accessToken = restTemplate.getAccessToken();

    Claims claims = Claims.createFrom(jsonMapper, accessToken);
    GoogleUser googleUser = userIdentity.findOrCreateFrom(claims);
    repository.save(googleUser);

    Authentication authentication = new
            UsernamePasswordAuthenticationToken(googleUser, null,
            googleUser.getAuthorities());
    publish(new AuthenticationSuccessEvent(authentication));
    return authentication;
} catch (OAuth2Exception e) {
    BadCredentialsException error = new BadCredentialsException("Cannot
            retrieve the access token", e);
    publish(new OAuth2AuthenticationFailureEvent(error));
```

```
    throw error;
  }
```

18. 우리의 필터는 이제 구글 인증 프로세스를 수행할 준비가 됐고 인증 후에 전달되는 사용자 식별 정보를 저장한다. 현재 버전의 `OpenIdConnectFilter`를 사용할 때 토큰 ID가 만료되면 어떻게 될까? 실제로 토큰 ID는 애플리케이션이 구글에 의해 인증된 사용자를 식별할 수 있게 해주는 역할을 한다. 토큰 ID가 만료된다면 새로운 인증 프로세스를 시작해야 한다. 그를 위해 다음과 같이 `doFilter` 메소드를 오버라이드한다.

```
@Override
public void doFilter(ServletRequest req, ServletResponse res,
        FilterChain chain) throws IOException, ServletException {
    HttpServletRequest request = (HttpServletRequest) req;
    if (localMatcher.matches(request)) {
        restTemplate.getAccessToken();
        chain.doFilter(req, res);
    } else {
        super.doFilter(req, res, chain);
    }
}
```

19. 이제는 앞 단계에서 OpenID Conncet 인증을 제공하기 위해 만든 모든 것을 이용하는 Spring Security 설정을 만들 차례다. `security` 서브패키지를 만들고 다음과 같이 `SecurityConfiguration` 클래스를 만든다.

```
@Configuration @EnableWebSecurity
public class SecurityConfiguration extends
        WebSecurityConfigurerAdapter {
    @Value("${openid.callback-uri}")
```

```java
    private String callbackUri;
    @Value("${openid.api-base-uri}")
    private String apiBaseUri;
    @Autowired
    private OpenIdConnectFilter openIdConnectFilter;
    @Override
    protected void configure(HttpSecurity http) throws Exception {
        http
            .addFilterAfter(new OAuth2ClientContextFilter(),
                    AbstractPreAuthenticatedProcessingFilter.class)
            .addFilterAfter(openIdConnectFilter,
                    OAuth2ClientContextFilter.class)
            .authorizeRequests()
            .antMatchers("/").permitAll().and()
            .authorizeRequests()
            .antMatchers(apiBaseUri).authenticated().and()
            .authorizeRequests().anyRequest().authenticated().and()
            .httpBasic().authenticationEntryPoint(new
                    LoginUrlAuthenticationEntryPoint(callbackUri))
            .and()
            .logout()
            .logoutSuccessUrl("/")
            .permitAll().and()
            .csrf().disable();
    }
}
```

20. 인증을 위해 필요한 모든 클래스를 만들었으므로 이제는 사용자에게 상호작용할 수 있는 정보를 제공하는 프로파일 관련 클래스를 만들 차례다. profile 서브패키지를 만들고 다음과 같은 클래스를 추가한다.

```java
@Entity
public class Profile {
```

354

```
@Id @GeneratedValue(strategy = GenerationType.IDENTITY)
private Long id;
private String hobbies;
private String profession;
@OneToOne
private GoogleUser user;
// 간단한 설명을 위해서 값을 조회하고 설정하는 것은 생략
}
```

21. 각각의 Profile 저장소를 만든다.

```
public interface ProfileRepository
        extends JpaRepository<Profile, Long> {
    Optional<Profile> findByUser(GoogleUser user);
}
```

22. 사용자는 자신의 구글 계정으로 로그인하면 애플리케이션 내에서 자신의 구글 세션에 연결된 리소스를 볼 수 있을 것이다. 따라서 연습을 위해 ProfileController 클래스를 만든다(이 클래스는 사용자가 자신의 이름에 데이터를 유지할 수 있는 간단한 방법을 제공한다).

```
@Controller @RequestMapping("/profile")
public class ProfileController {
    @Autowired
    private ProfileRepository profileRepository;
    @GetMapping
    public ModelAndView profile() {
        GoogleUser user = (GoogleUser) SecurityContextHolder
                .getContext().getAuthentication().getPrincipal();
        Optional<Profile> profile = profileRepository.findByUser(user);
        if (profile.isPresent()) {
            ModelAndView mv = new ModelAndView("profile");
```

```
            mv.addObject("profile", profile.get());
            mv.addObject("openID", user.getOpenIDAuthentication());
            return mv;
        }
        return new ModelAndView("redirect:/profile/form");
    }
}
```

23. 또한 ProfileController 클래스에 사용자가 자신의 프로파일 관련 새로운 데이터를 유지시킬 수 있게 다음과 같은 메소드를 추가한다.

```
@GetMapping("/form")
public ModelAndView form() {
    GoogleUser user = (GoogleUser) SecurityContextHolder
            .getContext().getAuthentication().getPrincipal();
    Optional<Profile> profile = profileRepository.findByUser(user);
    ModelAndView mv = new ModelAndView("form");
    if (profile.isPresent()) {
        mv.addObject("profile", profile.get());
    } else {
        mv.addObject("profile", new Profile());
    }
    return mv;
}
@PostMapping
public ModelAndView save(Profile profile) {
    GoogleUser user = (GoogleUser) SecurityContextHolder
            .getContext().getAuthentication().getPrincipal();
    profile.setUser(user);
    Profile newProfile = profileRepository.save(profile);
    ModelAndView mv = new ModelAndView("redirect:/profile");
    mv.addObject("profile", newProfile);
    return mv;
}
```

24. 애플리케이션의 루트 경로를 처리하기 위한 컨트롤러를 만든다.

```
@Controller @RequestMapping("/")
public class HomeController {
    @GetMapping
    public String home() { return "home"; }
}
```

25. 여기서 만든 컨트롤러와 관련해서 사용자가 상호작용할 수 있는 프론트엔드를 제공해야 한다. src/main/resources/templates 디렉토리에 home.html 파일을 만든다.

```html
<!DOCTYPE html>
<html xmlns="http://www.w3.org/1999/xhtml"
xmlns:th="http://www.thymeleaf.org"
xmlns:sec="http://www.thymeleaf.org/thymeleaf-extras-springsecurity
4">
<body>
<h2>Your online profile manager</h2>
<p sec:authorize="isAuthenticated()">
    You are logged in as
    <p sec:authentication="principal.username">John Doe</p>
    <a href="#" th:href="@{/profile}">Go to profile</a>
    <a href="#" th:href="@{/logout}">Logout</a>
</p>
<div sec:authorize="not isAuthenticated()">
    <a href="#" th:href="@{/profile}">Login with Google</a>
</div>
</body>
</html>
```

26. home.html과 같은 디렉토리에 form.html도 만든다.

```
<!DOCTYPE html>
<html xmlns="http://www.w3.org/1999/xhtml"
xmlns:th="http://www.thymeleaf.org"
xmlns:sec="http://www.thymeleaf.org/thymeleaf-extras-springsecurity
4">
<body>
<p sec:authorize="isAuthenticated()">
    You are logged in as
    <span sec:authentication="principal.username">John Doe</span>
    <a href="#" th:href="@{/logout}">Logout</a>
    <h2>Add your profile info</h2>
    <form th:action="@{/profile}" th:object="${profile}" method="post">
        <input type="hidden" id="id" th:field="*{id}"/>
        <b>Hobbies:</b><input id="hobbies" th:field="*{hobbies}"/>
        <b>Profession:</b><input id="profession"
            th:field="*{profession}"/>
        <button>Send</button>
        <a th:href="@{/profile}">Cancel</a>
    </form>
</p>
</body>
</html>
```

27. form.html과 같은 디렉토리에 profile.html을 만든다.

```
<!DOCTYPE html>
<html xmlns="http://www.w3.org/1999/xhtml"
xmlns:th="http://www.thymeleaf.org"
xmlns:sec="http://www.thymeleaf.org/thymeleaf-extras-springsecurity
4">
<body>
<p sec:authorize="isAuthenticated()">
Logged as <span sec:authentication="principal.username"></span>
</p>
```

```
<h1>That's your profile</h1>
<p>hobbie:<span th:text="${profile.hobbies}">hobbies</span></p>
<p>profession:<span
th:text="${profile.profession}">profession</span></p>

<h2>That's your OpenID info</h2>
<p>subject:<span th:text="${openID.subject}"></span></p>
<p>provider:<span th:text="${openID.provider}"></span></p>
<p>exp time(ms):<span
th:text="${openID.expirationTime}"></span></p>
<p>access token:<span th:text="${openID.token}"></span></p>

<a href="#" th:href="@{/profile/form}">Add/Edit</a>
<p><a href="#" th:href="@{/logout}">Logout</a></p>
</body>
</html>
```

28. 이제는 `mvn clean springboot:run` 명령을 이용하거나 IDE에서 직접 애플리케이션을 실행할 준비가 됐다.

예제 분석

앞에서도 언급했듯이 OpenID Connect는 인증을 제공하기 위해 OAuth 2.0 위에서 동작한다. Spring Security OAuth2는 이미 **OAuth2RestTemplate**을 통해 OAuth 클라이언트를 만드는 수단을 제공하므로 그것을 이용해서 구글 OpenID Connect 서비스와 상호작용하게 만들 수 있다.

실제로는 OAuth 2.0 클라이언트를 구성하는 것만으로는 충분하지 않다. 사용자가 ID 프로바이더에 인증할 때 전달되는 토큰 ID 응답(모든 사용자 클레임을 전달하는 JWT)을 디코딩할 필요가 있다. 사용자의 클레임이 전달된 이후에 이는 **OpenIdConnectFilter** 클래스에서 수행되며, 식별 정보를 저장하고 사용자가 인증됐다는 것을 Spring Security에 통보한다.

주목해야 할 또 다른 점은 `GoogleConfiguration` 내에 정의된 모든 URI의 출처다. OpenID Connect 프로바이더의 설정에 대한 URI와 그 외의 자세한 사항은 https://accounts.google.com/.well-known/openid-configuration에서 볼 수 있다.

실제로 어떻게 동작하는지 보려면 애플리케이션을 실행시키고 http://localhost:8080을 방문하다. 그다음에 Login with Google 링크를 클릭하면 구글의 인증 페이지로 리다이렉트된다. Go to Profile을 클릭하고 사용자에 대한 몇 가지 프로파일 정보를 추가한다. 저장을 하면 저장된 데이터와 인증 이후에 구글에서 전달된 사용자 식별 정보를 볼 수 있을 것이다.

참고 사항

* Spring Security 5로 구글 OpenID Connect 이용

▌ ID 프로바이더로부터 사용자 정보 획득

때로는 서드파티에 인증된 사용자로부터 식별 정보만을 얻는 것이 충분하지 않을 수도 있다. 개발하고 있는 애플리케이션에 따라 인증된 사용자와 관련된 역할이나 권한이 필요할 수도 있다. OpenID Connect는 신뢰 파티[RP, Relying Party]가 사용자의 정보를 요청할 수 있는 특별한 엔드포인트를 정의한다. 그것은 사용자 정보 엔드포인트로, ID 프로바이더가 JSON이나 서명된 JWT로 인가된 데이터를 제공할 수 있다. 이번에는 사용자에 대한 추가적인 정보를 얻는 방법과 `UserInfo` 엔드포인트를 찾는 방법, 그리고 이미 알려진 사용자로부터 데이터를 업데이트하는 방법을 알아본다.

준비

자바 8, Maven, Spring Weg, Spring Security가 필요하다. 앞에서 만든 OpenID Connect 클라이언트인 **google-connect** 프로젝트에 기능을 추가한다. 따라서 소스코드를 구현했거나 https://github.com/PacktPublishing/OAuth-2.0-Cookbook/tree/master/Chapter06에서 소스코드를 다운로드해야 한다. 완벽한 소스코드는 https://github.com/PacktPublishing/OAuth-2.0-Cookbook/tree/master/Chapter06/google-userinfo에서 다운로드할 수 있다.

예제 구현

이번에는 기존 소스코드를 이용할 수 있기 때문에 Spring Initializr에서 새로운 프로젝트를 만들고 **Web, JPA, H2, Thymeleaf, Security**를 종속성으로 설정한 다음(Artifact와 Group 이름도 설정해야 한다는 것을 잊어서는 안 된다) **google-connect** 프로젝트에서 모든 소스코드를 복사한다. 새 프로젝트를 만들지 않고 **google-connect** 프로젝트를 직접 이용해서 다음에 설명하는 **UserInfo** 기능을 추가하는 방법을 사용할 수도 있다(이번 프로젝트의 이름은 google-userinfo로 정의했다).

1. application.properties를 열어 내용이 **google-connect** 프로젝트와 동일한지 확인한다.
2. 그다음에는 모든 클래스와 템플릿이 **google-connect**와 동일한지 확인한다.
3. 사용자 정보로서 사용자 이름을 얻을 것이고 그것을 로컬 데이터베이스에 저장할 것이다. 그렇게 하려면 **OpenIDAuthentication** 클래스에 사용자 이름 속성과 그것을 설정하고 조회하는 메소드를 추가한다.

```
private String name;
public String getName() { return name; }
public void setName(String name) { this.name = name; }
```

4. 사용자 이름을 얻기 위해서는 OAuth 2.0의 보호된 리소스인 UserInfo 엔드
포인트에 요청을 보내야 한다. 따라서 해당 엔드포인트와 액세스 토큰이 필요
하다. 구글을 위한 엔드포인트 정의는 https://accounts.google.com/.well-
known/openid-configuration에서 확인할 수 있다. 사용할 액세스 토큰은
Spring Security OAuth2 컨텍스트에 의해 제공되는 것을 사용할 것이며, 액세
스 토큰은 OAuth2AccessToken 클래스로 표현된다. 이제 사용자 정보를 요청
하기 위해 필요한 모든 것을 갖췄다. openid 서브패키지에 UserInfoService
클래스를 만든다.

```
@Service
public class UserInfoService {
    public Map<String, String> getUserInfoFor(OAuth2AccessToken
            accessToken) {
        RestTemplate restTemplate = new RestTemplate();
        RequestEntity<MultiValueMap<String, String>> requestEntity =
                new RequestEntity<>(getHeader(accessToken.getValue()),
                HttpMethod.GET, URI.create("https://www.googleapis
                .com/oauth2/v3/userinfo"));
        ResponseEntity<Map> result =
                restTemplate.exchange(requestEntity, Map.class);
        if (result.getStatusCode().is2xxSuccessful()) {
            return result.getBody();
        }
        throw new RuntimeException("It wasn't possible to retrieve
                userInfo");
    }
    private MultiValueMap getHeader(String accessToken) {
        MultiValueMap httpHeaders = new HttpHeaders();
        httpHeaders.add("Authorization", "Bearer " + accessToken);
        return httpHeaders;
    }
}
```

5. UserInfoService 클래스는 인증 이후에 사용자 데이터를 요청할 때 사용돼야 한다. 따라서 UserInfoService를 이용하는 최적의 장소는 OpenIdConnectFilter 클래스라고 할 수 있다. OpenIdConnectFilter 클래스에 다음과 같은 속성을 추가한다.

```
@Autowired
private UserInfoService userInfoService;
```

6. OpenIdConnectFilter 클래스에 UserInfoService의 getUserInfoFor 메소드를 호출하는 private 메소드를 추가한다.

```
private String getUserNameFromUserInfo(OAuth2AccessToken
        accessToken, String subject) {
    Map<String, String> userInfo = userInfoService
            .getUserInfoFor(accessToken);
    if (!userInfo.get("sub").equals(subject)) {
        throw new RuntimeException("sub element of ID Token must be the
                same from UserInfo endpoint");
    }
    String userName = userInfo.get("name");
    return userName;
}
```

7. 이제는 OpenIdConnectFilter의 attemptAuthentication 메소드를 다음과 같이 변경한다.

```
@Override
public Authentication attemptAuthentication(HttpServletRequest
request, HttpServletResponse response) throws
AuthenticationException, IOException, ServletException {
    try {
```

```
    OAuth2AccessToken accessToken = restTemplate.getAccessToken();
    Claims claims = Claims.createFrom(jsonMapper, accessToken);
    GoogleUser googleUser = userIdentity.findOrCreateFrom(claims);

    // UserInfo 엔드포인트에서 사용자 이름을 구한다.
    String userName = getUserNameFromUserInfo(accessToken,
            googleUser.getOpenIDAuthentication().getSubject());
    googleUser.getOpenIDAuthentication().setName(userName);
    repository.save(googleUser);
    Authentication authentication = new
            UsernamePasswordAuthenticationToken(googleUser, null,
            googleUser.getAuthorities());
    publish(new AuthenticationSuccessEvent(authentication));
    return authentication;
} catch (OAuth2Exception e) {
    BadCredentialsException error = new BadCredentialsException(
            "Cannot retrieve the access token", e);
    publish(new OAuth2AuthenticationFailureEvent(error));
    throw error;
}
}
```

8. 일단 애플리케이션이 구글의 UserInfo 엔드포인트에 사용자 이름을 요청할
   준비가 됐다면 그것을 표현할 프로파일 템플릿을 만든다. profile.html 파일을
   열어 새로운 버전의 html 프로파일이 openId.name 속성으로 사용자 이름을
   표시하는지 확인한다.

```
<!DOCTYPE html>
<html xmlns="http://www.w3.org/1999/xhtml"
xmlns:th="http://www.thymeleaf.org"
xmlns:sec="http://www.thymeleaf.org/thymeleaf-extras-springsecurity
4">
<body>
```

```
<p sec:authorize="isAuthenticated( )">
Logged as <span sec:authentication="principal.username"></span>
</p>
<h1>That's your profile</h1>
<p>hobbie:<span th:text="${profile.hobbies}">hobbies</span></p>
<p>profession:<span
th:text="${profile.profession}">profession</span></p>

<h2>That's your OpenID info</h2>
<p><b>name:</b><span th:text="${openID.name}"></span></p>
<p>subject:<span th:text="${openID.subject}"></span></p>
<p>provider:<span th:text="${openID.provider}"></span></p>
<p>exp time(ms):<span
th:text="${openID.expirationTime}"></span></p>
<p>access token:<span th:text="${openID.token}"></span></p>

<a href="#" th:href="@{/profile/form}">Add/Edit</a>
<p><a href="#" th:href="@{/logout}">Logout</a></p>
</body>
</html>
```

9. 이제 애플리케이션을 `mvn clean spring-boot:run` 명령으로 실행시키거나 IDE에서 직접 실행시키면 된다.

예제 분석

이번에 구현한 것과 구글 OpenID Connect를 통한 구글 사용자의 인증에서 구현한 것의 주요 차이점은 구글의 UserInfo 엔드포인트를 통해 사용자 데이터를 얻는다는 점이다. 알다시피 그렇게 얻은 사용자 정보는 실제로 현재 인증된 사용자의 것인지 여부를 확인한다. 그것은 사용자가 인증 이후에 ID 프로바이더가 전달하는 토큰 ID에 포함된 sub 클레임과 UserInfo 엔드포인트로부터 전달되는 sub 클레임을 비교함으로 써 이뤄진다. 이는 OpenID Connect 스펙에서 UserInfo 엔드포인트는 sub 클레임을 반환해야 한다고 정의하고 있기 때문에 가능하다.

또 다른 중요한 점은 `UserInfo` 엔드포인트에 접속하기 위해 인증 과정에서 전달되는 액세스 토큰을 이용한다는 점이다. `OAuth2AccessToken` 값과 `OAuth2AccessToken` 인스턴스 내의 추가적인 정보로 얻게 되는 `id_token`과 혼동하면 안 된다. 추가 정보의 `id_token`은 단지 사용자를 식별하는 클레임을 조회하는 데 사용된다.

모든 것이 제대로 동작하는지 확인하려면 애플리케이션을 실행시키고 http://localhost: 8080을 방문하면 된다. 일단 애플리케이션 홈 페이지에 들어갔다면 Login with Google 링크에서 구글 인가 페이지로 리다이렉트돼 유효한 구글 계정으로 인증을 수행한다. 인증이 이뤄진 이후에는 취미나 직접과 같은 데이터를 입력할 수 있고, 입력 이후에는 다음 그림과 비슷한 내용을 볼 수 있을 것이다.

Logged as adolfo@mailinator.com

That's your profile

hobbie:aa

profession:bb

That's your OpenID info

subject:111232101246932423318 6699

provider:https://accounts.google.com

exp time(ms):1507805228

access token:O83243qv3348-444cj3334A

Add/Edit

Logout

부연 설명

이번 예제와 앞선 구글 OpenID Connect를 통한 구글 사용자의 인증에서는 OAuth 2.0 위에 구축되는 인증 프로토콜을 이용해 ID 프로바이더에서 사용자 인증을 수행하는 방법을 살펴봤다. 이게 바로 OpenID Connect다. 추가적인 작업을 수행할 수도 있다. 예를 들면 at_hash 클레임을 사용해서 CSRF^{Cross-site request forgery} 공격으로부터 RP를 보호하는 작업을 수행할 수 있다. 지금은 인가 코드 그랜트 타입을 이용하기 때문에 그것을 수행할 필요는 없다.

하지만 토큰 ID 서명을 확인하는 것과 같은 추가적인 검증이 있을 수 있다. 연습을 위해 그것을 수행해볼 수 있으며, JWT 무결성 검증 방법에 대해 알고 싶다면 5장의 리소스 서버에서 JWT 토큰 검증이나 비대칭 서명된 JWT 토큰 검증 부분을 참고하기 바란다.

이제는 Spring Security OAuth2를 이용할 준비가 됐고 소스코드를 통해 OpenID Connect 프로토콜이 어떻게 동작하는지 이해할 준비가 됐다. Spring Security 프로젝트에서는 여기서 설명한 대부분의 구현 내용을 제공하는 새로운 버전의 Spring Security를 개발 중이다. 이 글을 쓰는 시점에 Spring Security 5는 한창 개발 중이고, OAuth 2.0과 OpenID Connect는 클라이언트에만 제공될 예정이었다. 리소스 서버에 대한 지원은 다음 해에 지원할 계획이고, 인가 서버에 대해서는 아직도 많은 작업이 남은 상태다.

이후의 'Spring Security 5로 구글 OpenID Connect 이용' 절과 'Spring Security 5로 마이크로소프트와 구글 OpenID 프로바이더 함께 이용' 절에서 Spring Security 5의 사용 방법을 알아본다.

참고 사항

- 구글 OpenID Connect를 통한 구글 사용자의 인증
- Spring Security 5로 구글 OpenID Connect 이용
- Spring Security 5로 마이크로소프트와 구글 OpenID 프로바이더 함께 이용

■ 사용자 인증을 위한 페이스북 이용

페이스북이 OpenID Connect를 구현하지는 않지만 사용자 식별 정보와 인증 컨텍스트를 제공하기 때문에 페이스북을 인증에 사용할 수 있다. 따라서 클라이언트 애플리케이션(또는 RP)은 현재 사용자가 누구인지 인지할 수 있다. 이번에는 Spring Security OAuth2를 이용해서 OAuth 2.0을 인증의 기반으로 제공하는 방법을 알아본다(OAuth 2.0은 실제로는 인가를 위한 것이지만 인증의 기반으로 사용될 수 있다).

준비

자바 8, Maven, Spring Web, Spring Security가 필요하다. 프로젝트를 쉽게 만들기 위해 http://start.spring.io/에서 Spring Initializr를 이용하고 프로젝트 종속성으로는 Web, JPA, H2, Thymeleaf, Security를 설정한다. Artifact와 Group 이름을 설정하는 것도 잊어서는 안 된다.

예제 구현

여기서는 facebook-login-oauth2 프로젝트를 만든다. 해당 프로젝트의 소스코드는 깃허브의 Chapter06 폴더에 있으며, IDE에서 Maven 프로젝트로 임포트하고 다음의 절차를 따른다.

1. pom.xml 파일을 열어 Spring Security OAuth2와 Thymeleaf 관련 정보를 추가한다(이 글을 쓸 당시 가장 최신 버전의 Spring Security OAuth2를 선언하고 있다). Web, Thymeleaf, JPA, H2, Security는 이미 임포트했다고 가정할 것이다.

```
<dependency>
    <groupId>org.thymeleaf.extras</groupId>
    <artifactId>thymeleaf-extras-springsecurity4</artifactId>
```

```
    </dependency>
    <dependency>
        <groupId>org.springframework.security.oauth</groupId>
        <artifactId>spring-security-oauth2</artifactId>
        <version>2.2.0.RELEASE</version>
    </dependency>
```

2. 앞의 구글 OpenID Connect를 통한 구글 사용자의 인증에서 만든 **google-connect** 프로젝트에서 데이터베이스 연결, **Thymeleaf**와 관련된 속성을 복사한다.

3. application.properties 파일을 열어 복사한 속성을 추가한다.

4. 페이스북을 위한 OAuth 2.0 관련 속성을 추가한다.

```
facebook.config.clientId=client_id
facebook.config.clientSecret=client_secret
facebook.config.userInfoUri=https://graph.facebook.com/me
facebook.config.appTokenUri=https://graph.facebook.com/v2.10/oauth
/access_token
facebook.config.appAuthorizationUri=https://www.facebook.com/v2.10
/dialog/oauth
facebook.config.redirectUri=http://localhost:8080/callback
facebook.filter.api-base-uri=/profile*/*
facebook.filter.callback-uri=/callback
```

5. 페이스북 개발자 콘솔에서 새로운 애플리케이션으로 등록하고 페이스북 로그인 제품을 선택함으로써 페이스북 자격증명을 만든다. 그다음에는 클라이언트 OAuth 설정에서 리다이렉트 URL을 http://localhost:8080/callback로 설정한다.

6. 페이스북 개발자 콘솔에서 페이스북 로그인을 설정한 다음에는 애플리케이션 대시보드로 가서 App ID와 App secret을 복사한다. 그것은 각각 client ID와

client secret을 의미한다.

7. application.properties 파일의 facebook.config.clientId와 facebook.config.
clientSecret 속성 값을 앞 단계에서 복사한 값으로 업데이트한다.

8. google-connect 프로젝트에서 HomeController와 Profile, ProfileController,
ProfileRepository 클래스를 복사한다. 그다음에는 그것을 user 서브패키지에
붙여 넣는다(이 클래스 중 몇 개는 여전히 GoogleUser 클래스에 의존하기 때문에 컴파일
이 안 될 것이다. GoogleUser 클래스는 이후에 FacebookUser 클래스로 교체될 예정이다).

9. 인증 관련 클래스를 위한 openid 서브패키지를 만든다.

10. openid 서브패키지에 다음과 같은 FacebookLoginData 클래스를 만든다(각
속성 값을 조회하고 설정하는 메소드를 추가한다).

```
@Entity
public class FacebookLoginData {
    @Id private String id;
    private long expirationTime;
    private long issuedAt;
    private String token;
    private String name;
    public boolean hasExpired() {
        OffsetDateTime expirationDateTime = OffsetDateTime
                .ofInstant(Instant.ofEpochSecond(expirationTime),
                ZoneId.systemDefault());
        OffsetDateTime now =
                OffsetDateTime.now(ZoneId.systemDefault());
        return now.isAfter(expirationDateTime);
    }
    // 값을 조회하고 설정하는 메소드
}
```

11. UserDetails 인터페이스를 구현하고 FacebookLoginData 레퍼런스를 갖는
FacebookUser 클래스를 만든다.

```
@Entity
public class FacebookUser implements UserDetails {
    @Id @GeneratedValue(strategy = GenerationType.IDENTITY)
    private Long id;
    @OneToOne(cascade = {CascadeType.PERSIST, CascadeType.MERGE})
    private FacebookLoginData openIDAuthentication;
    FacebookUser() {} // jpa 전용
    public FacebookUser(FacebookLoginData openIDAuthentication) {
        this.openIDAuthentication = openIDAuthentication;
    }
    // 간단할 설명을 위해서 다른 메소드들은 생략
}
```

12. 모든 불리언^{Boolean} 메소드가 true를 반환하지만 isCredentialsNonExpired 는 다음과 같이 반환한다.

```
return !openIDAuthentication.hasExpired();
```

13. FacebookUser 클래스의 getAuthorities 메소드에서 최소한 빈 ArrayList 가 반환되는지 확인한다.

14. getUsername 메소드를 다음과 같이 구현한다.

```
@Override
public String getUsername() {
    return openIDAuthentication.getName();
}
```

15. id와 openIDAuthentication 속성을 구하는 메소드를 만든다.

16. 페이스북 식별자로 주어진 사용자를 검색할 수 있게 하기 위한 저장소를 만든다.

```
public interface UserRepository extends JpaRepository<FacebookUser,
        Long> {
    @Query("select u from FacebookUser u " + "inner join
            u.openIDAuthentication o " + "where o.id = :facebookId")
    Optional<FacebookUser> findByFacebookId(@Param("facebookId")
            String facebookId);
}
```

17. GoogleUser를 사용하는 부분을 모두 FacebookUser를 사용하게 변경한다.

18. application.properties 파일에 있는 속성을 매핑하기 위한 FacebookProperties
    클래스를 만든다(해당 속성 값을 설정하고 조회하는 메소드도 만들어야 하는 것을
    잊어서는 안 된다).

```
@Component
@ConfigurationProperties(prefix = "facebook.config")
public class FacebookProperties {
    private String clientId;
    private String clientSecret;
    private String userInfoUri;
    private String appTokenUri;
    private String appAuthorizationUri;
    private String redirectUri;
    // 간단한 설명을 위해서 값을 조회하고 설정하는 메소드는 생략
}
```

19. OAuth 2.0 클라이언트를 설정하고 있으므로 OAuth2ProtectedResourceDetails
    를 정의해서 OAuth2RestTemplate이 어떻게 동작하는지 살펴보자. 그것을 위
    해 FacebookConfiguration 클래스를 만든다.

```
@Configuration @EnableOAuth2Client
public class FacebookConfiguration {
```

```java
    @Autowired
    private FacebookProperties properties;
    @Bean
    public OAuth2ProtectedResourceDetails resourceDetails() {
        AuthorizationCodeResourceDetails details = new
                AuthorizationCodeResourceDetails();
        details.setClientId(properties.getClientId());
        details.setClientSecret(properties.getClientSecret());
        details.setUserAuthorizationUri(properties
                .getAppAuthorizationUri());
        details.setAccessTokenUri(properties.getAppTokenUri());
        details.setPreEstablishedRedirectUri(properties
                .getRedirectUri());
        details.setScope(Arrays.asList("email", "public_profile"));
        details.setClientAuthenticationScheme(
                AuthenticationScheme.query);
        details.setUseCurrentUri(false);
        return details;
    }
    @Bean
    public OAuth2RestTemplate restTemplate(OAuth2ClientContext
            context) {
        OAuth2RestTemplate rest = new
                OAuth2RestTemplate(resourceDetails(), context);
        rest.setAccessTokenProvider(new
                AccessTokenProviderChain(Arrays.asList(new
                AuthorizationCodeAccessTokenProvider())));
        return rest;
    }
}
```

20. 이전과 마찬가지로 사용자에 대한 식별 정보를 얻을 수 있는 필터를 만들어야
    한다. 그래야 애플리케이션이 해당 사용자가 인증됐는지 확인할 수 있다. 하지만
    필터를 만들기 전에 사용자 식별자를 구하는 것을 담당하는 UserInfoService

클래스와 같은 몇 가지 필요한 기능을 만들 필요가 있다. Facebook-
Configuration와 동일한 패키지의 다음과 같은 클래스를 만든다.

```
@Service
public class UserInfoService {
    @Autowired
    private FacebookProperties properties;
    public Map<String, String> getUserInfoFor(OAuth2AccessToken
            accessToken) {
        RestTemplate restTemplate = new RestTemplate();
        RequestEntity<Void> requestEntity = new
                RequestEntity<>(getHeader(accessToken.getValue()),
                HttpMethod.GET,
                URI.create(properties.getUserInfoUri()));
        ParameterizedTypeReference<Map<String, String>> typeRef = new
                ParameterizedTypeReference<Map<String, String>>() {};
        ResponseEntity<Map<String, String>> result =
                restTemplate.exchange(requestEntity, typeRef);
        if (result.getStatusCode().is2xxSuccessful()) {
            return result.getBody();
        }
        throw new RuntimeException("It wasn't possible to retrieve
                userInfo");
    }
    private MultiValueMap<String, String> getHeader(String
            accessToken) {
        MultiValueMap<String, String> httpHeaders = new HttpHeaders();
        httpHeaders.add("Authorization", "Bearer " + accessToken);
        return httpHeaders;
    }
}
```

21. 필터 내에서 UserInfoService를 사용하지 않고 그것을 FacebookUserIdentity
    클래스에 넣을 것이다. 다음 클래스는 OAuth2AccessToken의 인스턴스에 대

374

한 참조를 필요로 하기 때문에 서로 원활하게 상호작용할 수 있다.

```
@Service public class FacebookUserIdentity {
    @Autowired
    private UserRepository repository;
    @Autowired
    private UserInfoService userInfoService;
    public FacebookUser findOrCreateFrom(OAuth2AccessToken
            accessToken) {
        Map<String, String> userInfo =
                userInfoService.getUserInfoFor(accessToken);
        Optional<FacebookUser> userAuth =
                repository.findByFacebookId(userInfo.get("id"));
        FacebookUser user = userAuth.orElseGet(() -> {
            FacebookLoginData loginData = new FacebookLoginData();
            loginData.setName(userInfo.get("name"));
            loginData.setId(userInfo.get("id"));
            loginData.setExpirationTime(accessToken
                    .getExpiration().getTime());
            loginData.setToken(accessToken.getValue());
            return new FacebookUser(loginData);
        });
        return user;
    }
}
```

22. 이제는 앞 단계에서 만든 클래스를 이용해서 인증 프로세스를 조정하는 것을
담당할 FacebookLoginFilter를 만들 준비가 됐다. 다음과 같은 내용으로
FacebookLoginFilter 클래스를 만든다(Authentication과 AuthenticationException
클래스는 org.springframework.security.core에서 임포트돼야 한다).

```
@Component public class FacebookLoginFilter extends
AbstractAuthenticationProcessingFilter {
```

```
    protected FacebookLoginFilter() {
        super("/callback");
    }
    public Authentication attemptAuthentication(HttpServletRequest
            request, HttpServletResponse response) throws
            AuthenticationException, IOException, ServletException {
        return null;
    }
}
```

23. 필터에서 AuthenticationManager는 이용하지 않을 것이므로 FacebookLoginFilter
내부에 다음과 같은 private static 클래스를 만든다.

```
private static class NoopAuthenticationManager implements
        AuthenticationManager {
    public Authentication authenticate(Authentication authentication)
            throws AuthenticationException {
        throw new UnsupportedOperationException("No authentication
                should be done with this AuthenticationManager");
    }
}
```

24. 그다음에는 다음과 같은 속성을 추가하고 현재의 생성자를 이 속성으로 바
꾼다.

```
@Autowired private OAuth2RestTemplate restTemplate;
@Autowired private FacebookUserIdentity userIdentity;
@Autowired private UserRepository repository;
private ApplicationEventPublisher eventPublisher;
private final AntPathRequestMatcher localMatcher;

public FacebookLoginFilter(
```

```
@Value("${facebook.filter.callback-uri}") String callbackUri,
@Value("${facebook.filter.api-base-uri}")String apiBaseUri) {
super(new OrRequestMatcher(
    new AntPathRequestMatcher(callbackUri),
        new AntPathRequestMatcher(apiBaseUri)));
this.localMatcher = new AntPathRequestMatcher(apiBaseUri);
setAuthenticationManager(new NoopAuthenticationManager());
}
```

25. 사용자가 인증됐다고 간주됐을 때 애플리케이션은 Spring Security에 그것을
    통보해야 한다. FacebookLoginFilter 클래스에 다음의 메소드를 추가한다.

```
public void setApplicationEventPublisher(
    ApplicationEventPublisher eventPublisher) {
    this.eventPublisher = eventPublisher;
    super.setApplicationEventPublisher(eventPublisher);
}
private void publish(ApplicationEvent event) {
    if (eventPublisher!=null) {
        eventPublisher.publishEvent(event);
    }
}
```

26. 다음과 같이 doFilter 메소드를 오버라이드해서 OAuth2ResTemplate 인스턴
    스에서 getAccessToken이 호출될 때 토큰을 검증할 수 있게 만든다.

```
public void doFilter(ServletRequest req, ServletResponse res,
        FilterChain chain) throws IOException, ServletException {
    HttpServletRequest request = (HttpServletRequest) req;
    if (localMatcher.matches(request)) {
        restTemplate.getAccessToken();
        chain.doFilter(req, res);
```

```
        } else {
            super.doFilter(req, res, chain);
        }
    }
```

27. 마지막으로 attemptAuthentication 메소드의 내용을 다음과 같이 변경한다.

```
try {
    OAuth2AccessToken accessToken = restTemplate.getAccessToken();
    FacebookUser facebookUser =
            userIdentity.findOrCreateFrom(accessToken);
    repository.save(facebookUser);
    Authentication authentication = new
            UsernamePasswordAuthenticationToken(facebookUser, null,
            Arrays.asList(new SimpleGrantedAuthority("ROLE_USER")));
    publish(new AuthenticationSuccessEvent(authentication));
    return authentication;
} catch (OAuth2Exception e) {
    BadCredentialsException error = new
            BadCredentialsException("Cannot retrieve the access token", e);
    publish(new OAuth2AuthenticationFailureEvent(error));
    throw error;
}
```

28. google-connect 프로젝트의 모든 html 파일을 복사해서 facebook-login-auth2 프로젝트의 src/main/resources/templates 디렉토리에 붙여 넣는다.

29. home.html 파일을 열어 구글 부분을 페이스북으로 바꾼다.

30. profile.html 파일을 열어 그 안의 내용을 다음과 같은 내용으로 교체한다.

```
<!DOCTYPE html>
<html xmlns="http://www.w3.org/1999/xhtml"
xmlns:th="http://www.thymeleaf.org"
```

```html
xmlns:sec="http://www.thymeleaf.org/thymeleaf-extras-springsecurity
4">
<body>
<p sec:authorize="isAuthenticated()">
    Logged as <span sec:authentication="principal.username"></span>
</p>
<h1>That's your profile</h1>
<p>hobbie:<span th:text="${profile.hobbies}">hobbies</span></p>
<p>profession:<span
th:text="${profile.profession}">profession</span></p>

<h2>That's your facebook authentication info</h2>
<p>name:<span th:text="${openID.name}"></span></p>
<p>facebook id:<span th:text="${openID.id}"></span></p>
<p>exp time(ms):<span
th:text="${openID.expirationTime}"></span></p>
<p>access token:<span th:text="${openID.token}"></span></p>

<a href="#" th:href="@{/profile/form}">Add/Edit</a>
<p><a href="#" th:href="@{/logout}">Logout</a></p>
</body>
</html>
```

31. security 서브패키지에 SecurityConfiguration 클래스를 만든다.

```java
@Configuration @EnableWebSecurity
public class SecurityConfiguration extends
        WebSecurityConfigurerAdapter {
    @Autowired
    private FacebookLoginFilter facebookLoginFilter;
    protected void configure(HttpSecurity http) throws Exception {
        http
            .addFilterAfter(new OAuth2ClientContextFilter(),
                    AbstractPreAuthenticatedProcessingFilter.class)
            .addFilterAfter(facebookLoginFilter,
```

```
                OAuth2ClientContextFilter.class)
            .authorizeRequests()
            .antMatchers("/", "/callback").permitAll().and()
            .authorizeRequests()
            .antMatchers("/profile/*").authenticated().and()
            .authorizeRequests().anyRequest().authenticated().and()
            .httpBasic().authenticationEntryPoint(new
                LoginUrlAuthenticationEntryPoint("/callback")).and()
            .logout().logoutSuccessUrl("/").permitAll().and()
            .csrf().disable();
    }
}
```

예제 분석

기본적으로 이번 프로젝트는 OAuth 2.0 프로토콜의 인가 코드 플로우를 이용해 동작하며, 페이스북은 인가 서버와 리소스 서버 역할을 한다. `UserInfoService` 클래스를 통해 사용자 식별 정보를 구하기 때문에 페이스북은 리소스 서버 역할을 수행하며, `UserInfoService` 클래스는 OAuth 2.0 보호된 리소스에 요청을 보낸다.

애플리케이션을 커맨드라인에서 `mvn spring-boot:run` 명령으로 실행시키거나 IDE에서 `@SpringBootApplication`으로 애노테이트된 클래스를 직접 실행시킨다.

애플리케이션을 실행시킨 후에 http://localhost:8080에서 Login with Facebook 링크를 클릭한다. 그다음에 유효한 자격증명으로 페이스북에 로그인하면 클라이언트 애플리케이션으로 리다이렉트된다. 사용자가 애플리케이션으로 다시 리다이렉트될 때 생성된 Bearer 액세스 토큰으로 https://graph.facebook.com/me에 요청을 보낸다.

알다시피 여기서는 전통적인 OAuth 인가 플로우를 사용하고 있다. 그런데 어떻게 인증 메커니즘으로 간주될 수 있을까? 그것은 사용자 인가 시점에 사용자 식별 정보를 확인하기 때문이다.

참고 사항

- 구글 OpenID Connect를 통한 구글 사용자의 인증
- ID 프로바이더로부터 사용자 정보 획득

▌Spring Security 5로 구글 OpenID Connect 이용

OAuth 2.0 프로토콜과 OpenID Connect는 모두 안정적인 스펙이며, 지속적으로 내용이 추가되고 있다. 반면에 두 기술을 구현하는 프레임워크는 새로운 요구 사항이나 유행하는 패러다임, 새로운 버전의 언어, 그리고 심지어는 유지 관리 향상을 위해 좀 더 빠르게 변화하고 있다.

Spring Security와 Spring Security OAuth2의 경우가 그렇다고 할 수 있다. 이 글을 쓰는 시점에 OAuth 2.0과 OpenID Connect, 그리고 소셜 연결과 관련된 모든 프로젝트는 Spring Security 5 안에 녹아들어 가고 있다. Spring Security 5는 많은 장점과 애플리케이션의 보안성을 향상시켜준다. 하지만 현재는 클라이언트에서만 그런 OAuth 관련 기술 구현을 이용할 수 있다. 이번에는 구글 OpenID Connect로 사용자를 인증하는 방법을 알아본다.

준비

자바 8, Maven, Spring Web, Spring Security가 필요하다. 프로젝트를 쉽게 만들기 위해 http://start.spring.io/에서 Spring Initializr를 이용하고 프로젝트 종속성으로는 Web, Thymeleaf, Security를 설정한다.

Spring Security 5를 이용해야 하므로 Spring Initializr 웹 사이트에서 Spring Boot 의 버전을 2.0.0.M4로 변경한다(Artifact와 Group 이름을 설정하는 것도 잊어서는 안 된다). Spring Boot 버전 2.0.0.M4는 마일스톤 버전이기 때문에 이후에 변경될 수 있기 때문에 2.0.0.M4인지 확인한다.

예제 구현

여기서는 google-openid-spring5 프로젝트를 만든다. 해당 프로젝트의 소스코드는 깃허브의 Chapter06 폴더에 있으며, IDE에서 Maven 프로젝트로 임포트하고 다음 절 차를 따른다.

 Spring Boot 2.0.0.M4 버전이 요구하는 저장소를 이용할 때 이클립스 Maven 플러그 인(Netneans와 IntelliJ에서는 이 이슈가 발생하지 않는다)이 pom.xml 파일을 처리 할 때 에러가 발생할 수 있다. 이를 해결하기 위해서는 m2 확장 플러그인 설치가 필요하다. Help/ Install New Software 메뉴에서 새 저장소로 https://otto.takari.io/ content/sites/m2e.extras/m2eclipse-mavenarchiver/0.17.2/N/LATEST/나 http://repo1.maven.org/maven2/.m2e/connectors/m2eclipse-mavenarchiver/ 0.17.2/N/LATEST/ URL을 추가한다. 이 해결책은 https://stackoverflow.com/ questions/37555557/m2e-error-in-mavenarchiver-getmanifest에서 발견한 것 이다.

1. pom.xml 파일을 열어 다음과 같은 내용을 추가한다.

```xml
<dependency>
    <groupId>org.springframework.security</groupId>
    <artifactId>spring-security-config</artifactId>
</dependency>
<dependency>
    <groupId>org.springframework.security</groupId>
    <artifactId>spring-security-oauth2-client</artifactId>
```

```
</dependency>
```

2. security와 user라는 이름의 서브패키지 두 개를 만든다.

3. security 서브패키지에 다음과 같은 클래스를 만들고, 각 속성 값을 조회하고 설정하는 메소드를 만든다.

```
@Component
@ConfigurationProperties("security.oauth2.client.google")
public class GoogleRegistrationProperties {
    private String clientId;
    private String clientSecret;
    private String scopes;
    private String redirectUri;
    private String authorizationUri;
    private String tokenUri;
    private String clientName = "Google";
    private String clientAlias = "google";
    private String userInfoUri;
    private String userInfoNameAttributeKey = "name";
    private String jwkSetUri;
    private AuthorizationGrantType authorizedGrantType =
            AuthorizationGrantType.AUTHORIZATION_CODE;
}
```

4. 그다음에는 GoogleRegistrationProperties의 경우처럼 동일한 패키지에 SecurityConfiguration 클래스를 만든다.

```
@Configuration @EnableWebSecurity
public class SecurityConfiguration
        extends WebSecurityConfigurerAdapter {
}
```

5. SecurityConfiguration 클래스에 다음과 같은 메소드를 추가한다.

```
@Override
protected void configure(HttpSecurity http) throws Exception {
    http
        .authorizeRequests()
        .antMatchers("/callback").permitAll()
        .anyRequest().authenticated().and()
        .oauth2Login().and();
}
```

6. SecurityConfiguration 클래스에 GoogleRegistrationProperties의 인스
턴스를 추가하고 다음과 같은 메소드를 만든다.

```
@Autowired
private GoogleRegistrationProperties properties;
@Bean
public ClientRegistrationRepository clientRegistrationRepository()
{
    ClientRegistration registration = new ClientRegistration
        .Builder(properties.getClientId())
        .authorizationUri(properties.getAuthorizationUri())
        .clientSecret(properties.getClientSecret())
        .tokenUri(properties.getTokenUri())
        .redirectUri(properties.getRedirectUri())
        .scope(properties.getScopes().split(","))
        .clientName(properties.getClientName())
        .clientAlias(properties.getClientAlias())
        .jwkSetUri(properties.getJwkSetUri())
        .authorizationGrantType(properties.getAuthorizedGrantType())
        .userInfoUri(properties.getUserInfoUri())
        .build();

    return new InMemoryClientRegistrationRepository(
```

```
            Arrays.asList(registration));
    }
```

7. user 서브클래스에 몇 개의 컨트롤러를 만들어서 사용자가 애플리케이션과
   상호작용할 수 있게 만든다. 먼저 DashboardController 클래스를 만든다.

```
@Controller @RequestMapping("/dashboard")
public class DashboardController {
    @GetMapping
    public ModelAndView profile() {
        DefaultOidcUser user = (DefaultOidcUser)SecurityContextHolder
                .getContext().getAuthentication().getPrincipal();
        ModelAndView mv = new ModelAndView("dashboard");
        mv.addObject("profile", user.getUserInfo().getClaims());
        return mv;
    }
}
```

8. 마지막으로 DashboardController와 동일한 패키지에 HomeController 클래
   스를 만든다.

```
@Controller @RequestMapping("/")
public class HomeController {
    @GetMapping
    public String home() { return "home"; }
}
```

9. 각 컨트롤러와 관련해서 몇 가지 뷰를 만들 필요가 있다. /src/main/resources/
   templates 폴더에 다음과 같은 내용의 dashboard.html 파일을 만든다.

```
<!DOCTYPE html>
    <html xmlns="http://www.w3.org/1999/xhtml"
xmlns:th="http://www.thymeleaf.org">
<body>
<h1>You are logged in</h1>
<p><b>Name:</b><span th:text="${profile.name}"></span></p>
<p><b>Email:</b><span th:text="${profile.email}"></span></p>
<p><b>Profile:</b><a th:href="${profile.profile}">Google +
account</a></p>
<p><b>Picture:</b>
    <img width="100" height="100" th:src="${profile.picture}"></p>
<a href="/">Home</a>
<hr/>
</body>
</html>
```

10. dashboard.html과 동일한 폴더에 home.html 파일을 만든다.

```
<!DOCTYPE html>
<html xmlns="http://www.w3.org/1999/xhtml"
xmlns:th="http://www.thymeleaf.org"
xmlns:sec="http://www.thymeleaf.org/thymeleaf-extras-springsecurity
4">
<body>
<h2>Login with Google</h2>
<p sec:authorize="isAuthenticated()">
<div>You are logged in</div>
</p>
<a th:href="@{/dashboard}">Go to dashboard</a>
</body>
</html>
```

11. 모든 설정은 @ConfigurationProperties로 애노테이트된 GoogleRegistration
Properties 클래스의 사용을 통해 동적으로 작성됐다. 이 클래스의 모든 속성
은 application.properties 파일에 정의된 속성에 의존해야 한다. application.
properties 파일에 다음과 같은 내용을 추가한다.

```
spring.thymeleaf.cache=false
security.oauth2.client.google.client-secret=client-secret
security.oauth2.client.google.client-id=client-id
security.oauth2.client.google.scopes=openid,email,profile
security.oauth2.client.google.redirectUri=http://localhost:8080/
oauth2/authorize/code/google
security.oauth2.client.google.authorizationUri=https://accounts.
google.com/o/oauth2/v2/auth
security.oauth2.client.google.tokenUri=https://www.googleapis.com/
oauth2/v4/token
security.oauth2.client.google.userInfoUri=https://www.googleapis.
com/oauth2/v3/userinfo
security.oauth2.client.google.jwkSetUri=https://www.googleapis.com
/oauth2/v3/certs
```

12. application.properties 파일의 client-secret과 client-id를 구글에 등록된
애플리케이션의 값으로 변경한다. 구글에서 애플리케이션을 등록하는 방법을
알고 싶다면 1장으로 다시 돌아가서 확인해보기 바란다.
13. 구글 개발자 콘솔에서 Authorized Redirect URI로 http://localhost:8080/
oauth2/authorize/code/google을 등록했는지 확인한다.

예제 분석

인증 메커니즘은 구글 OpenID Connect를 통한 구글 사용자 인증의 경우와 동일하다.
하지만 Spring Security 5를 이용해서 OpenID Connect RP를 좀 더 쉽게 구현할 수 있었다.

각각의 프로바이더는 ClientRegistration 엔트리를 선언함으로써 설정 가능하고, 그것은 ClientRegistrationRepository의 인스턴스에 추가돼야 한다. 또한 사용자가 인증을 수행할 때 전달되는 토큰 ID는 구글 문서에 명시돼 있는 JWK set URI로부터 전달된 공개 키로 검증된다.

애플리케이션을 실행하고 http://localhost:8080에서 인증 프로세스를 수행한다. 인증을 위해 Google 링크를 클릭하면 애플리케이션은 구글의 인증 페이지로 리다이렉트된다. 일단 애플리케이션이 사용자 식별 정보를 이용할 수 있게 인가하면 home.html로 리다이렉트되며, 거기서 Go to Dashboard 링크를 클릭하면 프로파일 페이지로 연결돼 다음 그림과 비슷한 결과를 볼 수 있다.

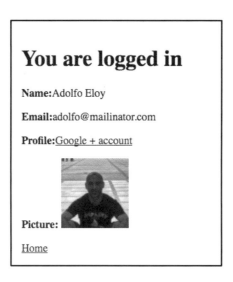

참고 사항

- 구글 OpenID Connect를 통한 구글 사용자의 인증

Spring Security 5로 마이크로소프트와 구글 OpenID 프로바이더 함께 이용

이번에는 Spring Security 5를 이용해서 하나 이상의 인증 방법을 제공하는 OpenID Connect RP를 완벽하게 구현하는 방법을 알아본다. 이를 통해 여러분의 웹 사이트에서 구글과 마이크로소프트 인증이 가능하게 만들 수 있을 것이다.

준비

자바 8, Maven, Spring Web, Spring Security가 필요하다. 프로젝트를 쉽게 만들기 위해 http://start.spring.io/에서 Spring Initializr를 이용하고, 프로젝트 종속성으로는 `Web`, `Thymeleaf`, `Security`를 설정한다.

 Spring Security 5를 이용해야 하므로 Spring Initializr 웹 사이트에서 Spring Boot 의 버전을 2.0.0.M4로 변경한다(Artifact와 Group 이름을 설정하는 것도 잊어서는 안 된다).

애플리케이션을 구글뿐만 아니라 마이크로소프트 Azure에도 등록해야 한다. Azure는 애플리케이션을 만들고 배포할 수 있는 마이크로소프트의 클라우드 플랫폼이다. 이를 위해 마이크로소프트 Azure의 무료 계정을 이용해야 하고, Active Directory 서비스를 통해 애플리케이션을 등록해야 한다(등록했을 때 임시로 1달러의 요금이 부과되는데 걱정할 필요는 없다. 그것은 단지 여러분의 신용카드 상태가 정상인지를 확인하기 위한 것이다. 해당 요금은 얼마 후에 환불된다). 여기서는 마이크로소프트 Azure에 애플리케이션을 등록하는 방법까지 설명하지는 않을 것이다. 그것을 설명하려면 상당히 많은 개념을 설명해야 하기 때문이다. 마이크로소프트 Azure에 등록하는 방법과 자격증명을 만드는 방법은 마이크로소프트의 공식 문서(https://docs.microsoft.com/en-us/azure/activedirectory/develop/active-directory-integrating-applications)를 참고하기 바란다.

예제 구현

여기서는 microsoft-login 프로젝트를 만든다. 해당 프로젝트의 소스코드는 깃허브의 Chapter06 폴더에 있으며, IDE에서 Maven 프로젝트로 임포트하고 다음 절차를 따른다.

1. pom.xml 파일을 열어 다음 내용을 추가한다.

```xml
<dependency>
    <groupId>org.springframework.security</groupId>
    <artifactId>spring-security-config</artifactId>
</dependency>
<dependency>
    <groupId>org.springframework.security</groupId>
    <artifactId>spring-security-oauth2-client</artifactId>
</dependency>
```

2. security와 user라는 이름의 서브패키지 두 개를 만든다.

3. security 서브패키지에 다음과 같은 클래스를 만들고 그 안에 각 속성 값을 설정하고 조회하는 메소드를 추가한다. 이 클래스는 OpenID Connect 인증을 위한 구글 속성 값들을 담고 있다. 모든 속성 값을 조회하는 메소드 및 clientId 와 clientSecret, scopes 속성 값을 설정하는 메소드를 만든다.

```java
@Component
@ConfigurationProperties("security.oauth2.client.google")
    public class GoogleRegistrationProperties {
    private String clientId;
    private String clientSecret;
    private String scopes;
    private String redirectUri =
        "http://localhost:8080/oauth2/authorize/code/google";
    private String authorizationUri =
```

```
            "https://accounts.google.com/o/oauth2/v2/auth";
    private String tokenUri =
            "https://www.googleapis.com/oauth2/v4/token";
    private String clientName = "Google";
    private String clientAlias = "google";
    private String userInfoUri =
            "https://www.googleapis.com/oauth2/v3/userinfo";
    private String userInfoNameAttributeKey = "name";
    private String jwkSetUri =
            "https://www.googleapis.com/oauth2/v3/certs";
    private AuthorizationGrantType authorizedGrantType =
            AuthorizationGrantType.AUTHORIZATION_CODE;
    // 값을 조회하고 설정하는 메소드는 생략
}
```

4. 인증을 위한 마이크로소프트 속성을 포함하는 클래스를 만든다(자신의 tenant
   identifier를 설정해야 한다). 모든 속성 값을 조회하는 메소드 및 clientId와
   clientSecret, scopes 속성 값을 설정하는 메소드를 만든다.

```
@Component
@ConfigurationProperties("security.oauth2.client.microsoft")
    public class MicrosoftRegistrationProperties {
    private String clientId;
    private String clientSecret;
    private String scopes;
    private String redirectUri =
            "http://localhost:8080/oauth2/authorize/code/microsoft";
    private String authorizationUri =
            "https://login.microsoftonline.com/{tenant}/oauth2/authorize";
    private String tokenUri =
            "https://login.microsoftonline.com/{tenant}/oauth2/token";
    private String clientName = "Microsoft";
    private String clientAlias = "microsoft";
```

```
    private AuthorizationGrantType authorizedGrantType =
            AuthorizationGrantType.AUTHORIZATION_CODE;
    private String userInfoUri = "https://login.microsoftonline
            .com/{tenant}/openid/userinfo";
    private String userInfoNameAttributeKey = "name";
    private String jwkSetUri =
            "https://login.microsoftonline.com/common/discovery/keys";
    // 값을 조회하고 설정하는 메소드는 생략
}
```

5. application.properties 파일을 열어 다음 내용을 추가한다(구글과 마이크로소프
   트 애플리케이션을 위한 모든 자격증명 정보를 교체한다).

```
spring.thymeleaf.cache=false
security.oauth2.client.google.client-secret=<google-client-secret>
security.oauth2.client.google.client-id=<google-client-id>
security.oauth2.client.google.scopes=openid,email,profile
security.oauth2.client.microsoft.client-secret=<microsoft-
        clientsecret>
security.oauth2.client.microsoft.client-id=<microsoft-client-id>
security.oauth2.client.microsoft.scopes=openid,profile,email
```

6. 다음과 같은 내용의 SecurityConfiguration 클래스를 만든다.

```
@Configuration @EnableWebSecurity
public class SecurityConfiguration extends
        WebSecurityConfigurerAdapter {
    @Autowired
    private GoogleRegistrationProperties google;
    @Autowired
    private MicrosoftRegistrationProperties microsoft;
    @Override
    protected void configure(HttpSecurity http) throws Exception {
```

```
        http.authorizeRequests()
            .anyRequest().authenticated().and()
            .oauth2Login();
    }
}
```

7. 구글과 마이크로소프트 ID 프로바이더를 위한 `ClientRegistration` 인스턴
   스를 선언하기 위해 `SecurityConfiguration` 안에 다음과 같은 private 메소
   드를 만든다.

```
private ClientRegistration createGoogleRegistration() {
    ClientRegistration registration = new
            ClientRegistration.Builder(google.getClientId())
        .authorizationUri(google.getAuthorizationUri())
        .clientSecret(google.getClientSecret())
        .tokenUri(google.getTokenUri())
        .redirectUri(google.getRedirectUri())
        .scope(google.getScopes().split(","))
        .clientName(google.getClientName())
        .clientAlias(google.getClientAlias())
        .jwkSetUri(google.getJwkSetUri())
        .authorizationGrantType(google.getAuthorizedGrantType())
        .userInfoUri(google.getUserInfoUri())
        .build();
    return registration;
}
private ClientRegistration createMicrosoftRegistration() {
    ClientRegistration registration = new
            ClientRegistration.Builder(microsoft.getClientId())
        .authorizationUri(microsoft.getAuthorizationUri())
        .clientSecret(microsoft.getClientSecret())
        .tokenUri(microsoft.getTokenUri())
        .redirectUri(microsoft.getRedirectUri())
```

```
        .scope(microsoft.getScopes().split(","))
        .clientName(microsoft.getClientName())
        .clientAlias(microsoft.getClientAlias())
        .jwkSetUri(microsoft.getJwkSetUri())
        .authorizationGrantType(microsoft.getAuthorizedGrantType())
        .userInfoUri(microsoft.getUserInfoUri())
        .clientAuthenticationMethod(ClientAuthenticationMethod.POST)
        .build();
    return registration;
}
```

8. 마지막으로 SecurityConfiguration 클래스에 ClientRegistration private 메소드를 이용하기 위한 선언을 추가한다.

```
@Bean
public ClientRegistrationRepository clientRegistrationRepository()
{
    return new InMemoryClientRegistrationRepository(Arrays.asList(
        createGoogleRegistration(),
        createMicrosoftRegistration()));
}
```

9. 사용자가 애플리케이션과 상호작용할 수 있게 홈과 대시보드 엔드포인트 모두를 처리하는 클래스를 만든다.

```
@Controller @RequestMapping("/")
public class ApplicationController {
    @GetMapping
    public String home() { return "home"; }
    @GetMapping("/dashboard")
    public ModelAndView dashboard() {
        DefaultOidcUser user = (DefaultOidcUser)SecurityContextHolder
```

```
                .getContext( ).getAuthentication( ).getPrincipal( );
        ModelAndView mv = new ModelAndView("dashboard");
        mv.addObject("profile", user.getUserInfo( ).getClaims( ));
        return mv;
    }
}
```

10. src/main/resources/templates 디렉토리에 각 템플릿 파일을 만든다. 첫 번째
    로 home.html은 다음과 같다.

```html
<!DOCTYPE html>
<html xmlns="http://www.w3.org/1999/xhtml"
xmlns:th="http://www.thymeleaf.org"
xmlns:sec="http://www.thymeleaf.org/thymeleaf-extras-springsecurity
4">
<body>
<h2>Use multiple identity providers</h2>
<p sec:authorize="isAuthenticated( )">
<div>You are logged in</</span>div>
</p>
<a th:href="@{/dashboard}">Go to dashboard</a>
</body>
</html>
```

11. 마지막은 다음과 같은 내용의 dashboard.html 파일이다.

```html
<!DOCTYPE html>
<html xmlns="http://www.w3.org/1999/xhtml"
xmlns:th="http://www.thymeleaf.org">
<body>
<div style="border: 3px solid black; width: 15%; padding: 15px">
<h1>You are logged in</h1>
<p><b>Name:</b><span th:text="${profile.name}"></span></p>
```

```
<p><b>Email:</b><span th:text="${profile.email}"></span></p>
<p><b>Profile:</b><span th:href="${profile.sub}"></span></p>
<a href="/">Home</a>
</div>
</body>
</html>
```

예제 분석

Spring Security 5를 이용하면 동시에 여러 ID 프로바이더와 연동할 수 있다. 단순히 두 개의 `ClientRegistration` 엔트리만을 선언하면 된다. 하나는 구글을 위한 것, 또 다른 하나는 마이크로소프트를 위한 것이다. 두 `ClientRegistration` 인스턴스는 모두 `InMemoryClientRegistrationRepository` 내에서 그룹화됐다. 식별 정보를 유지하고 싶으면 데이터베이스에서 사용자 식별을 조회하거나 저장하기 위한 `ClientRegistrationRepository` 인터페이스를 구현하면 된다.

애플리케이션을 실행시키고 http://localhost:8080로 가면 다음과 같이 두 개의 ID 프로바이더를 위한 링크를 볼 수 있다.

일단 둘 중 하나를 클릭하면 ID 프로바이더의 로그인 페이지로 리다이렉트된다. 이전에 애플리케이션을 승인하지 않았다면 사용자 승인 페이지를 보게 된다. 사용자 식별 정보의 사용을 승인하면 애플리케이션으로 다시 리다이렉트되며, 그 곳에서 사용자의 대시보드로 가거나 몇 가지 클레임 정보를 볼 수 있다.

참고 사항

- 구글 OpenID Connect를 통한 구글 사용자의 인증
- Spring Security 5로 구글 OpenID Connect 이용

07

모바일 클라이언트 구현

7장에서 다루는 내용은 다음과 같다.

- 안드로이드 개발 환경 준비
- 시스템 브라우저로 인가 코드를 이용하는 안드로이드 OAuth 2.0 클라이언트 만들기
- 시스템 브라우저로 암시적 그랜트 타입을 이용한 안드로이드 OAuth 2.0 클라이언트 만들기
- 내장 브라우저를 이용하는 안드로이드 2.0 클라이언트 만들기
- OAuth 2 서버가 제공하는 패스워드 그랜트 타입을 이용하는 클라이언트 앱
- PKCE로 안드로이드 클라이언트 보호
- 모바일 애플리케이션으로 동적 클라이언트 등록 이용

소개

모바일 애플리케이션 개발이 증가되면서 안전하게 수행돼야 하는 API 소비도 그만큼 증가하게 됐다. 네이티브 모바일 애플리케이션은 웹 애플리케이션처럼 기밀 정보를 저장할 수 없기 때문에 공용 클라이언트 타입으로 간주된다. 네이티브 애플리케이션의 그런 특성 때문에 OAuth 2.0을 안전하게 구현하는 것이 어려울 수 있다.

경우에 따라서는 취약점을 줄이거나 공격을 수행할 수 있는 시간을 최소화하는 것 외에는 할 수 있는 것이 없을 수 있다. RFC 6749는 네이티브 모바일 클라이언트를 안전하게 구현하는 방법을 자세히 기술하지 않고 있다. 최근에 공개된 RFC 8252-OAuth 2.0에서 네이티브 애플리케이션의 안전한 구현 방법을 기술하고 있다.

7장에서는 OAuth 2.0에서 제공하는 그랜트 타입과 인가 코드를 보호하는 데 사용되는 PKCE^{Proof Key for Code Exchange by OAuth Public Clients}와 같은 OAuth 2.0 프로파일을 이용하는 네이티브 클라이언트를 안드로이드 플랫폼에서 구현하는 방법을 알아본다.

> 여기서는 TLS/SSL을 제공하지 않는 인가 서버를 사용하지 않을 것이다. 실제 제품에서는 TSL/SSL로 보호되는 네트워크 연결을 사용해야 하지만, 교육적인 목적으로 HTTP를 사용할 것이다.

안드로이드 개발 환경 준비

이 절에서는 안드로이드 스튜디오 설치 방법과 가상 디바이스를 실행시키기 위한 설정 방법 등 안드로이드 개발 환경을 설정하는 방법을 알아본다. 또한 안드로이드 스튜디오로 새로운 안드로이드 애플리케이션을 만드는 방법도 알아본다.

준비

클라이언트 애플리케이션이 OAuth 2.0 프로바이더 애플리케이션이 제공하는 API와 상호작용할 것이기 때문에 자바 8과 Maven이 필요하다. 또한 클라이언트를 구현하고 실행시키려면 안드로이드 스튜디오를 설치해야 한다. OAuth 2.0 프로바이더는 이미 만들어진 것이 있으며, 깃허브의 https://github.com/PacktPublishing/OAuth-2.0-Cookbook/tree/master/Chapter07/server에서 다운로드할 수 있다. 해당 서버 애플리케이션은 인가 서버와 리소스 서버를 모두 제공하며, 대부분의 그랜트 타입을 지원하고 동적 클라이언트 등록과 인가 코드가 탈취되지 않게 보호하기 위한 PKCE를 지원한다 (PKCE에 대해서는 'PKCE로 안드로이드 클라이언트 보호' 절에서 좀 더 자세히 살펴본다).

예제 구현

안드로이드 스튜디오를 이용해서 모바일 네이티브 애플리케이션을 만들려면 다음 절차대로 수행하면 된다.

1. 가장 먼저 할 일은 https://developer.android.com/studio/index.html에서 최신 버전의 안드로이드 스튜디오를 다운로드하는 것이다. 해당 페이지에서 현재 사용 중인 운영체제를 위한 안드로이드 스튜디오를 다운로드하는 방법을 알려줄 것이다.

2. 각 운영체제에 대한 설치 가이드는 https://developer.android.com/studio/install.html을 참고하면 된다.

3. 안드로이드 스튜디오를 실행시키고 Start a new Android Studio project를 클릭해서 애플리케이션의 이름(여기서로 AuthCodeApp으로 정했다)과 기본 패키지 이름, 그리고 프로젝트의 저장 위치를 정한다.

4. Next를 클릭하고 minimum SDK를 선택한다. 이번에 만들 애플리케이션이 동작하려면 API 21(Android 4.0.3)을 선택하면 된다.

5. 애플리케이션에 Activity를 추가할 수 있는 화면이 보일 때까지 Next 버튼을 클릭한다. Empty Activity를 선택하고 Next를 다시 클릭한다.

6. Activity와 Layout 이름은 디폴트 값을 이용하고 Finish를 클릭한다(IDE가 최초로 실행될 때는 몇 분이 소유될 수도 있다).

7. 이제는 안드로이드 스튜디오의 Run ❯ Run App 메뉴를 선택한다. 안드로이드 스튜디오를 처음 실행시키는 것이기 때문에 스마트폰을 에뮬레이트할 새로운 가상 디바이스를 만들어야 한다. Select Deployment Target에서 Create New Virtual Device를 클릭해서 적당한 하드웨어를 선택한다.

8. 7장에서 만들 애플리케이션을 위해 Nexus 5x를 선택하고 Next를 클릭한다. 그러면 설치할 시스템 이미지를 선택할 수 있으며, Recommended 탭에서 다음 그림과 같이 Android 7.7.1을 선택한다(그것을 따로 설치해야 할 수도 있다).

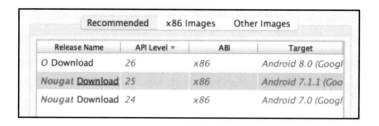

Recommended	x86 Images		Other Images
Release Name	API Level ▼	ABI	Target
O Download	26	x86	Android 8.0 (Googl
Nougat Download	25	x86	Android 7.1.1 (Goo
Nougat Download	24	x86	Android 7.0 (Googl

 VT-x 기술을 지원하지 않는 하드웨어 안드로이드 스튜디오를 실행하고 있다면 ARM 시스템 이미지 설치가 필요할 것이다. Interface가 armabi-v7a이나 arm64-v8a인 Android 7.1.1을 선택하면 된다.

9. 디폴트 Android Virtual Device (AVD) 이름을 사용하고 Finish를 클릭한다.

10. 이제는 샘플 애플리케이션을 실행시킬 준비가 됐다. 설치된 가상 디바이스를 선택하고 OK를 클릭해서 최근에 만든 예제 애플리케이션을 실행시킨다. 처음 실행시킬 때 안드로이드 스튜디오는 애플리케이션을 수정할 때 APK를 전체적으로 다시 빌드하지 않고 애플리케이션을 실행시킴으로써 생산성을 향상시

킬 수 있는 Instant Run을 설치할 것인지 여부를 물어본다. Instant Run 설치를 권장한다.

 윈도우에서 가상 디바이스를 실행시킬 때 원인이 각기 다른 몇 가지 문제와 마주칠 수 있다. 가장 일반적인 원인은 BIOS 설정 내의 가상화 기능이 활성화되지 않은 경우다. 이 책에서는 윈도우에서 발생하는 그런 문제에 대한 해결책은 다루지 않을 것이다. 어쨌든 물리적 디바이스가 있다면 가상 디바이스 대신 그것을 사용하는 편이 좋다.

11. 샘플 애플리케이션을 실행시키면 화면 중간에 **Hello World**라는 문자열을 볼 수 있다.

예제 분석

안드로이드 스튜디오를 설치하고 안드로이드 애플리케이션을 만들어 실행시키는 방법을 알아봤다. 물리적인 디바이스뿐만 아니라 가상 디바이스를 사용할 수 있다는 점을 기억하기 바란다. 그리고 OAuth 2.0 프로바이더와 API를 동시에 제공함으로써 네이티브 애플리케이션이 사용자의 프로파일 정보를 얻을 수 있게 해주는 서버 애플리케이션을 실행해야 한다는 점을 잊어서는 안 된다.

서버 애플리케이션이 멈췄을 때는 바로 다음에 만들 모바일 클라이언트 앱을 제거하는 것이 좋다. 서버 애플리케이션은 클라이언트에 대한 모든 정보를 메모리상에 저장해서 이용할 것이기 때문에 서버가 중지되면 그 정보도 함께 사라지기 때문이다(그렇게 되면 액세스 토큰이나 클라이언트 자격증명과 같은 데이터가 없기 때문에 클라이언트 애플리케이션은 제대로 동작하지 않을 것이다).

▌ 시스템 브라우저로 인가 코드를 이용하는 안드로이드 OAuth 2.0 클라이언트 만들기

이 절에서는 인가 코드 그랜트 타입을 이용해서 OAuth 2.0 보호된 API와 상호작용하는 안드로이드를 위한 네이티브 OAuth 2.0 클라이언트 애플리케이션을 만드는 방법을 알아본다. OAuth 2.0 스펙(RFC 6749)에서 공용 클라이언트는 인가 코드 그랜트 타입을 이용하지 않게 기술하고 있다. 반면 최근에 공개된 RFC 8252에서는 인가 코드 그랜트 타입은 동적 클라이언트 등록과 PKCE 검증과 함께 사용돼야 한다고 기술하고 있다(이에 대해서는 이후에 좀 더 살펴본다).

 여기서는 애플리케이션을 간단하게 만들기 위해 이미 등록된 클라이언트 애플리케이션에 발급된 클라이언트 ID와 클라이언트 시크릿을 사용한다. 하지만 명심해야 할 점은 OAuth 2.0 스펙에서도 기술하듯이 인가 서버는 특정 기기에서 실행되지 않는 네이티브 클라이언트에게 클라이언트 시크릿을 발급하면 안 된다는 점이다.

준비

이번 애플리케이션 구현을 위해서는 이 책의 소스코드가 있는 깃허브의 7장에 있는 소스코드와 서버 애플리케이션이 필요하다. 아직 다운로드를 하지 않았다면 https://github.com/PacktPublishing/OAuth-2.0-Cookbook/에서 소스코드를 다운로드하면 된다. 다운로드한 소스코드를 바로 실행시킬 수 있기 때문에 chapter-7/server 디렉토리에서 mvn spring-boot:run 명령으로 서버 애플리케이션을 실행시킬 수 있다. 또한 안드로이드 스튜디오도 필요하다.

예제 구현

안드로이드 스튜디오에서 새로운 프로젝트를 만들고 프로젝트 이름을 AuthCodeApp 으로 지정한 후 다음 단계를 수행한다(애플리케이션을 만들 때 MainActivity라는 이름의 빈 액티비티가 자동으로 만들어지게 해야 한다). 이번에 만들 애플리케이션의 소스코드는 https://github.com/PacktPublishing/OAuth-2.0-Cookbook/tree/master/Chapter07 /AuthCodeApp에서 다운로드하면 된다.

1. HTTP 요청으로 API와 상호작용해야 하기 때문에 프로젝트의 종속성으로 retrofit2를 추가해야 한다. retrofit2는 REST API와 상호작용하는 데 도움을 주는 훌륭한 라이브러리다. retrofit2를 프로젝트에 추가하려면 build. gradle 파일을 열어 다음과 같은 내용을 추가하면 된다.

```
compile 'com.squareup.retrofit2:retrofit:2.3.0'
compile 'com.squareup.retrofit2:converter-jackson:2.3.0'
compile 'com.squareup.okhttp3:logging-interceptor:3.9.0'
```

2. 동일한 build.gradle 파일의 안드로이드 객체 선언 끝부분에 다음과 같은 내용을 추가한다.

```
packagingOptions {
    exclude 'META-INF/LICENSE'
}
```

3. 이제는 제대로 된 애플리케이션 구조를 만들기 위해 프로젝트의 패키지 구조를 만들어보자. 프로젝트의 기본 패키지에 client와 presenter 패키지를 만든다. client 패키지 안에는 interceptor, oauth2, profile 서브패키지를 만든다(이 서브패키지들은 이후에 설명한다).

4. 애플리케이션의 액티비티를 만들기 전에 서버 API와 상호작용하는 데 필요한 모든 기반을 만들어보자. client/oauth2 서브패키지에 AccessToken 클래스를 만든다(이 클래스는 OAuth 2.0 액세스 토큰을 나타낼 것이고 OAuth 2.0 보호된 API와 상호작용할 때 사용된다). 클래스의 각 속성에 대한 값을 설정하고 조회하는 메소드도 추가해야 한다.

```java
public class AccessToken {
    @JsonProperty("access_token")
    private String value;
    @JsonProperty("token_type")
    private String tokenType;
    @JsonProperty("expires_in")
    private Long expiresIn;
    @JsonIgnore
    private Long issuedAt = new Date().getTime();
    private String scope;
    public boolean isExpired() {
        Long expirationTimeInSeconds = (issuedAt / 1000) + expiresIn;
        Long nowInSeconds = (new Date().getTime()) / 1000;
        return expirationTimeInSeconds < nowInSeconds;
    }
    // 값을 조회하고 설정하는 메소드는 생략
}
```

5. 이제는 액세스 토큰을 저장하기 위한 TokenStore 클래스를 만든다. 여기서는 액세스 토큰을 저장하기 위해 SharedPreferences를 이용함에도 불구하고 물리적으로 액세스 토큰을 저장하지 않고 메모리상에만 유지하는 것을 권장한다. 루트 권한을 가진 누군가가 SharedPreferences의 내용을 읽을 수 있기 때문이다(루팅된 기기가 아니라면 SharedPreferences에 액세스 토큰을 저장하는 것은 문제가 되지는 않을 것이다). 경우에 따라서는 애플리케이션의 보안성을 높임에 따라 사용자의 경험을 해치는 경우가 있어 개발하는 애플리케이션의 민감

도에 따라 보안성을 잘 조절해야 한다.

```java
public class TokenStore {
    private final SharedPreferences prefs;
    public TokenStore(Context context) {
        prefs = PreferenceManager.getDefaultSharedPreferences(context);
    }
    public void save(AccessToken accessToken) {
        SharedPreferences.Editor editor = prefs.edit();
        editor.putBoolean("authorized", true);
        editor.putString("access_token", accessToken.getValue());
        editor.putString("scope", accessToken.getScope());
        editor.putString("token_type", accessToken.getTokenType());
        editor.putLong("expires_in", accessToken.getExpiresIn());
        editor.putLong("issued_at", accessToken.getIssuedAt());
        editor.commit();
    }
    public AccessToken getToken() {
        AccessToken token = null;
        boolean authorized = prefs.getBoolean("authorized", false);
        if (authorized) {
            token = new AccessToken();
            token.setValue(prefs.getString("access_token", null));
            token.setScope(prefs.getString("scope", ""));
            token.setTokenType(prefs.getString("token_type", "bearer"));
            token.setExpiresIn(prefs.getLong("expires_in", -1));
            token.setIssuedAt(prefs.getLong("issued_at", -1));
        }
        return token;
    }
}
```

6. 인가 코드 그랜트 타입을 이용할 것이기 때문에 인가 코드를 전달받을 때
CSRF 공격을 피하기 위한 **state** 파라미터를 담당하는 클래스를 만들어야 한

다. client/oauth2 서브패키지에 다음과 같은 클래스를 만든다.

```java
public class OAuth2StateManager {
    private final SharedPreferences prefs;
    public OAuth2StateManager(Context context) {
        prefs = PreferenceManager.getDefaultSharedPreferences(context);
    }
    public void saveState(String state) {
        SharedPreferences.Editor editor = prefs.edit();
        editor.putString("state", state);
        editor.commit();
    }
    public String getState() {
        return prefs.getString("state", "");
    }
    public boolean isValidState(String state) {
        return this.getState().equals(state);
    }
}
```

7. 인가 코드 그랜트 타입을 위해 필요한 인가 URL을 만들기 위해서는
   OAuth2StateManager와 동일한 패키지에 다음과 같은 클래스를 만든다(이후
   에 만들 ClientAPI를 참조하기 때문에 아직은 컴파일되지 않을 것이다).

```java
public class AuthorizationRequest {
    public static final String REDIRECT_URI = "oauth2://profile/callback";
    public static Uri createAuthorizationUri(String state) {
        return new Uri.Builder()
            .scheme("http")
            .encodedAuthority(ClientAPI.BASE_URL)
            .path("/oauth/authorize")
            .appendQueryParameter("client_id", "clientapp")
            .appendQueryParameter("response_type", "code")
```

```
        .appendQueryParameter("redirect_uri", REDIRECT_URI)
        .appendQueryParameter("scope", "read_profile")
        .appendQueryParameter("state", state)
        .build();
    }
}
```

8. 이제는 client/oauth2 서브패키지 안에 토큰 요청의 몸통 부분을 만들기 위
   한 클래스를 만든다.

```
public class AccessTokenRequest {
    public static Map<String, String> fromCode(String code) {
        Map<String, String> map = new HashMap<>();
        map.put("code", code);
        map.put("scope", "read_profile");
        map.put("grant_type", "authorization_code");
        map.put("redirect_uri", AuthorizationRequest.REDIRECT_URI);
        return map;
    }
}
```

9. 인가 코드 그랜트 타입에서 인가 요청과 토큰 요청 과정에 필요한 모든 데이터
   구조체를 만들었다. 이제 애플리케이션이 OAuth 2.0 엔드포인트와 상호작용
   할 수 있게 만들 차례다. retrofit2를 이용하면 다음과 같이 인터페이스를
   선언하기만 하면 된다(client/oauth2 서브패키지 안에서 선언해야 한다).

```
public interface OAuth2API {
    @FormUrlEncoded @POST("oauth/token")
    Call<AccessToken> requestToken(@FieldMap Map<String, String>
        tokenRequest);
}
```

10. 사용자 프로파일 API와 상호작용하는 데 필요한 것을 만들어보자. client/profile 서브패키지 안에 기본적인 사용자의 프로파일을 저장하는 데이터 구조체를 선언하는 클래스를 만든다.

```
public class UserProfile {
    private String name;
    private String email;
    public String getName() { return name; }
    public String getEmail() { return email; }
}
```

11. 그다음에는 애플리케이션이 사용자의 프로파일 엔드포인트와 상호작용하기 위한 인터페이스를 만든다. 해당 인터페이스는 UserProfile 클래스와 동일한 패키지 내에 만들어야 한다.

```
public interface UserProfileAPI {
    @GET("api/profile")
    Call<UserProfile> token(@Header("Authorization") String
            accessToken);
}
```

12. 지금까지 OAuth 2.0 및 프로파일 엔드포인트와 상호작용하기 위한 몇 가지 인터페이스를 정의했다. 그런데 retrofit2는 요청을 보내는 방법과 요청 결과 처리 방법을 어떻게 할 수 있을까? retrofit2는 OAuth 2.0 서버가 어디에 있는지 어떻게 알까? 클라이언트가 토큰 엔드포인트에 인증하는 방법을 무엇일까? Retrofit 인스턴스가 이를 위해 필요한 모든 설정 내용을 담고 있어야 한다. client 서브패키지 안에 RetrofitAPIFactory 클래스를 만들고 다음과 같은 내용을 추가한다.

```
class RetrofitAPIFactory {
    private final Retrofit retrofit;
    RetrofitAPIFactory(String baseUrl,
            OAuth2ClientAuthenticationInterceptor clientAuthentication)
    {
        retrofit = new Retrofit.Builder()
            .baseUrl("http://" + baseUrl)
            .addConverterFactory(JacksonConverterFactory.create())
            .client(createClient(clientAuthentication))
            .build();
    }
    public Retrofit getRetrofit() { return retrofit; }
    private OkHttpClient
            createClient(OAuth2ClientAuthenticationInterceptor
            clientAuthentication)
    {
        OkHttpClient.Builder client = new OkHttpClient.Builder();
        return client.build();
    }
}
```

13. OkHttpClient 객체를 구성할 때 이전 소스코드에서는 OkHttpClient.
    Builder를 사용해 특정 API에 대한 요청을 만드는 객체인 OkHttpClient 인
    스턴스를 만들었다. 하지만 이 클라이언트 객체는 여전히 엔드포인트에서 클
    라이언트 애플리케이션을 인증하는 방법을 알지 못한다. 이를 위해 다음 단계
    에서 선언할 몇 가지 인터셉터를 추가할 필요가 있다.

14. 따라서 client/interceptor 서브패키지 내부에 다음 클래스를 추가해서
    Bearer 토큰을 HTTP 헤더로 추가한다(okhttp3 패키지에서 Response 클래스를
    임포트한다).

```
public class BearerTokenHeaderInterceptor implements Interceptor {
    @Override
    public Response intercept(Chain chain) throws IOException {
        Request request = chain.request();
        List<String> headers = request.headers("Authorization");
        if (headers.size() > 0) {
            String accessTokenValue = headers.get(0);
            request = request.newBuilder()
                .removeHeader("Authorization")
                .addHeader("Authorization", "Bearer " + accessTokenValue)
                .build();
        }
        return chain.proceed(request);
    }
}
```

15. 동일한 패키지 안에 다음과 같은 OAuth2ClientAuthenticationInterceptor 클래스를 추가한다.

```
public class OAuth2ClientAuthenticationInterceptor implements
        Interceptor {
    @Override
    public Response intercept(Chain chain) throws IOException {
        Request request = chain.request();
        Request authenticatedRequest = request.newBuilder()
            .addHeader("Authorization", getEncodedAuthorization())
            .addHeader("Content-Type",
                    "application/x-www-formurlencoded")
            .method(request.method(), request.body())
            .build();
        return chain.proceed(authenticatedRequest);
    }
    private String getEncodedAuthorization() {
        String credentials = "clientapp:123456";
```

```
        return "Basic " + Base64.encodeToString(credentials
                .getBytes(), Base64.NO_WRAP);
    }
}
```

16. 에러 응답을 처리할 핸들러를 추가한다.

```
public class ErrorInterceptor implements Interceptor {
    @Override
    public Response intercept(Chain chain) throws IOException {
        Request request = chain.request();
        Response response = chain.proceed(request);
        boolean httpError = (response.code() >= 400);
        if (httpError) {
            throw new HttpException(response.code() + ":" +
                    response.message());
        }
        return response;
    }
    public static class HttpException extends RuntimeException {
        public HttpException(String message) {super(message);}
    }
}
```

17. 앞서 선언한 모든 인터셉터를 사용하기 위해 RetrofitAPIFactory 클래스를
    열어 createClient 메소드를 다음과 같이 변경한다.

```
private OkHttpClient createClient(
        OAuth2ClientAuthenticationInterceptor clientAuthentication) {
    OkHttpClient.Builder client = new OkHttpClient.Builder();
    client.addInterceptor(new ErrorInterceptor());
    client.addInterceptor(new BearerTokenHeaderInterceptor());
    if (clientAuthentication != null) {
```

```
        client.addInterceptor(clientAuthentication);
    }
    return client.build();
}
```

18. RetrofitAPIFactory와 동일한 패키지 안에 ClientAPI 클래스를 만들고 다음과 같은 코드를 추가한다. Retrofit은 애플리케이션이 접근하는 외부 서비스를 정의하는 각각의 인터페이스를 위한 프락시를 만든다.

```
public class ClientAPI {
    public static final String BASE_URL = "10.0.2.2:8080";
    public static UserProfileAPI userProfile() {
        RetrofitAPIFactory api = new RetrofitAPIFactory(BASE_URL, null);
        return api.getRetrofit().create(UserProfileAPI.class);
    }
    public static OAuth2API oauth2() {
        RetrofitAPIFactory api = new RetrofitAPIFactory(BASE_URL, new
                OAuth2ClientAuthenticationInterceptor());
        return api.getRetrofit().create(OAuth2API.class);
    }
}
```

19. 이제 사용자에게 보여주는 화면을 만들 차례다. 그것은 액티비티 클래스와 각 클래스에 대한 레이아웃으로 구성된다. 첫 번째 액티비티는 MainActivity라는 이름으로 기본 생성된다. 필자는 가독성을 높이기 위해 MainActivity 클래스를 presenter 서브패키지로 옮겼다. 레이아웃(activity_main.xml)을 열어 다음과 같은 내용을 추가한다.

```
<?xml version="1.0" encoding="utf-8"?>
<android.support.constraint.ConstraintLayout
    xmlns:android="http://schemas.android.com/apk/res/android"
```

```
        xmlns:app="http://schemas.android.com/apk/res-auto"
        xmlns:tools="http://schemas.android.com/tools"
        android:layout_width="match_parent"
        android:layout_height="match_parent"
        tools:context="example.packt.com.authcodeapp.presenter
            .MainActivity
    ">
        <Button
            android:id="@+id/profile_button"
            android:text="Get profile"
            android:layout_width="368dp"
            android:layout_height="wrap_content"
            tools:layout_editor_absoluteY="0dp"
            tools:layout_editor_absoluteX="8dp" />
    </android.support.constraint.ConstraintLayout>
```

20. 마우스 오른쪽 버튼으로 앱 아이콘(Project 창의 왼쪽)을 클릭하고 New/Activity/ Empty Activity를 선택한다. 그다음에는 액티비티의 이름을 ProfileActivity 로 정의하고 Finish 버튼을 클릭한다(presenter 서브패키지를 선택했는지 확인해 야 한다).

21. activity_profile.xml 레이아웃 파일을 열고 다음 내용을 추가한다.

```
<?xml version="1.0" encoding="utf-8"?>
<RelativeLayout
    xmlns:android="http://schemas.android.com/apk/res/android"
    xmlns:app="http://schemas.android.com/apk/res-auto"
    xmlns:tools="http://schemas.android.com/tools"
    android:layout_width="match_parent"
    android:layout_height="match_parent"
    android:orientation="vertical"
    tools:context="example.packt.com.authcodeapp.presenter
            .ProfileActivity">
```

```xml
    <TextView
        android:id="@+id/profile_name"
        android:layout_width="match_parent"
        android:layout_height="wrap_content" />
    <TextView
        android:layout_below="@+id/profile_name"
        android:id="@+id/profile_email"
        android:layout_width="match_parent"
        android:layout_height="wrap_content" />
</RelativeLayout>
```

22. Profile 액티비티를 위한 레이아웃을 정의한 다음에는 ProfileActivity 클래스에 다음과 같은 소스코드를 추가한다.

```java
public class ProfileActivity extends AppCompatActivity {
    private TextView textName;
    private TextView textEmail;
    private TokenStore tokenStore;
    @Override
    protected void onCreate(Bundle savedInstanceState) {
        super.onCreate(savedInstanceState);
        setContentView(R.layout.activity_profile);
        tokenStore = new TokenStore(this);
        textName = (TextView) findViewById(R.id.profile_name);
        textEmail = (TextView) findViewById(R.id.profile_email);
        Call<UserProfile> call = ClientAPI.userProfile()
                .token(tokenStore.getToken().getValue());
        call.enqueue(new Callback<UserProfile>() {
            @Override
            public void onResponse(Call<UserProfile> call,
                    Response<UserProfile> response) {
                UserProfile userProfile = response.body();
                textName.setText(userProfile.getName());
                textEmail.setText(userProfile.getEmail());
```

```
        }
        @Override
        public void onFailure(Call<UserProfile> call, Throwablet) {
            Log.e("ProfileActivity", "Error trying to retrieve user
                profile", t);
        }
    });
    }
}
```

23. ProfileActivity 클래스는 OAuth 2.0 보호된 API인 프로파일 엔드포인트와
   의 상호작용을 담당한다. TokenStore 클래스에는 유효한 액세스 토큰이 저장
   돼 있다고 가정한다(그 액세스 토큰을 사용하기 전에 유효성을 검증해봐야 한다).

24. 인가 코드 그랜트 타입을 사용하므로 애플리케이션은 리소스 소유자가 애플리
   케이션을 인가한 이후에 전달되는 인가 코드를 받을 수 있는 방법이 필요하다.
   웹 애플리케이션에 사용되는 URL 콜백으로 작동되게 직접 액티비티를 만들어
   URL 스킴을 구성할 것이다. 그리고 요청 시 AuthorizationCodeActivity
   클래스를 통해 정의된 액티비티가 실행된다. presenter 서브패키지에
   AuthorizationCodeActivity 클래스를 만들고 다음의 소스코드를 추가한다.

```
public class AuthorizationCodeActivity extends AppCompatActivity {
    private String code;
    private String state;
    private TokenStore tokenStore;
    private OAuth2StateManager manager;
    @Override
    protected void onCreate(Bundle savedInstanceState) {
        super.onCreate(savedInstanceState);
        setContentView(R.layout.activity_profile);
        tokenStore = new TokenStore(this);
        manager = new OAuth2StateManager(this);
```

```
Uri callbackUri = Uri.parse(getIntent().getDataString());
code = callbackUri.getQueryParameter("code");
state = callbackUri.getQueryParameter("state");
// state 파라미터 검증
if (!manager.isValidState(state)) {
    Toast.makeText(this, "CSRF Attack detected",
            Toast.LENGTH_SHORT).show();
    return;
}
Call<AccessToken> accessTokenCall = ClientAPI.oauth2()
        .requestToken(AccessTokenRequest.fromCode(code));
accessTokenCall.enqueue(new Callback<AccessToken>() {
    @Override
    public void onResponse(Call<AccessToken> call,
            Response<AccessToken> response) {
        AccessToken token = response.body();
        tokenStore.save(token);
        Intent intent = new
                Intent(AuthorizationCodeActivity.this,
                ProfileActivity.class);
        startActivity(intent);
        finish();
    }
    @Override
    public void onFailure(Call<AccessToken> call, Throwablet) {
        Log.e("AuthorizationCode", "Error retrieving access
                token", t);
    }
});
    }
}
```

25. 앞의 단계에서 만든 액티비티는 레이아웃이 필요 없다. 하지만 여전히
    AndroidManifest.xml 파일에 등록을 해야 한다. AndroidManifest.xml 파일

의 application 태그 안에 다음과 같은 activity 정의를 추가한다.

```
<activity android:name=".presenter.AuthorizationCodeActivity">
<intent-filter>
    <action android:name="android.intent.action.VIEW"/>
    <category android:name="android.intent.category.DEFAULT"/>
    <category android:name="android.intent.category.BROWSABLE"/>
    <data android:scheme="oauth2" android:host="profile"
          android:path="/callback"/>
</intent-filter>
</activity>
```

26. AndroidManifest.xml 파일의 manifest 태그 안에 첫 번째 요소로 다음 내용을 추가한다.

```
<uses-permission android:name="android.permission.INTERNET"/>
```

27. 마지막으로 MainActivity가 다음과 같은지 확인한다.

```
public class MainActivity extends AppCompatActivity implements
        View.OnClickListener {
    private Button profileButton;
    private TokenStore tokenStore;
    private OAuth2StateManager oauth2StateManager;
    protected void onCreate(Bundle savedInstanceState) {
        super.onCreate(savedInstanceState);
        setContentView(R.layout.activity_main);
        tokenStore = new TokenStore(this);
        oauth2StateManager = new OAuth2StateManager(MainActivity.this);
        profileButton = (Button) findViewById(R.id.profile_button);
        profileButton.setOnClickListener(this);
    }
```

```
public void onClick(View view) {
    AccessToken accessToken = tokenStore.getToken();
    if (accessToken != null && !accessToken.isExpired()) {
        Intent intent = new Intent(this, ProfileActivity.class);
        startActivity(intent);
        return;
    }
    String state = UUID.randomUUID().toString();
    oauth2StateManager.saveState(state);
    Uri authorizationUri =
            AuthorizationRequest.createAuthorizationUri(state);
    Intent authorizationIntent = new Intent(Intent.ACTION_VIEW);
    authorizationIntent.setFlags(
            Intent.FLAG_ACTIVITY_NO_HISTORY);
    authorizationIntent.setData(authorizationUri);
    startActivity(authorizationIntent);
}
}
```

28. 이제는 실행시킬 준비가 됐다(서버 애플리케이션이 8080 포트로 동작 중인지 확인해야 한다).

예제 분석

서버가 실행 중인지 확인하고 지금까지 만든 애플리케이션을 실행시킨다. 애플리케이션을 실행시키면 Get profile 버튼이 있는 간단한 화면을 보게 될 것이다. 그 버튼은 MainActivity 클래스가 만든 것이며, 시스템 브라우저가 서버의 인가 엔드포인트에 요청을 보내는 다른 액티비티를 여는 것을 담당한다. 사용자가 애플리케이션에게 자신의 보호된 리소스에 접근할 수 있게 인가하면 URI 스킴인 oauth2://profile/callback으로 리다이렉트된다.

oauth2://profile/callback에 대한 요청의 경우 URI 스킴을 AuthorizationCodeActivity

에 바인딩하는 인텐트 필터를 정의함으로써 등록된 액티비티가 실행되고, 그때 URI 파라미터에 포함된 인가 코드와 state 파라미터(인가 엔드포인트에 전달된)를 추출하게 된다.

AuthorizationCodeActivity에게 유효한 인가 코드와 state 파라미터가 전달되면 토큰 엔드포인트를 위한 요청을 만든다. 그리고 모든 것이 제대로 수행되면 TokenStore 클래스로 발급된 액세스 토큰을 저장하고 ProfileActivity는 사용자의 프로파일을 보여준다. ProfileActivity에서는 액세스 토큰이 만료된 것인지 확인하지 않았지만 액세스 토큰을 사용하기 전에는 그것의 유효성을 검사하길 바란다.

부연 설명

OAuth2ClientAuthenticationInterceptor의 소스코드상에서 클라이언트의 자격증명을 직접 설정한다는 사실을 알았을 것이다. 키 체인 기능을 사용하거나 로컬 저장소가 아닌 메모리에 자격증명을 저장하는 클라이언트 동적 등록과 같은 다른 방법을 쓰는 전략이 필요하다. 키 체인 사용 방법은 각 모바일 플랫폼마다 고유하게 다르기 때문에 여기서는 자세한 키 체인 사용 방법을 설명하지는 않을 것이다. 그렇더라도 동적으로 클라이언트를 등록하는 것에 대해서는 '모바일 애플리케이션으로 동적 클라이언트 등록 이용' 절에서 좀 더 자세히 살펴본다.

여기서 언급할 만한 좋은 사례는 OAuth 2.0 프로바이더로 사용자를 리다이렉트시킬 때 시스템 브라우저를 사용하는 것이 안전한 방법으로 적극 추천되는 방법이다. RFC 8252에 의하면 웹 뷰를 이용하는 것보다는 시스템 브라우저를 이용하는 편이 더 낫다. 사용자 에이전트를 내장하는 애플리케이션은 사용자의 자격증명뿐만 아니라 세션 쿠키도 캡처할 수 있기 때문이다. 서버는 애플리케이션을 사용자로 인식하며, 애플리케이션은 사용자 이름으로 어떤 것이든 할 수 있기 때문에 문제가 될 수 있다. 시스템 브라우저를 사용함으로써 좋은 또 다른 점은 사용자가 일단 인가 서버에 로그인했다면 해당 로그인 세션이 유효할 때까지는 다시 로그인할 필요가 없다는 점이다.

참고 사항

- 안드로이드 개발 환경 준비

시스템 브라우저로 암시적 그랜트 타입을 이용한 안드로이드 OAuth 2.0 클라이언트 만들기

OAuth 2.0 스펙인 RFC 6749는 네이티브 모바일 애플리케이션에 대해서는 간략하게 설명하고 있다. 즉, 인가 코드 그랜트와 암시적 그랜트 타입의 사용에 대해서는 언급하지만, 어떤 그랜트 타입을 사용하거나 사용하지 말아야 하는지 명시하지 않고 있다. 암시적 그랜트 타입을 사용할 때 액세스 토큰이 만료되면 리프레시 토큰이 반환되지 않는다는 것이 유일하게 언급되는 내용이다. 가장 최근 스펙인 네이티브 앱을 위한 OAuth 2.0(RFC 8252)에서는 네이티브 애플리케이션이 암시적 그랙트 타입을 사용하면 클라이언트 애플리케이션이 탈취 공격을 방어할 수 있는 PKCE(PKCE에 대해서는 이후에 좀 더 자세히 알아본다)를 이용할 수 없기 때문에 적당한 그랜트 타입이 아니라고 기술하고 있다.

이런 점에도 불구하고 시나리오에 따라서는 사용자 데이터가 침해되지 않는 API를 사용할 수도 있기 때문에 이 절에서는 암시적 그랜트 타입의 사용 방법을 알아본다. 사용자의 민감한 데이터가 노출되지 않게 해야 한다. 명심할 점은 네이티브 모바일 애플리케이션을 구현할 때 암시적 그랜트 타입은 대부분의 시나리오에서 권장되는 그랜트 타입이 아니라는 점이다.

준비

서버 애플리케이션이 필요하며, 그것은 깃허브의 Chapter07 디렉토리에서 얻을 수 있다. 그리고 Chapter07/server 디렉토리로 가서 `mvn spring-boot:run` 명령으로 서버 애플리케이션을 실행하면 된다. 또한 안드로이드 스튜디오도 필요하다.

예제 구현

안드로이드 스튜디오로 `ImplicitApp`이라는 이름의 새로운 프로젝트를 만들고 다음과 같은 절차를 수행한다(애플리케이션을 만들 때는 `MainActivity`라는 이름의 빈 액티비티가 자동으로 만들어졌는지 확인한다). 완전한 소스코드는 https://github.com/PacktPublishing/OAuth-2.0-Cookbook/tree/master/Chapter07/ImplicitApp에서 다운로드하면 된다.

1. HTTP 요청으로 API와 상호작용해야 하기 때문에 프로젝트 종속성으로 `retrofit2`를 추가한다. `retrofit2`는 REST API와 상호작용하기 위한 훌륭한 라이브러리다. 프로젝트에 `retrofit2`를 추가하려면 build.gradle 파일을 열어 다음과 같은 내용을 추가한다.

```
compile 'com.squareup.retrofit2:retrofit:2.3.0'
compile 'com.squareup.retrofit2:converter-jackson:2.3.0'
compile 'com.squareup.okhttp3:logging-interceptor:3.9.0'
```

2. 동일한 build.gradle 파일의 안드로이드 객체 선언의 끝부분에 다음과 같은 내용을 추가한다.

```
packagingOptions {
    exclude 'META-INF/LICENSE'
}
```

3. 이제는 프로젝트의 패키지 구조를 만들어 잘 짜여진 애플리케이션을 만들어 보자. 프로젝트의 기본 패키지 안에 `client`와 `presenter` 패키지를 만든다. `client` 패키지 안에는 `interceptor`, `oauth2`, `utils`, `profile` 서브패키지를

만든다(이 서브패키지들에 대해서는 이후에 설명한다).

4. 애플리케이션의 액티비티들을 만들기 전에 서버 API와 상호작용하는 데 필요한 모든 기반 구조를 만들어놓자. client/oauth2 안에 '시스템 브라우저로 인가 코드를 이용하는 안드로이드 OAuth 2.0 클라이언트 만들기' 절에서 만든 것과 동일한 AccessToken과 TokenStore 클래스를 만든다.

5. 동일한 패키지 안에 다음과 같은 내용의 AuthorizationRequest 클래스를 만든다.

```java
public class AuthorizationRequest {
    public static final String REDIRECT_URI =
            "oauth2://profile/callback";
    public static Uri createAuthorizationURI(String state) {
        return new Uri.Builder()
            .scheme("http")
            .encodedAuthority(ClientAPI.BASE_URL)
            .path("/oauth/authorize")
            .appendQueryParameter("client_id", "clientapp")
            .appendQueryParameter("response_type", "token")
            .appendQueryParameter("redirect_uri", REDIRECT_URI)
            .appendQueryParameter("scope", "read_profile")
            .appendQueryParameter("state", state)
            .build();
    }
}
```

6. CSRF 공격을 피하기 위해 client/oauth2 서브패키지 안에 state 파라미터를 관리하는 OAuth2StateManager 클래스를 만든다.

```java
public class OAuth2StateManager {
    private final SharedPreferences prefs;
    public OAuth2StateManager(Context context) {
```

```
        prefs = PreferenceManager.getDefaultSharedPreferences(context);
    }
    public void saveState(String state) {
        SharedPreferences.Editor editor = prefs.edit();
        editor.putString("state", state);
        editor.commit();
    }
    public String getState() {
        return prefs.getString("state", "");
    }
    public boolean isValidState(String state) {
        return this.getState().equals(state);
    }
}
```

7. 이제는 '시스템 브라우저로 인가 코드를 이용하는 안드로이드 OAuth 2.0 클라이언트 만들기' 절에서 설명한 인터셉터를 만들어보자. OAuth 2.0 보호된 리소스에 접근하기 위해 액세스 토큰은 인가 헤더에 추가하는 것을 담당하는 BearerTokenHeaderInterceptor 클래스를 client/interceptor 서브패키지 안에 만든다(okhttp3 패키지에어 Request와 Response 클래스를 임포트하는 것을 기억하기 바란다).

```
public class BearerTokenHeaderInterceptor implements Interceptor {
    @Override
    public Response intercept(Chain chain) throws IOException {
        Request request = chain.request();
        List<String> headers = request.headers("Authorization");
        if (headers.size() > 0) {
            String accessTokenValue = headers.get(0);
            request = request.newBuilder()
                .removeHeader("Authorization")
                .addHeader("Authorization", "Bearer " +
```

```
                accessTokenValue)
            .build();
    }
    return chain.proceed(request);
    }
}
```

8. 동일한 패키지에 `ErrorInterceptor` 클래스를 만든다.

```
public class ErrorInterceptor implements Interceptor {
    @Override
    public Response intercept(Chain chain) throws IOException {
        Request request = chain.request();
        Response response = chain.proceed(request);
        boolean httpError = (response.code() >= 400);
        if (httpError) {
            throw new HttpException();
        }
        return response;
    }
    public static class HttpException extends RuntimeException {}
}
```

9. `client/profile` 서브패키지 안에 '시스템 브라우저로 인가 코드를 이용하는 안드로이드 OAuth 2.0 클라이언트 만들기' 절에서 만든 것과 동일한 `UserProfile`과 `UserProfileAPI` 클래스를 만든다.

10. `client/utils` 서브패키지 안에 URI 프래그먼트에서 파라미터를 추출하는 `URIUtils` 클래스를 만든다. 이는 암시적 그랜트 타입을 이용할 때 필요하다.

```
public class URIUtils {
    @NonNull
```

```java
    public static Map<String, String> getQueryParameters(String
        fragment) {
        String[] queryParams = fragment.split("&");
        Map<String, String> parameters = new HashMap<>();
        for (String keyValue : queryParams) {
            String[] parameter = keyValue.split("=");
            String key = parameter[0];
            String value = parameter[1];
            parameters.put(key, value);
        }
        return parameters;
    }
}
```

11. 이제는 client 서브패키지에 ClientAPI의 단순화된 버전을 만든다.

```java
public class ClientAPI {
    public static final String BASE_URL = "10.0.2.2:8080";
    private final Retrofit retrofit;
    private ClientAPI() {
        HttpLoggingInterceptor logging = new HttpLoggingInterceptor();
        logging.setLevel(HttpLoggingInterceptor.Level.BODY);
        OkHttpClient.Builder client = new OkHttpClient.Builder();
        client.addInterceptor(logging);
        client.addInterceptor(new BearerTokenHeaderInterceptor());
        client.addInterceptor(new ErrorInterceptor());
        retrofit = new Retrofit.Builder()
            .baseUrl("http://" + BASE_URL)
            .addConverterFactory(JacksonConverterFactory.create())
            .client(client.build())
            .build();
    }
    public static UserProfileAPI userProfile() {
        ClientAPI api = new ClientAPI();
```

```
        return api.retrofit.create(UserProfileAPI.class);
    }
}
```

12. 디폴트 액티비티로 생성되는 MainActivity에 다음의 소스코드를 추가한다
(이후의 모든 작업이 수행되기 전까지는 컴파일이 되지 않을 것이다. 따라서 컴파일
에러가 발생한다고 걱정하지 않아도 된다).

```
public class MainActivity extends AppCompatActivity implements
        View.OnClickListener{
    private TokenStore tokenStore;
    private OAuth2StateManager oAuth2StateManager;
    @Override
    protected void onCreate(Bundle savedInstanceState) {
        super.onCreate(savedInstanceState);
        setContentView(R.layout.activity_main);
        tokenStore = new TokenStore(this);
        oAuth2StateManager = new OAuth2StateManager(this);
        Button profileButton =
                (Button)findViewById(R.id.profile_button);
        profileButton.setOnClickListener(this);
    }
    @Override
    public void onClick(View view) {
        AccessToken accessToken = tokenStore.getToken();
        Intent intent;
        if (accessToken != null && !accessToken.isExpired()) {
            intent = new Intent(this, ProfileActivity.class);
        } else {
            String state = UUID.randomUUID().toString();
            oAuth2StateManager.saveState(state);
            Uri authorizationUri =
                    AuthorizationRequest.createAuthorizationURI(state);
```

```
        intent = new Intent(Intent.ACTION_VIEW);
        intent.setFlags(Intent.FLAG_ACTIVITY_NO_HISTORY);
        intent.setData(authorizationUri);
    }
    startActivity(intent);
  }
}
```

13. 애플리케이션은 웹 애플리케이션의 경우와 마찬가지로 URI 프래그먼트로 액
    세스 토큰을 암시적으로 전달받아야 한다. 이를 위한 리다이렉션 콜백을 처리
    하기 위해 Activity로서 등록되고 URI 스킴에 바운딩될 클래스를 만든다.

```
public class RedirectCallbackActivity extends AppCompatActivity {
    private TokenStore tokenStore;
    private OAuth2StateManager stateManager;
    @Override
    protected void onCreate(Bundle savedInstanceState) {
        super.onCreate(savedInstanceState);
        tokenStore = new TokenStore(this);
        stateManager = new OAuth2StateManager(this);
        Uri callbackUri = Uri.parse(getIntent().getDataString());
        Map<String, String> parameters =
                URIUtils.getQueryParameters(callbackUri.getFragment());
        if (parameters.containsKey("error")) {
            Toast.makeText(this, parameters.get("error_description"),
                    Toast.LENGTH_SHORT).show();
            return;
        }
        String state = parameters.get("state");
        if (!stateManager.isValidState(state)) {
            Toast.makeText(this, "CSRF Attack detected",
            Toast.LENGTH_SHORT).show();
            return;
```

```
        }
        AccessToken accessToken = new AccessToken();
        accessToken.setValue(parameters.get("access_token"));
        accessToken.setExpiresIn(Long.parseLong(parameters.get(
                "expires_in")));
        accessToken.setTokenType("bearer");
        tokenStore.save(accessToken);
        Intent intentProfile = new Intent(this, ProfileActivity.class);
        startActivity(intentProfile);
        finish();
    }
}
```

14. 위 클래스는 유효한 액세스 토큰을 받으면 TokenStore 클래스를 사용해서
    해당 액세스 토큰을 저장하고 사용자를 ProfileActivity로 리다이렉트시킨
    다. ProfileActivity는 저장된 액세스 토큰을 이용해 사용자의 프로파일을
    요청해서 그것을 화면에 보여준다. 서버에 리다이렉션 URI로 등록된 URI 스
    킴을 처리하기 위한 RedirectCallbackActivity를 위해 AndroidManifest.
    xml의 application 태그 안에 다음과 같은 내용을 추가한다.

```
<activity android:name=".presenter.RedirectCallbackActivity">
    <intent-filter>
        <action android:name="android.intent.action.VIEW" />
        <category android:name="android.intent.category.DEFAULT" />
        <category android:name="android.intent.category.BROWSABLE"/>
        <data android:host="profile" android:path="/callback"
                android:scheme="oauth2" />
    </intent-filter>
</activity>
```

15. 애플리케이션이 네트워크로 외부 API와 상호작용할 수 있게 AndroidManifest.
    xml 파일의 최상위 태그에 다음과 같은 내용을 추가한다.

```
<uses-permission android:name="android.permission.INTERNET" />
```

16. presenter 서브패키지에 ProfileActivity를 만들기 위해 Project 뷰(왼쪽 패널에 있음)에 있는 앱 아이콘을 마우스 오른쪽 버튼으로 클릭해서 New ❯ Activity ❯ Empty Activity를 선택한다.

17. ProfileActivity 클래스를 열고 다음의 코드를 추가한다.

```java
private TokenStore tokenStore;
private TextView textName;
private TextView textEmail;
@Override
protected void onCreate(Bundle savedInstanceState) {
    super.onCreate(savedInstanceState);
    setContentView(R.layout.activity_profile);
    tokenStore = new TokenStore(this);
    textName = (TextView) findViewById(R.id.profile_name);
    textEmail = (TextView) findViewById(R.id.profile_email);
    AccessToken accessToken = tokenStore.getToken();
    Call<UserProfile> getUserProfile =
            ClientAPI.userProfile().token(accessToken.getValue());
    getUserProfile.enqueue(new Callback<UserProfile>() {
        @Override
        public void onResponse(Call<UserProfile> call,
                Response<UserProfile> response) {
            UserProfile userProfile = response.body();
            textName.setText(userProfile.getName());
            textEmail.setText(userProfile.getEmail());
        }
        @Override
        public void onFailure(Call<UserProfile> call, Throwable t)
        {
            Log.e("ProfileActivity", "Error trying to retrieve user
                    profile", t);
```

```
            }
        });
    }
```

18. 마지막으로 애플리케이션을 위해 필요한 레이아웃을 만든다.

19. activity_main.xml의 내용을 다음의 코드로 변경한다.

```xml
<?xml version="1.0" encoding="utf-8"?>
<android.support.constraint.ConstraintLayout
    xmlns:android="http://schemas.android.com/apk/res/android"
    xmlns:app="http://schemas.android.com/apk/res-auto"
    xmlns:tools="http://schemas.android.com/tools"
    android:layout_width="match_parent"
    android:layout_height="match_parent"
    tools:context="example.packt.com.implicitapp.presenter.MainActivity">
    <Button
        android:id="@+id/profile_button"
        android:text="Get profile"
        android:layout_width="match_parent"
        android:layout_height="wrap_content" />
</android.support.constraint.ConstraintLayout>
```

20. activity_profile.xml의 내용을 다음의 코드로 변경한다.

```xml
<?xml version="1.0" encoding="utf-8"?>
<RelativeLayout
    xmlns:android="http://schemas.android.com/apk/res/android"
    xmlns:app="http://schemas.android.com/apk/res-auto"
    xmlns:tools="http://schemas.android.com/tools"
    android:layout_width="match_parent"
    android:layout_height="match_parent"
    android:orientation="vertical"
    tools:context="example.packt.com.implicitapp.presenter
```

```
            .ProfileActivity">
        <TextView
            android:id="@+id/profile_name"
            android:layout_width="match_parent"
            android:layout_height="wrap_content" />
        <TextView
            android:layout_below="@+id/profile_name"
            android:id="@+id/profile_email"
            android:layout_width="match_parent"
            android:layout_height="wrap_content" />
    </RelativeLayout>
```

예제 분석

액티비티가 인가 코드를 받을 때도 동일하게 URI 스킴을 이용하며, URI 프래그먼트로 액세스 토큰을 받는 RedirectCallbackActivity라는 이름의 액티비티를 만들었다. state 파라미터와 expires_in 파라미터뿐만 아니라 액세스 토큰도 URIUtils 클래스가 URI 프래그먼트에서 추출해 하나의 문자열을 문자열 맵으로 변환한다.

버튼이 있는 MainActivity로 시작하며, 그 버튼을 클릭하면 TokenStore로부터 액세스 토큰을 받으려고 시도할 것이다. 유효한 토큰이 있다면 ProfileActivity로 사용자를 직접 이동시킨다. 그렇지 않으면 AuthorizationRequest 클래스에 의해 생성된 인가 URI를 이용해 다음 코드처럼 시스템 브라우저를 호출할 것이다.

```
Uri authorizationUri = AuthorizationRequest.createAuthorizationURI(state);
intent = new Intent(Intent.ACTION_VIEW);
intent.setFlags(Intent.FLAG_ACTIVITY_NO_HISTORY);
intent.setData(authorizationUri);
```

클라이언트가 리다이렉트 URI로 등록돼 있고 CSRF 공격을 막기 위해 state 파라미터를 이용하고 있지만, 다른 애플리케이션도 동일한 형태의 액세스 토큰을 수신하는 URI 스킴에 바운드될 수 있고, OAuth 2.0 프로바이더로부터 전달되는 액세스 토큰을 가로챌 수 있다. 이를 방지하기 위해 인가 코드 그랜트 타입을 이용할 때는 PKCE에 의존할 수 있지만, 암시적 그랜트 타입을 이용할 때는 그것을 이용할 수 없다. 따라서 대부분의 애플리케이션에서는 암시적 그랜트 타입을 사용하지 않아야 한다.

참고 사항

- 안드로이드 개발 환경 준비
- 시스템 브라우저로 인가 코드를 이용하는 안드로이드 OAuth 2.0 클라이언트 만들기
- RFC 6749의 네이티브 클라이언트 애플리케이션 섹션(https://tools.ietf.org/html/rfc6749#section-9)

■ 내장 브라우저를 이용하는 안드로이드 2.0 클라이언트 만들기

내장 브라우저 사용과 관련된 많은 보안 취약점이 있지만 여전히 널리 사용되고 있으며, 경우에 따라서는 특별한 목적으로 내장 브라우저를 사용해야 하는 경우도 있다. 내장 브라우저를 이용하기 전에 RFC 8252에서 설명하고 있는 보안 취약점을 인지한 다음 인앱 브라우저를 이용할 수 없는지 확인해야 한다. 안드로이드에서는 https://developer.chrome.com/multidevice/android/customtabs에서 공식적으로 설명하고 있는 Custom 탭을 이용할 수 있다. 이번에는 내장 브라우저(안드로이드 WebView)를 이용하는 방법을 알아보고, 간단한 설명을 위해 암시적 그랜트 타입을 이용한다.

네이티브 앱을 위한 OAuth 2.0 스펙(RFC 8252)에서 언급한 이슈 때문에 WebView 를 신중하게 사용해야 한다.

실제 애플리케이션에서는 인가 코드 그랜트 타입을 사용해야 한다는 점을 기억하기 바란다.

준비

서버 애플리케이션이 필요하며, 깃허브의 Chapter07 디렉토리에서 얻을 수 있다. 그리고 Chapter07/server 디렉토리로 가서 `mvn spring-boot:run` 명령으로 서버 애플리케이션을 실행하면 된다. 또한 안드로이드 스튜디오도 필요하며, 최소 SDK 버전으로 21을 사용해야 한다.

예제 구현

안드로이드 스튜디오로 **EmbeddedApp**이라는 이름의 새로운 프로젝트를 만들고 다음에 설명하는 절차를 수행한다(애플리케이션을 만들 때는 `MainActivity`라는 이름의 빈 액티비티가 자동으로 만들어졌는지 확인한다). 완전한 소스코드는 https://github.com/PacktPublishing/OAuth-2.0-Cookbook/tree/master/Chapter07/EmbeddedApp에서 다운로드하면 된다.

1. HTTP 요청으로 API와 상호작용해야 하기 때문에 프로젝트 종속성으로 **retrofit2**를 추가하자. 프로젝트에 **retrofit2**를 추가하려면 build.gradle 파일을 열어 다음과 같은 내용을 추가한다.

```
compile 'com.squareup.retrofit2:retrofit:2.3.0'
compile 'com.squareup.retrofit2:converter-jackson:2.3.0'
```

```
compile 'com.squareup.okhttp3:logging-interceptor:3.9.0'
```

2. 동일한 build.gradle 파일에서 안드로이드 객체 선언의 끝부분에 다음과 같은 내용을 추가한다.

```
packagingOptions {
    exclude 'META-INF/LICENSE'
}
```

3. 이제는 프로젝트의 패키지 구조를 만들어 잘 짜여진 애플리케이션을 만들어 보자. 프로젝트의 기본 패키지 안에 client와 presenter 패키지를 만든다. client 패키지 안에는 interceptor, oauth2, utils, profile 서브패키지를 만든다(이 서브패키지들에 대해서는 이후에 설명한다). MainActivity 클래스를 presenter 패키지로 옮기는 것을 추천한다(안드로이드 스튜디오의 refactor 도구를 이용).

4. 애플리케이션의 액티비티들을 만들기 전에 서버 API와 상호작용하는 데 필요한 모든 기반 구조를 만들어놓자. client/oauth2 안에 '시스템 브라우저로 인가 코드를 이용하는 안드로이드 OAuth 2.0 클라이언트 만들기' 절에서 만든 것과 동일한 AccessToken과 TokenStore 클래스를 만든다.

5. 동일한 패키지 안에 '시스템 브라우저로 암시적 그랜트 타입을 이용한 안드로이드 OAuth 2.0 클라이언트 만들기' 절에서 만든 것과 동일한 내용의 AuthorizationRequest 클래스를 만든다(암시적 그랜트 타입을 이용하기 때문에 response_type을 token으로 한다).

6. client/oauth2 서브패키지 안에 '시스템 브라우저로 인가 코드를 이용하는 안드로이드 OAuth 2.0 클라이언트 만들기' 절의 URIUtils와 OAuth2State Manager 클래스를 복사한다.

7. client/interceptor 서브패키지에 BearerTokenHeaderInterceptor와 ErrorInterceptor를 만들고 '시스템 브라우저로 인가 코드를 이용하는 안드로이드 OAuth 2.0 클라이언트 만들기' 절에서 만든 것과 동일한 내용을 추가한다.

8. 외부 API 사용을 설명하기 위해서 '시스템 브라우저로 인가 코드를 이용하는 안드로이드 OAuth 2.0 클라이언트 만들기' 절에서 만든 AuthCodeApp 프로젝트에서 UserProfile과 UserProfileAPI를 client/profile 서브패키지로 복사한다.

9. client 서브패키지에 ClientAPI 클래스를 다음과 같이 만든다.

```java
public class ClientAPI {
    private final Retrofit retrofit;
    public static final String BASE_URL = "10.0.2.2:8080";
    private ClientAPI() {
        HttpLoggingInterceptor logging = new HttpLoggingInterceptor();
        logging.setLevel(HttpLoggingInterceptor.Level.BODY);
        OkHttpClient.Builder client = new OkHttpClient.Builder();
        client.addInterceptor(logging);
        client.addInterceptor(new ErrorInterceptor());
        client.addInterceptor(new BearerTokenHeaderInterceptor());
        retrofit = new Retrofit.Builder()
            .baseUrl("http://" + BASE_URL)
            .addConverterFactory(JacksonConverterFactory.create())
            .client(client.build())
            .build();
    }
    public static UserProfileAPI userProfile() {
        ClientAPI api = new ClientAPI();
        return api.retrofit.create(UserProfileAPI.class);
    }
}
```

10. 이제는 액티비티를 만들고 필요하면 레이아웃을 만들 차례다. MainActivity 클래스를 열어 다음과 같은 내용으로 변경한다.

```
public class MainActivity extends AppCompatActivity implements
        View.OnClickListener {
    private TokenStore tokenStore;
    private Button mainButton;
    @Override
    protected void onCreate(Bundle savedInstanceState) {
        super.onCreate(savedInstanceState);
        setContentView(R.layout.activity_main);
        tokenStore = new TokenStore(this);
        mainButton = (Button) findViewById(R.id.main_button);
        mainButton.setOnClickListener(this);
    }
    @Override
    public void onClick(View view) {
        if (view == mainButton) {
            Intent intent;
            AccessToken accessToken = tokenStore.getToken();
            if (accessToken != null && !accessToken.isExpired()) {
                intent = new Intent(this, ProfileActivity.class);
            } else {
                intent = new Intent(this, AuthorizationActivity.class);
            }
            startActivity(intent);
        }
    }
}
```

11. activity_main.xml 파일을 열어 다음 내용으로 변경한다.

```
<?xml version="1.0" encoding="utf-8"?>
<RelativeLayout
```

```
    xmlns:android="http://schemas.android.com/apk/res/android"
    xmlns:app="http://schemas.android.com/apk/res-auto"
    xmlns:tools="http://schemas.android.com/tools"
    android:layout_width="match_parent"
    android:layout_height="match_parent"
    tools:context="example.packt.com.embeddedapp.presenter
        .MainActivity">
    <Button
        android:id="@+id/main_button"
        android:text="Authorize to read profile"
        android:layout_width="match_parent"
        android:layout_height="wrap_content" />
</RelativeLayout>
```

12. MainActivity 클래스는 기존의 유효한 액세스 토큰을 확인한 후 사용자를 ProfileActivity나 AuthorizationActivity로 인도한다. 유효한 액세스 토큰이 없다면 AuthorizationActivity가 사용자에게 OAuth 프로바이더의 인가 엔드포인트를 가리키는 WebView를 보여줄 것이다. 하지만 AuthorizationActivity를 만들기에 앞서 사용자의 인가 결과로 전달되는 액세스 토큰을 애플리케이션이 수신할 수 있도록 URI 스킴 인텐트로 등록될 액티비티를 만든다. presenter 서브패키지에 다음과 같은 RedirectUriActivity 클래스를 만든다.

```
public class RedirectUriActivity extends AppCompatActivity {
    private TokenStore tokenStore;
    private OAuth2StateManager stateManager;
    @Override
    protected void onCreate(Bundle savedInstanceState) {
        super.onCreate(savedInstanceState);
        tokenStore = new TokenStore(this);
        stateManager = new OAuth2StateManager(this);
```

```
Uri callbackUri = Uri.parse(getIntent().getDataString());
Map<String, String> parameters =
        URIUtils.getQueryParameters(callbackUri.getFragment());
if (parameters.containsKey("error")) {
    Toast.makeText(this, parameters.get("error_description"),
            Toast.LENGTH_SHORT).show();
    return;
}
String state = parameters.get("state");
if (!stateManager.isValidState(state)) {
    Toast.makeText(this, "CSRF Attack detected",
            Toast.LENGTH_SHORT).show();
    return;
}
AccessToken accessToken = new AccessToken();
accessToken.setValue(parameters.get("access_token"));
accessToken.setExpiresIn(Long.parseLong(parameters.get(
        "expires_in")));
accessToken.setScope(parameters.get("scope"));
accessToken.setTokenType("bearer");
tokenStore.save(accessToken);
Intent intentProfile = new Intent(this, ProfileActivity.class);
startActivity(intentProfile);
finish();
    }
}
```

13. File ❭ New ❭ Activity ❭ Empty Activity를 선택해서 **presenter** 서브패키지에
AuthorizationActivity를 만든다.

14. 그다음에는 activity_authorization.xml 파일을 열어 다음 내용으로 교체한다
(example.packt.com.embeddedapp과 프로젝트의 기본 패키지가 다른지 확인한다).

```
<?xml version="1.0" encoding="utf-8"?>
<RelativeLayout
    xmlns:android="http://schemas.android.com/apk/res/android"
    xmlns:app="http://schemas.android.com/apk/res-auto"
    xmlns:tools="http://schemas.android.com/tools"
    android:layout_width="match_parent"
    android:layout_height="match_parent"
    tools:context="example.packt.com.embeddedapp.presenter
        .AuthorizationActivity">
    <WebView
        android:id="@+id/authorization_webview"
        android:layout_width="match_parent"
        android:layout_height="match_parent">
    </WebView>
</RelativeLayout>
```

15. AuthorizationActivity 클래스를 열어 다음의 코드로 전체 내용을 교체한다.

```
public class AuthorizationActivity extends AppCompatActivity {
    private WebView webView;
    private OAuth2StateManager oauth2StateManager;
    @Override
    protected void onCreate(Bundle savedInstanceState) {
        super.onCreate(savedInstanceState);
        setContentView(R.layout.activity_authorization);
        webView = (WebView)findViewById(R.id.authorization_webview);
        oauth2StateManager = new OAuth2StateManager(this);
        String state = UUID.randomUUID().toString();
        Uri authorizationUri =
            AuthorizationRequest.createAuthorizationUri(state);
        oauth2StateManager.saveState(state);
        webView.setWebViewClient(new WebViewClient() {
            public boolean shouldOverrideUrlLoading(WebView view,
                String url) {
```

```
                return urlLoading(view, url);
            }
            public boolean shouldOverrideUrlLoading(WebView view,
                    WebResourceRequest request) {
                String url = request.getUrl().toString();
                return urlLoading(view, url);
            }
            private boolean urlLoading(WebView view, String url) {
                if (url.contains("oauth2://profile/callback")) {
                    Intent intent = new Intent(AuthorizationActivity.this,
                            RedirectUriActivity.class);
                    intent.setData(Uri.parse(url));
                    startActivity(intent);
                    finish();
                }
                return false;
            }
        });
        webView.loadUrl(authorizationUri.toString());
    }
}
```

16. 그다음에는 File ▶ New ▶ Activity ▶ Empty Activity로 AuthorizationActivity
    와 동일한 패키지에 ProfileActivity를 만든다.

17. activity_profile.xml 파일을 열어 다음과 같은 XML 내용으로 모든 내용을 교
    체한다.

```
<?xml version="1.0" encoding="utf-8"?>
<RelativeLayout
    xmlns:android="http://schemas.android.com/apk/res/android"
    xmlns:app="http://schemas.android.com/apk/res-auto"
    xmlns:tools="http://schemas.android.com/tools"
    android:layout_width="match_parent"
```

```
        android:layout_height="match_parent"
        tools:context="example.packt.com.embeddedapp.presenter
              .ProfileActivity">
      <LinearLayout
          android:orientation="vertical"
          android:layout_width="match_parent"
          android:layout_height="wrap_content">
          <TextView
              android:id="@+id/profile_username"
              android:text="user name"
              android:layout_width="match_parent"
              android:layout_height="wrap_content" />
          <TextView
              android:id="@+id/profile_email"
              android:text="email"
              android:layout_width="match_parent"
              android:layout_height="wrap_content" />
      </LinearLayout>
</RelativeLayout>
```

18. ProfileActivity 클래스에 다음과 같은 코드를 추가한다.

```
public class ProfileActivity extends AppCompatActivity {
    private TextView usernameText;
    private TextView emailText;
    private TokenStore tokenStore;
    @Override
    protected void onCreate(Bundle savedInstanceState) {
        super.onCreate(savedInstanceState);
        setContentView(R.layout.activity_profile);
        tokenStore = new TokenStore(this);
        AccessToken accessToken = tokenStore.getToken();
        usernameText = (TextView)findViewById(R.id.profile_username);
        emailText = (TextView) findViewById(R.id.profile_email);
```

```java
Call<UserProfile> profileCallback =
        ClientAPI.userProfile( ).token(accessToken.getValue( ));
profileCallback.enqueue(new Callback<UserProfile>( ) {
    @Override
    public void onResponse(Call<UserProfile> call,
            Response<UserProfile> response) {
        UserProfile userProfile = response.body( );
        usernameText.setText(userProfile.getName( ));
        emailText.setText(userProfile.getEmail( ));
    }
    @Override
    public void onFailure(Call<UserProfile> call, Throwable t) {
        Toast.makeText(ProfileActivity.this, "Error retrieving
                user profile", Toast.LENGTH_SHORT).show( );
    }
});
    }
}
```

19. 이제는 AndroidManifest.xml 파일을 열어 다음과 같은 권한을 추가한다.

```xml
<uses-permission android:name="android.permission.INTERNET" />
```

20. application 태그의 activity 섹션에 다음과 같은 내용을 추가해서 RedirectUriActivity를 위한 URI 스킴을 등록한다.

```xml
<activity android:name=".presenter.RedirectUriActivity">
    <intent-filter>
        <action android:name="android.intent.action.VIEW"/>
        <category android:name="android.intent.category.DEFAULT"/>
        <category android:name="android.intent.category.BROWSABLE"/>
        <data android:scheme="oauth2" android:host="profile"
```

```
                android:path="/callback"/>
        </intent-filter>
    </activity>
```

예제 분석

이번에 만든 것은 '시스템 브라우저로 암시적 그랜트 타입을 이용한 안드로이드 OAuth 2.0 클라이언트 만들기' 예제와 상당히 유사하다. 하지만 이번에는 애플리케이션에 권한을 부여하기 위해 시스템 브라우저 대신 안드로이드의 웹 뷰 컴포넌트를 사용해서 인가 서버와 상호작용하는 방법을 설명했다.

사용자에게 매끄러운 탐색 기능을 제공하지만 몇 가지 보안 취약점에 의해 사용자의 자격증명과 세션 쿠키가 침해 당할 수 있다. 매끄러운 탐색이 장점임에도 불구하고 WebView는 사용자의 세션을 저장할 수 없다. 따라서 사용자가 WebView로 리다이렉트될 때마다 사용자는 자신을 인증해야 하고 결국 사용자 경험이 나빠지게 된다.

참고 사항

- 안드로이드 개발 환경 준비
- 시스템 브라우저로 인가 코드를 이용하는 안드로이드 OAuth 2.0 클라이언트 만들기
- 시스템 브라우저로 암시적 그랜트 타입을 이용한 안드로이드 OAuth 2.0 클라이언트 만들기

▌ OAuth 2 서버가 제공하는 패스워드 그랜트 타입을 이용하는 클라이언트 앱

때로는 서버 애플리케이션에서 제공하는 것과 동일한 네이티브 모바일 애플리케이션을 개발하는 경우도 있다. 그런 경우에 사용자는 항상 자신의 자격증명을 제시할 것이고, 그 자격증명은 서버에서 사용자를 인증하는 데 사용되는 것과 동일한 것일 것이다. 이와 같은 시나리오에서 애플리케이션은 사용자의 자격증명을 저장하지 않고 그것을 서버(OAuth 2.0 프로바이더)에서 액세스 토큰으로 교환할 수 있다. 액세스 키는 민감한 정보이기 때문에 그것을 메모리나 키 체인과 같은 것을 이용해서 관리할 수 있다. 그렇게 하더라도 액세스 토큰을 쉽게 처리할 수 있고 그 수명이 짧을 수 있다. 이번에는 애플리케이션이 리소스 소유자 패스워드 자격증명 그랜트 타입을 이용해서 사용자의 자격증명을 OAuth 2.0 액세스 토큰과 교환하는 방법을 알아본다.

준비

서버 애플리케이션이 필요하며, 깃허브의 Chapter07 디렉토리에서 얻을 수 있다. 그리고 Chapter07/server 디렉토리로 가서 `mvn spring-boot:run` 명령으로 서버 애플리케이션을 실행하면 된다. 또한 안드로이드 스튜디오도 필요하다.

예제 구현

안드로이드 스튜디오로 `ResourceOwnerPassword`라는 이름의 새로운 프로젝트를 만들고 다음에 설명하는 절차를 수행한다(애플리케이션을 만들 때는 `MainActivity`라는 이름의 빈 액티비티가 자동으로 만들어졌는지 확인한다). 완전한 소스코드는 https://github.com/PacktPublishing/OAuth-2.0-Cookbook/tree/master/Chapter07/ResourceOwnerPassword에서 다운로드하면 된다.

1. HTTP 요청으로 API와 상호작용해야 하기 때문에 프로젝트 종속성으로 retrofit2를 추가하자. 프로젝트에 retrofit2를 추가하기 위해 build.gradle 파일을 열어 다음과 같은 내용을 추가한다.

```
compile 'com.squareup.retrofit2:retrofit:2.3.0'
compile 'com.squareup.retrofit2:converter-jackson:2.3.0'
compile 'com.squareup.okhttp3:logging-interceptor:3.9.0'
```

2. 동일한 build.gradle 파일에서 안드로이드 객체 선언의 끝부분에 다음과 같은 내용을 추가한다.

```
packagingOptions {
    exclude 'META-INF/LICENSE'
}
```

3. 이제는 프로젝트의 패키지 구조를 만들어 잘 짜여진 애플리케이션을 만들어 보자. 프로젝트의 기본 패키지 안에 client와 login, presenter 패키지를 만든다. client 패키지 안에는 interceptor, oauth2, profile 서브패키지를 만든다(이 서브패키지들에 대해서는 이후에 설명한다).

4. 애플리케이션의 액티비티들을 만들기 전에 서버 API와 상호작용하는 데 필요한 모든 기반 구조를 만들어놓자. client/oauth2 안에 '시스템 브라우저로 인가 코드를 이용하는 안드로이드 OAuth 2.0 클라이언트 만들기' 절에서 만든 것과 동일한 AccessToken과 TokenStore 클래스를 만든다.

5. 동일한 서브패키지 안에 PasswordAccessTokenRequest 클래스를 만든다.

```
public class PasswordAccessTokenRequest {
    public static Map<String, String> from(String username, String
        password) {
```

```
        Map<String, String> map = new HashMap<>( );
        map.put("scope", "read_profile");
        map.put("grant_type", "password");
        map.put("username", username);
        map.put("password", password);
        return map;
    }
}
```

6. 그다음에는 다음과 같이 **OAuth2API** 인터페이스를 선언한다(PasswordAccess
TokenRequest와 동일한 패키지에 만드는 것이 좋다).

```
public interface OAuth2API {
    @FormUrlEncoded @POST("oauth/token")
    Call<AccessToken> token(@FieldMap Map<String, String>
        tokenRequest);
}
```

7. profile 서브패키지에 다음과 같은 클래스를 만든다(UserProfile 클래스를 위
한 개별적인 조회 메소드를 만든다).

```
public class UserProfile {
    private String name;
    private String email;
    // 값을 조회하는 메소드는 생략
}
```

8. UserProfileAPI 인터페이스를 만든다.

```
public interface UserProfileAPI {
    @GET("api/profile")
```

```
Call<UserProfile> token(@Header("Authorization") String
        accessToken);
}
```

9. interceptor 서브패키지 안으로 '시스템 브라우저로 인가 코드를 이용하는
   안드로이드 OAuth 2.0 클라이언트 만들기' 절에서 만든 AuthCodeApp 프로젝
   트의 BearerTokenHeaderInterceptor와 ErrorInterceptor를 복사한다.

10. 그리고 동일한 패키지 안에 OAuth2ClientAuthenticationInterceptor 클래
    스를 만든다.

```
public class OAuth2ClientAuthenticationInterceptor implements
        Interceptor {
    @Override
    public Response intercept(Chain chain) throws IOException {
        Request request = chain.request();
        Request authenticatedRequest = request.newBuilder()
            .addHeader("Authorization", getEncodedAuthorization())
            .addHeader("Content-Type",
                    "application/x-www-formurlencoded")
            .method(request.method(), request.body())
            .build();
        return chain.proceed(authenticatedRequest);
    }
    private String getEncodedAuthorization() {
        return "Basic " + Base64.encodeToString(
                "clientapp:123456".getBytes(), Base64.NO_WRAP);
    }
}
```

11. REST 클라이언트 구성을 마무리하기 위해 client 서브패키지 안에 ClientAPI
    클래스를 만든다.

```java
public class ClientAPI {
    public static final String BASE_URL = "10.0.2.2:8080";
    private final Retrofit retrofit;
    public static UserProfileAPI userProfile() {
        ClientAPI api = new ClientAPI(null);
        return api.retrofit.create(UserProfileAPI.class);
    }
    public static OAuth2API oauth2() {
        ClientAPI api = new ClientAPI(new
                OAuth2ClientAuthenticationInterceptor());
        return api.retrofit.create(OAuth2API.class);
    }
    private ClientAPI(OAuth2ClientAuthenticationInterceptor
            basicAuthentication) {
        HttpLoggingInterceptor logging = new HttpLoggingInterceptor();
        logging.setLevel(HttpLoggingInterceptor.Level.BODY);
        OkHttpClient.Builder client = new OkHttpClient.Builder();
        client.addInterceptor(logging);
        client.addInterceptor(new ErrorInterceptor());
        client.addInterceptor(new BearerTokenHeaderInterceptor());
        if (basicAuthentication != null) {
            client.addInterceptor(basicAuthentication);
        }
        retrofit = new Retrofit.Builder()
            .baseUrl("http://" + BASE_URL)
            .addConverterFactory(JacksonConverterFactory.create())
            .client(client.build())
            .build();
    }
}
```

12. 이 애플리케이션은 사용자 인증을 필요로 한다. 사용자 인증을 관리하기 위해 인증 프로세스를 수행할 뿐만 아니라 사용자가 AuthenticationManager 클래스를 통해 로그인했는지를 식별하기 위한 몇 가지 클래스를 만들 것이다. log

서브패키지 안에 다음과 같은 클래스를 만든다.

```java
public class AuthenticationManager {
    private final SharedPreferences sharedPreferences;
    public AuthenticationManager(Context context) {
        sharedPreferences = PreferenceManager
                .getDefaultSharedPreferences(
                context.getApplicationContext());
    }
    public void authenticate() {
        SharedPreferences.Editor editor = sharedPreferences.edit();
        editor.putBoolean("authenticated", true);
        editor.commit();
    }
    public boolean isAuthenticated() {
        return sharedPreferences.getBoolean("authenticated", false);
    }
}
```

13. 사용자 자격증명을 검증하려면 다음의 코드와 같이 LoginService 클래스를
만든다(login 서브패키지 안에 만들어야 한다).

```java
public class LoginService {
    public void loadUser(String login, String password, Callback
            callback) {
        if ("adolfo".equals(login) && "123".equals(password)) {
            User user = new User(login, password);
            callback.onSuccess(user);
        } else {
            callback.onFailed("user or password invalid");
        }
    }
    public interface Callback {
        void onSuccess(User user);
```

```
        void onFailed(String message);
    }
}
```

14. 로그인한 사용자를 표현하기 위해 **LoginService**와 동일한 패키지에 **User** 클래스를 만든다.

```
public class User {
    private String username;
    private String password;
    public User(String username, String password) {
        this.username = username;
        this.password = password;
    }
    public String getUsername() {return username;}
    public String getPassword() {return password;}
}
```

15. 서버 애플리케이션으로 요청을 전달해야 하기 때문에 AndroidManifest.xml 파일에 다음과 같은 권한을 추가한다. **manifest** 섹션의 첫 번째 요소로 추가한다.

```
<uses-permission android:name="android.permission.INTERNET" />
```

16. 사용자의 프로파일을 보여주는 네이티브 모바일 애플리케이션으로서 사용자와 애플리케이션이 상호작용하기 위한 뷰가 필요하다. 먼저 사용자의 프로파일 데이터를 표현하는 액티비티를 만들어보자(메인 액티비티는 프로젝트가 만들어질 때 함께 만들어져야 한다). File ❯ New ❯ Activity ❯ Empty Activity 메뉴로 **DashboardActivity**라는 이름의 액티비티를 만든다.

17. activity_dashboard.xml 파일을 열어 전체 내용을 다음과 같은 내용으로 교체한다.

```xml
<?xml version="1.0" encoding="utf-8"?>
<RelativeLayout
    xmlns:android="http://schemas.android.com/apk/res/android"
    xmlns:tools="http://schemas.android.com/tools"
    android:layout_width="match_parent"
    android:layout_height="match_parent"
    tools:context="example.packt.com.resourceownerpassword
        .presenter.DashboardActivity">
    <LinearLayout
        android:orientation="vertical"
        android:layout_width="match_parent"
        android:layout_height="wrap_content">
        <ListView
            android:id="@+id/dashboard_entries"
            android:layout_width="match_parent"
            android:layout_height="match_parent">
        </ListView>
        <Button
            android:id="@+id/profile_button"
            android:text="Get user profile"
            android:layout_width="match_parent"
            android:layout_height="wrap_content" />
        <TextView
            android:id="@+id/profile_username"
            android:text="name"
            android:layout_width="match_parent"
            android:layout_height="wrap_content" />
        <TextView
            android:id="@+id/profile_email"
            android:text="email"
            android:layout_width="match_parent"
            android:layout_height="wrap_content" />
```

```
    </LinearLayout>
  </RelativeLayout>
```

18. 그다음에는 DashboardActivity 클래스를 열어 다음과 같은 속성을 추가한다.

```
private TokenStore tokenStore;
private TextView usernameText, emailText;
```

19. View.OnClickListener 인터페이스 구현을 시작한다. onCreate 메소드의 내용을 다음의 코드로 교체한다.

```
super.onCreate(savedInstanceState);
setContentView(R.layout.activity_dashboard);
usernameText = (TextView) findViewById(R.id.profile_username);
emailText = (TextView) findViewById(R.id.profile_email);
tokenStore = new TokenStore(this);

if (new AuthenticationManager(this).isAuthenticated()) {
    ListView listView = (ListView)
    findViewById(R.id.dashboard_entries);
    listView.setAdapter(new ArrayAdapter<>(this,
            android.R.layout.simple_list_item_1, new String[] {"Entry
            1"}));
    Button profileButton = (Button)findViewById(R.id.profile_button);
    profileButton.setOnClickListener(this);
} else {
    Intent loginIntent = new Intent(this, MainActivity.class);
    startActivity(loginIntent);
    finish();
}
```

20. 그리고 View.OnClickListener 인터페이스를 위해 onClick 메소드 안에 다음과 같은 코드를 추가한다.

```
AccessToken accessToken = tokenStore.getToken();
if (accessToken != null && !accessToken.isExpired()) {
    Call<UserProfile> call =
            ClientAPI.userProfile().token(accessToken.getValue());
    call.enqueue(new Callback<UserProfile>() {
        @Override
        public void onResponse(Call<UserProfile> call,
                Response<UserProfile> response) {
            UserProfile profile = response.body();
            usernameText.setText(profile.getName());
            emailText.setText(profile.getEmail());
        }
        @Override
        public void onFailure(Call<UserProfile> call, Throwable t)
        {
            Log.e("DashboardActivity", "Error reading user profile
                data", t);
        }
    });
}
```

21. 인증 메커니즘을 수행하기 위해 AuthorizationActivity라는 액티비티를 만들 것이다. AppCompatActivity를 상속하는 간단한 클래스를 만든다(프로젝트의 가독성을 높이기 위해 presenter 서브패키지에 이 클래스를 만든다).

```
public class AuthorizationActivity extends AppCompatActivity {
    private TokenStore tokenStore;
    private AuthenticationManager authenticationManager;
    @Override
    protected void onCreate(Bundle savedInstanceState) {
```

```java
super.onCreate(savedInstanceState);
tokenStore = new TokenStore(this);
authenticationManager = new AuthenticationManager(this);
String username = getIntent().getStringExtra("username");
String password = getIntent().getStringExtra("password");
if (authenticationManager.isAuthenticated()) {
    Call<AccessToken> call = ClientAPI.oauth2().token(
            PasswordAccessTokenRequest.from(username, password));
    call.enqueue(new Callback<AccessToken>() {
        @Override
        public void onResponse(Call<AccessToken> call,
                Response<AccessToken> response) {
            AccessToken accessToken = response.body();
            tokenStore.save(accessToken);
            Intent intent = new
                    Intent(AuthorizationActivity.this,
                    DashboardActivity.class);
            startActivity(intent);
            finish();
        }
        @Override
        public void onFailure(Call<AccessToken> call,
                Throwable t) {
            Log.e("AuthorizationActivity", "could not retrieve
                    access token", t);
        }
    });
}
```

---

22. 위 클래스는 레이아웃을 갖지 않는다. 하지만 여전히 AndroidManifest.xml
    파일에는 선언을 해줘야 한다. AndroidManifest.xml 파일의 **application** 섹
    션에 다음과 같이 선언한다.

```
<activity android:name=".presenter.AuthorizationActivity"></activity>
```

23. ResourceOwnerPassword 애플리케이션의 메인 액티비티는 기본적으로 MainActivity라는 이름으로 만들어진다. 레이아웃 파일(activity_main.xml)을 열어 전체 내용을 다음 내용으로 교체한다(tools:context 속성에 정의된 액티비티 패키지에 주목하기 바란다).

```xml
<?xml version="1.0" encoding="utf-8"?>
<RelativeLayout
    xmlns:android="http://schemas.android.com/apk/res/android"
    xmlns:app="http://schemas.android.com/apk/res-auto"
    xmlns:tools="http://schemas.android.com/tools"
    android:layout_width="match_parent"
    android:layout_height="match_parent"
    tools:context="example.packt.com.resourceownerpassword
            .presenter.MainActivity">
    <LinearLayout
        android:layout_centerHorizontal="true"
        android:layout_centerVertical="true"
        android:orientation="vertical"
        android:layout_width="match_parent"
        android:layout_height="wrap_content">
        <EditText
            android:id="@+id/main_username"
            android:hint="Username"
            android:layout_width="match_parent"
            android:layout_height="wrap_content" />
        <EditText
            android:inputType="textPassword"
            android:id="@+id/main_password"
            android:hint="Password"
            android:layout_width="match_parent"
            android:layout_height="wrap_content" />
```

```
    <Button
        android:id="@+id/main_login_button"
        android:text="Login"
        android:layout_width="match_parent"
        android:layout_height="wrap_content" />
    </LinearLayout>
</RelativeLayout>
```

24. MainActivity 클래스를 열어 코드가 다음과 같은지 확인한다.

```
public class MainActivity extends AppCompatActivity implements
        View.OnClickListener {
    private LoginService loginService;
    private TokenStore tokenStore;
    private AuthenticationManager authenticationManager;
    private TextView usernameText;
    private TextView passwordText;
    @Override
    protected void onCreate(Bundle savedInstanceState) {
        super.onCreate(savedInstanceState);
        setContentView(R.layout.activity_main);
        loginService = new LoginService();
        tokenStore = new TokenStore(this);
        authenticationManager = new AuthenticationManager(this);
        Button loginButton =
                (Button)findViewById(R.id.main_login_button);
        loginButton.setOnClickListener(this);
    }
    @Override
    public void onClick(View view) {
    }
}
```

25. MainActivity의 onClick 메소드 안에 다음과 같은 코드를 추가해 사용자가
    애플리케이션에 의해서 인증될 수 있게 만든다.

```java
usernameText = (TextView) findViewById(R.id.main_username);
passwordText = (TextView) findViewById(R.id.main_password);
String username = usernameText.getText().toString();
String password = passwordText.getText().toString();
loginService.loadUser(username, password, new
LoginService.Callback() {
    @Override
    public void onSuccess(User user) {
        authenticationManager.authenticate();
        AccessToken accessToken = tokenStore.getToken();
        Intent intent;
        if (accessToken != null && !accessToken.isExpired()) {
            intent = new Intent(MainActivity.this,
                    DashboardActivity.class);
        } else {
            intent = new Intent(MainActivity.this,
                    AuthorizationActivity.class);
            intent.putExtra("username", user.getUsername());
            intent.putExtra("password", user.getPassword());
        }
        startActivity(intent);
    }
    @Override
    public void onFailed(String message) {
        Toast.makeText(MainActivity.this, message,
                Toast.LENGTH_SHORT).show();
    }
});
```

예제 분석

이번에는 사용자가 애플리케이션을 실행할 때 사용자에게 자격증명을 요청하는 애플리케이션을 만들어봤다. 일단 사용자가 유효한 사용자 이름과 패스워드를 제공하면 `AuthorizationActivity`로 리다이렉트돼 애플리케이션은 리소스 소유자 패스워드 자격증명 그랜트 타입을 이용해 액세스 토큰을 요청할 수 있게 된다. `LoginService`는 하드 코딩된 자격증명을 검증하는 방식이 아니라 원격으로 인증을 수행하는 방식으로 사용자의 자격증명을 검증해야 한다.

사용자의 자격증명을 저장하지 않고 그것을 액세스 토큰과 교환해 사용자 이름과 패스워드를 보호한다. 액세스 토큰을 사용하면 서버 애플리케이션은 최종 사용자(리소스 소유자)에게 영향을 미치지 않으면서 액세스 토큰을 자체적으로 쉽게 무효화할 수 있다.

부연 설명

`DashboardActivity`에는 사용자 프로파일 획득과 관련된 흥미로운 점이 있다. 사용자가 Get User Profile 버튼을 클릭하면 애플리케이션은 프로파일 엔드포인트에 요청을 보내기 전에 액세스 토큰이 유효한 것인지 확인한다. 액세스 토큰이 유효하지 않다면 단순히 아무것도 하지 않는다. 클라이언트 애플리케이션이 리프레시 토큰으로 새로운 액세스 토큰을 요청할 수 있다면 좋을 것이다. 하지만 리프레시 토큰 대신 사용자를 `MainActivity`로 이동시켜 다시 로그온하게 요구할 수도 있다(연습을 위해 이것을 독자가 직접 구현해볼 수도 있을 것이다).

문제는 리프레시 토큰이나 액세스 토큰을 어디에 저장하는지다. 액세스 토큰이 탈취된다면 정해진 시간 동안은 유효할 것이다. 하지만 리프레시 토큰의 경우에는 액세스 토큰보다 그 유효기간이 더욱 길다는 것이 문제다. 따라서 리프레시 토큰 사용을 고려한다면 먼저 그것의 만료 시간을 줄이거나 키 체인과 같은 저장소를 이용해야 한다.

참고 사항

- 안드로이드 개발 환경 준비
- 시스템 브라우저로 인가 코드를 이용하는 안드로이드 OAuth 2.0 클라이언트 만들기

▌ PKCE로 안드로이드 클라이언트 보호

OAuth 2.0 네이티브 애플리케이션 구현에서 인가 코드 그랜트 타입이나 암시적 그랜트 타입을 이용할 때는 리다이렉션 URI를 처리해야 한다. OAuth 2.0 프로바이더에 의해 시작되는 콜백을 처리하는 것은 URI 스킴을 등록함으로써 수행할 수 있다. 하지만 클라이언트 애플리케이션에게 전달되는 인가 코드는 어떻게 보호할 수 있을까? 또 다른 클라이언트 애플리케이션(악의적인 애플리케이션)이 우리의 애플리케이션을 위해 등록한 동일한 URI 스킴을 수신할 수 있게 액티비티를 등록한다면 운영체제(이 경우에는 안드로이드)는 어떤 애플리케이션을 사용할 것인지 사용자에게 선택하라고 할 것이다. 사용자가 악의적인 애플리케이션을 선택한다면 인가 코드가 악의적인 애플리케이션으로 전달돼 부적절한 액세스 토큰 요청이 이뤄지게 된다. RFC 7636에 의해 정의되는 PKCE가 이와 같은 종류의 문제를 해결하기 위해 만들어졌다. 이번에는 인가 코드 탈취 공격으로부터 인가 코드를 보호하기 위해 PKCE를 이용하는 네이티브 애플리케이션을 구현해본다.

준비

서버 애플리케이션이 필요하며, 깃허브의 Chapter07 디렉토리에서 얻을 수 있다. 그리고 Chapter07/server 디렉토리로 가서 mvn spring-boot:run 명령으로 서버 애플리케이션을 실행하면 된다.

인가 코드 그랜트 타입을 이용하는 간단한 애플리케이션을 만들어서 PKCE 기능을 위해 필요한 것을 추가할 것이다. 그러나 완전히 새로운 프로젝트를 만드는 대신 다음 옵션 중 하나를 선택할 수 있다. 첫 번째 옵션은 '시스템 브라우저로 인가 코드를 이용하는 안드로이드 OAuth 2.0 클라이언트 만들기' 절에서 만든 **AuthCodeApp**의 모든 소스코드(build.gradle 파일, 클래스, 레이아웃과 AndroidManifest.xml)를 복사해 새로운 안드로이드 프로젝트에서 사용하는 것이다. 마지막인 두 번째 옵션은 **AuthCodeApp** 프로젝트에서 수정이 필요한 클래스를 직접 변경하는 것이다(개인적으로 두 번째 옵션을 추천한다).

예제 구현

일단 새로운 프로젝트를 만들었거나 '시스템 브라우저로 인가 코드를 이용하는 안드로이드 OAuth 2.0 클라이언트 만들기' 절에서 만든 **AuthCodeApp** 프로젝트를 이용한다면 다음에 설명하는 절차대로 인가 코드 탈취를 방지하기 위한 PKCE 지원 기능을 추가하면 된다. 완전한 소스코드는 https://github.com/PacktPublishing/OAuth-2.0-Cookbook/tree/master/Chapter07/에서 다운로드하면 된다.

1. 먼저 코드 챌린지 생성을 담당할 **PkceManager** 클래스를 **client/oauth2** 서브 패키지 안에 만들고 코드 챌린지에 바인딩돼야 하는 코드 검증자를 저장한다.

```
public class PkceManager {
    private final SharedPreferences preferences;
    public PkceManager(Context context) {
        preferences = PreferenceManager
                .getDefaultSharedPreferences(context);
    }
    public String createChallenge() {
        String codeVerifier = UUID.randomUUID().toString();
        try {
```

```
            MessageDigest messageDigest =
                MessageDigest.getInstance("SHA-256");
            byte[] signedContent =
                messageDigest.digest(codeVerifier.getBytes());
            StringBuilder challenge = new StringBuilder();
            for (byte signedByte : signedContent) {
                challenge.append(String.format("%02X", signedByte));
            }
            SharedPreferences.Editor editor = preferences.edit();
            editor.putString("code_verifier", codeVerifier);
            editor.commit();
            return challenge.toString().toLowerCase();
        } catch (NoSuchAlgorithmException e) {
            throw new RuntimeException(e);
        }
    }
    public String getCodeVerifier() {
        String codeVerifier = preferences.getString("code_verifier", "");
        SharedPreferences.Editor editor = preferences.edit();
        editor.clear();
        return codeVerifier;
    }
}
```

2. 인가 코드 그랜트 타입을 이용하기 때문에 code_challenge와 code_challenge_
   method 파라미터를 전달하는 인가 URI를 만들어야 한다. 이는 액세스 토큰을
   요청할 때 이후에 code_verifier에 대한 유효성을 검증하기 위해 인가 서버
   에 저장된다. AuthorizationRequest 클래스를 열고 코드가 다음과 같은지
   확인한다.

```
public class AuthorizationRequest {
    public static final String REDIRECT_URI = "oauth2://profile/callback";
```

```
    private final PkceManager pixyManager;
    public AuthorizationRequest(PkceManager pixyManager) {
        this.pixyManager = pixyManager;
    }
    public Uri createAuthorizationUri(String state) {
        return new Uri.Builder()
            .scheme("http")
            .encodedAuthority(ClientAPI.BASE_URL)
            .path("/oauth/authorize")
            .appendQueryParameter("client_id", "clientapp")
            .appendQueryParameter("response_type", "code")
            .appendQueryParameter("redirect_uri", REDIRECT_URI)
            .appendQueryParameter("scope", "read_profile")
            .appendQueryParameter("state", state)
            .appendQueryParameter("code_challenge",
                    pixyManager.createChallenge())
            .appendQueryParameter("code_challenge_method", "S256")
            .build();
    }
}
```

3. 앞 단계에서 설명했듯이 인가 서버에 액세스 토큰을 요청할 때 클라이언트는
   인가 단계 이전에 전달된 code_challenge와 관련된 파라미터에서 code_
   verifier를 전달해야 한다. 그렇게 하기 위해 AccessTokenRequest 클래스를
   열고 그 코드가 다음과 같은지 확인한다.

```
public class AccessTokenRequest {
    private final PkceManager pixyManager;
    public AccessTokenRequest(PkceManager pixyManager) {
        this.pixyManager = pixyManager;
    }
    public Map<String, String> from(String code) {
        Map<String, String> map = new HashMap<>();
```

```
        map.put("code", code);
        map.put("code_verifier", pixyManager.getCodeVerifier());
        map.put("scope", "read_profile");
        map.put("grant_type", "authorization_code");
        map.put("redirect_uri", "oauth2://profile/callback");
        return map;
    }
}
```

4. 인가 요청은 MainActivity에 의해 만들어진다. 따라서 새로운 버전의 AuthorizationRequest 클래스를 이용하기 위해 MainActivity에 다음과 같은 속성을 추가한다.

```
private AuthorizationRequest authorizationRequest;
```

5. onCreate 메소드 안에 PkceManager의 인스턴스를 이용하는 AuthorizationRequest 인스턴스를 만든다.

```
authorizationRequest = new AuthorizationRequest(new
    PkceManager(this));
```

6. 이제는 onClick 메소드 안에서 authorizationUri 변수를 만드는 코드를 찾아 정적 메소드를 이용해서 Uri를 만들지 않고 다음 코드로 교체한다.

```
Uri authorizationUri = authorizationRequest
    .createAuthorizationUri(state);
```

7. 이제 애플리케이션은 PKCE 코드 챌린지 파라미터를 이용해 인가 플로우를 시작할 수 있게 됐다. 여전히 인가 서버는 액세스 토큰을 받기 위해 OAuth

2.0 플로우를 시작한 동일한 애플리케이션에서 요청한 것인지 확인하기 위해 코드 검증자를 필요로 한다. 따라서 액세스 토큰을 요청할 때 코드 검증자를 전달할 필요가 있다. AuthorizationCodeActivity 클래스에 다음과 같은 클래스 속성을 추가한다.

```
private AccessTokenRequest accessTokenRequest;
```

8. 속성을 선언한 후에는 onCreate 메소드에서 다음과 같이 PkceManager의 인스턴스를 삽입해서 AccessTokenRequest 인스턴스를 만듦으로써 해당 속성을 초기화한다(OAuth2StateManager 정의 바로 아래에서 AccessTokenRequest의 인스턴스를 만들면 된다).

```
...
tokenStore = new TokenStore(this);
manager = new OAuth2StateManager(this);
accessTokenRequest = new AccessTokenRequest(new PkceManager(this));
...
```

9. 마지막으로는 다음과 같이 fromCode 정적 메소드 대신 from 인스턴스를 사용하도록 액세스 토큰 요청 부분을 변경한다.

```
Call<AccessToken> accessTokenCall = ClientAPI
    .oauth2()
    .requestToken(accessTokenRequest.from(code));
```

466

예제 분석

PKCE를 지원하기 위해 클라이언트 애플리케이션은 인가 요청 엔드포인트와 토큰 엔드포인트에 새로운 파라미터를 전달한다. 그 파라미터는 code_challenge와 code_verifier이며, code_challenge 파라미터는 code_verifier 값에서 파생된다. 즉, code_challenge는 code_verifier 값을 SHA256으로 서명한 것이다. 따라서 클라이언트 애플리케이션은 임의의 문자열을 서명해서 그것을 인가 서버에게 전달하고 인가 서버는 사용자 인가를 이전에 요청한 동일한 클라이언트가 보낸 새로운 액세스 토큰을 만드는 데 인가 코드가 사용됐는지 확인하기 위해 code_verifier를 이용한다.

서버 애플리케이션에 PKCE 지원 기능이 추가됐기 때문에 클라이언트 애플리케이션이 제대로 동작해야 한다. RFC 8252에서는 인가 코드 그랜트 타입을 이용할 때 OAuth 2.0 프로바이더는 PKCE를 이용해 인가 코드를 보호해야 한다고 기술하고 있다(자세한 내용은 https://tools.ietf.org/html/rfc8252를 참고).

참고 사항

- 안드로이드 개발 환경 준비
- 시스템 브라우저로 인가 코드를 이용하는 안드로이드 OAuth 2.0 클라이언트 만들기
- PKCE[Proof Key for Code Exchange by OAuth] 공용 클라이언트 스펙: https://tools.ietf.org/html/rfc7636

▌모바일 애플리케이션으로 동적 클라이언트 등록 이용

RFC 8252에서도 기술하듯이 네이티브 애플리케이션은 동적 클라이언트 등록과 같은 메커니즘을 사용할 때를 제외하고는 공용 클라이언트라고 할 수 있다. 동적 클라이언

트 등록(RFC 7591, https://tools.ietf.org/html/rfc7591)을 이용함으로써 각 클라이언트가 개별적인 자격증명을 가질 수 있는 가능성을 만들 수 있다. 동적 클라이언트 등록의 장점은 자격증명이 유출될 경우 동일한 자격증명을 사용하는 모든 클라이언트 애플리케이션이 아닌 하나의 클라이언트만 침해된다는 것이다. 또한 로컬 저장소가 아닌 메모리상에 자격증명을 저장할 수 있게 해준다. 이번에는 애플리케이션의 안전성을 향상시키기 위해 OAuth 2.0 프로바이더에 자기 자신을 등록하는 안드로이드 앱을 만드는 방법을 알아본다.

 동적 클라이언트 등록을 사용할 때 네이티브 클라이언트에게 클라이언트 시크릿을 발급하는 것은 OAuth 2.0 스펙의 보안 고려 사항 절과 관련해서 문제가 되지는 않는다. 해당 절에는 클라이언트 인증이라고 부르는 하위 섹션이 있으며, 인가 서버는 특정 기기에서 실행 중인 네이티브 클라이언트 애플리케이션의 설치를 위해 클라이언트 시크릿을 발급할 수 있다고 기술하고 있다.

준비

서버 애플리케이션이 필요하며, 깃허브의 Chapter07 디렉토리에서 얻을 수 있다. 그리고 Chapter07/server 디렉토리로 가서 mvn spring-boot:run 명령으로 서버 애플리케이션을 실행하면 된다. 또한 '시스템 브라우저로 인가 코드를 이용하는 안드로이드 OAuth 2.0 클라이언트 만들기' 절에서 만든 AuthCodeApp 프로젝트도 필요하다. 해당 프로젝트가 없다면 여기서 설명하는 대로 구현하거나 깃허브에서 직접 AuthCodeApp을 다운로드할 수도 있다. 완전한 소스코드는 깃허브에 https://github.com/PacktPublishing/OAuth-2.0-Cookbook/tree/master/Chapter07/DynamicRegisterApp에 있다.

예제 구현

안드로이드 스튜디오에 AuthCodeApp을 임포트한 다음에 설명하는 절차대로 동적 클라이언트 등록 기능을 추가하면 된다.

1. 애플리케이션이 자신의 등록을 처리하기 위한 client/registration 서브패키지를 만든다.

2. 그다음에는 registration 패키지 안에 클라이언트 자격증명(clientId와 clientSecret)을 표현하기 위한 클래스를 만든다. 각 속성의 값을 설정하고 조회하는 메소드를 만들어야 하는 것을 잊으면 안 된다.

```java
public class ClientCredentials {
    private String clientId;
    private String clientSecret;
    // 간단한 설명을 위해서 값을 조회하고 설정하는 메소드는 생략
}
```

3. 메모리에 ClientCredentials 인스턴스를 저장하기 위해 ClientCredentialsStore 클래스를 만든다. ClientCredentialsStore는 다음의 코드처럼 싱글톤 인스턴스로 사용된다(싱글톤 인스턴스를 이용함으로써 클라이언트 자격증명이 로컬 저장소에 저장되는 것을 방지하며, 반드시 그렇게 해야 한다).

```java
public final class ClientCredentialsStore {
    private static ClientCredentialsStore instance;
    private ClientCredentials credentials = null;
    private ClientCredentialsStore() {}
    public static ClientCredentialsStore getInstance() {
        if (instance == null) {
            instance = new ClientCredentialsStore();
        }
        return instance;
```

```
    }
    public void save(ClientCredentials credentials) {
        this.credentials = credentials;
    }
    public ClientCredentials get() {
        return this.credentials;
    }
}
```

4. 클라이언트 애플리케이션이 OAuth 2.0 서버 프로바이더에게 자신에 대한 등록 요청을 보내기 위해서는 요청과 응답을 표현하는 데이터 구조를 정의할 필요가 있다. 먼저 registration 서브패키지에 다음과 같은 클래스를 정의함으로써 요청 데이터 구조를 만든다. 또한 각 속성의 값을 조회하고 설정하는 메소드를 만든다.

```
public class ClientRegistrationRequest {
    @JsonProperty("client_name")
    private String clientName;
    @JsonProperty("client_uri")
    private String clientUri;
    @JsonProperty("scope")
    private String scope;
    @JsonProperty("software_id")
    private String softwareId;
    @JsonProperty("redirect_uris")
    private Set<String> redirectUris = new HashSet<>();
    @JsonProperty("grant_types")
    private Set<String> grantTypes = new HashSet<>();
    // 간단한 설명을 위해서 값을 조회하고 설정하는 메소드는 생략
}
```

5. 그다음에는 응답 데이터 구조를 만들기 위한 클래스를 정의하며, 간단한 설명을 위해 값을 조회하고 설정하는 메소드는 생략했다.

```java
public class ClientRegistrationResponse {
    @JsonProperty("redirect_uris")
    private Set<String> redirectUris = new HashSet<>();
    @JsonProperty("token_endpoint_auth_method")
    private String tokenEndpointAuthMethod;
    @JsonProperty("grant_types")
    private Set<String> grantTypes = new HashSet<>();
    @JsonProperty("response_types")
    private Set<String> responseTypes = new HashSet<>();
    @JsonProperty("client_name")
    private String clientName;
    @JsonProperty("client_uri")
    private String clientUri;
    @JsonProperty("scope")
    private String scope;
    @JsonProperty("software_id")
    private String softwareId;
    @JsonProperty("client_id")
    private String clientId;
    @JsonProperty("client_secret")
    private String clientSecret;
    @JsonProperty("client_secret_expires_at")
    private long clientSecretExpiresAt;
    // 간단한 설명을 위해서 값을 조회하고 설정하는 메소드는 생략
}
```

6. 이제는 애플리케이션이 OAuth 2.0 프로바이더의 등록 엔드포인트에 보낼 HTTP 요청을 만들기 위한 적절한 프락시를 만들어주는 retrofit2가 사용할 인터페이스를 만들 준비가 됐다.

```
public interface ClientRegistrationAPI {
    @POST("/register")
    Call<ClientRegistrationResponse> register(
            @Body ClientRegistrationRequest request);
}
```

7. 이전에는 인가 서버에 클라이언트를 인증할 때 OAuth2ClientAuthentication Interceptor에 클라이언트 자격증명을 하드 코딩해서 사용했다. 하지만 이번에는 스스로 인가 서버에 등록하는 애플리케이션을 만들고 있고 클라이언트 ID와 클라이언트 시크릿을 미리 알고 있지 않기 때문에 그것을 하드 코딩해서 사용할 수 없다. 따라서 동적으로 자격증명을 설정해야 한다. 이를 위해 OAuth2ClientAuthenticationInterceptor의 코드를 다음과 같이 변경한다.

```
public class OAuth2ClientAuthenticationInterceptor implements
        Interceptor {
    private String username;
    private String password;
    public OAuth2ClientAuthenticationInterceptor(String username,
            String password) {
        this.username = username;
        this.password = password;
    }
    @Override
    public Response intercept(Chain chain) throws IOException {
        Request request = chain.request();
        Request authenticatedRequest = request.newBuilder()
            .addHeader("Authorization", getEncodedAuthorization())
            .addHeader("Content-Type",
                    "application/x-www-formurlencoded")
            .method(request.method(), request.body())
            .build();
        return chain.proceed(authenticatedRequest);
```

```
    }
    private String getEncodedAuthorization() {
        String credentials = username + ":" + password;
        return "Basic " + Base64.encodeToString(credentials.getBytes(),
            Base64.NO_WRAP);
    }
}
```

8. 일단 OAuth2ClientAuthenticationInterceptor 클래스의 생성자를 변경하면 ClientAPI 클래스의 oauth2 메소드에서 컴파일 에러가 발생할 것이다. 이를 해결하기 위해 oauth2 메소드를 변경해서 ClientCredentials 클래스에 대한 참조를 허용하고 OAuth2ClientAuthenticationInterceptor 생성자를 위한 파라미터로 클라이언트 ID와 클라이언트 시크릿을 전달한다.

```
public static OAuth2API oauth2(ClientCredentials clientCredentials) {
    RetrofitAPIFactory api = new RetrofitAPIFactory(BASE_URL,
        new OAuth2ClientAuthenticationInterceptor(
            clientCredentials.getClientId(),
            clientCredentials.getClientSecret()));
    return api.getRetrofit().create(OAuth2API.class);
}
```

9. ClientAPI 클래스에 클라이언트 등록을 위해 필요한 API 인스턴스를 제공하는 메소드를 추가한다.

```
public static ClientRegistrationAPI registration() {
    RetrofitAPIFactory api = new RetrofitAPIFactory(BASE_URL, null);
    return api.getRetrofit().create(ClientRegistrationAPI.class);
}
```

10. client 서브패키지 안에 클라이언트가 OAuth 2.0 프로바이더에 제대로 등록된 이후에(또는 등록 가정에서 발생한 에러를 적절히 처리한 이후에) 애플리케이션이 작업을 수행하는 데 도움이 되는 인터페이스를 만든다.

```
public interface OnClientRegistrationResult {
    void onSuccessfulClientRegistration(ClientCredentials credentials);
    void onFailedClientRegistration(String s, Throwable t);
}
```

11. ClientRegistrationAPI 인터페이스를 이용해서 액티비티가 클라이언트 등록 과정을 직접 처리하게 만들지 않고 클라이언트 등록 과정을 서비스 클래스에서 수행하게 분리하는 것이 좋다. 그것은 ClientRegistrationRequest의 인스턴스를 만드는 것뿐만 아니라 ClientRegistrationResponse도 처리해야하기 때문이다. 다음과 같이 클라이언트 등록 과정을 별도의 클래스에 분리함으로써 좀 더 분명한 액티비티 구조를 가질 수 있다.

```
public class ClientRegistrationService {
    public void registerClient(final OnClientRegistrationResult
            registrationResult) {
        ClientRegistrationRequest request = new
                ClientRegistrationRequest();
        request.setScope("read_profile");
        request.setClientName("android-app");
        request.setClientUri("http://adolfoeloy.com.br/en");
        request.setSoftwareId("android-packt");
        request.getGrantTypes().add("authorization_code");
        request.getRedirectUris().add(AuthorizationRequest
                .REDIRECT_URI);
        Call<ClientRegistrationResponse> call =
                ClientAPI.registration().register(request);
        call.enqueue(new Callback<ClientRegistrationResponse>() {
```

```
        @Override
        public void onResponse(Call<ClientRegistrationResponse>
                call, Response<ClientRegistrationResponse>
                response) {
            ClientRegistrationResponse credentialsResponse =
                    response.body();
            registrationResult.onSuccessfulClientRegistration(
                    createClientCredentials(credentialsResponse));
        }
        @Override
        public void onFailure(Call<ClientRegistrationResponse>
                call, Throwable t) {
            registrationResult.onFailedClientRegistration("Failed
                    on trying to register client", t);
        }
    });
}
@NonNull
private ClientCredentials
        createClientCredentials(ClientRegistrationResponse
        credentialsResponse) {
    ClientCredentials credentials = new ClientCredentials();
    credentials.setClientId(credentialsResponse.getClientId());
    credentials.setClientSecret(credentialsResponse
            .getClientSecret());
    return credentials;
}
}
```

12. MainActivity 안에 다음과 같은 속성을 추가한다.

```
private ClientRegistrationService clientRegistrationService;
```

13. onCreate 메소드 안에 ClientRegistrationService의 인스턴스를 만든다.

```
clientRegistrationService = new ClientRegistrationService();
```

14. 메인 액티비티로 클라이언트 등록을 처리하고 기존에 등록된 클라이언트가
    있다면 기존의 플로우로 처리한다. 코드 중복을 피하기 위해 MainActivity
    클래스의 마지막 부분에 다음과 같은 private 메소드를 추가한다.

```
private void proceed(ClientCredentials clientCredentials) {
    String state = UUID.randomUUID().toString();
    oauth2StateManager.saveState(state);
    Uri authorizationUri =
            AuthorizationRequest.createAuthorizationUri(state,
            clientCredentials);
    AccessToken token = tokenStore.getToken();
    final Intent intent;
    if (token != null && !token.isExpired()) {
        intent = new Intent(this, ProfileActivity.class);
    } else {
        intent = new Intent(Intent.ACTION_VIEW);
        intent.setFlags(Intent.FLAG_ACTIVITY_NO_HISTORY);
        intent.setData(authorizationUri);
    }
    startActivity(intent);
}
```

15. onClick 메소드 안의 코드를 다음의 코드로 교체한다.

```
ClientCredentialsStore credentialsStore =
ClientCredentialsStore.getInstance();
ClientCredentials clientCredentials = credentialsStore.get();
if (clientCredentials != null) {
    proceed(clientCredentials);
} else {
```

476

```
clientRegistrationService.registerClient(this);
}
```

16. 눈치 챘겠지만 MainActivity에 대한 참조를 ClientRegistrationService의 registerClient 메소드로 전달하고 있다. 현재의 컴파일 에러를 해결하기 위해 MainActivity가 OnClientRegistrationResult 인터페이스를 다음과 같이 구현하고 있는지 확인한다.

```
public class MainActivity extends AppCompatActivity implements
        View.OnClickListener, OnClientRegistrationResult {
    ....
}
```

17. 그다음에는 다음과 같이 필요한 메소드를 구현한다.

```
@Override
public void onSuccessfulClientRegistration(ClientCredentials
        credentials) {
    ClientCredentialsStore store = ClientCredentialsStore.getInstance();
    store.save(credentials);
    proceed(credentials);
}
@Override
public void onFailedClientRegistration(String s, Throwable t) {
    Log.e("MainActivity", "Error trying to register client
            credentials", t);
}
```

18. MainActivity 클래스의 소스코드는 아직도 컴파일되지 않을 것이다. createAuthorizationUri 메소드가 state 파라미터 대신 하나 이상의 파라미터를 필요로 하기 때문이다. 이제는 동적으로 등록된 클라이언트를 이용해

서 인가 URI를 만들 수 있도록 clientCredentials 인스턴스를 전달해야 한다. AuthorizationRequest 클래스를 열고 createAuthorizationUri 메소드를 다음과 같이 변경한다.

```
public static Uri createAuthorizationUri(String state,
        ClientCredentials clientCredentials) {
    ....
}
```

19. 메소드 변경뿐만 아니라 다음과 같은 동적인 정의로 하드 코딩돼 사용되던 client_id 속성 정의도 교체한다.

```
.appendQueryParameter("client_id", clientCredentials.getClientId())
```

20. 이제는 컴파일되지 않는 클래스가 하나 남는데, AuthorizationCodeActivity다. 해당 클래스를 열고 ClientAPI.oauth().requestToken 호출 부분을 다음과 같이 변경한다.

```
ClientCredentials credentials =
        ClientCredentialsStore.getInstance().get();
Call<AccessToken> accessTokenCall = ClientAPI.oauth2(credentials)
        .requestToken(AccessTokenRequest.fromCode(code));
```

21. 현재 기기(또는 가상 기기)에 설치된 AuthCodeApp을 제거하고 안드로이드 스튜디오를 이용해 다시 설치하고 실행한다.

예제 분석

애플리케이션을 최초로 실행시켰을 때 사용자가 Get User Profile 버튼을 클릭하면 애플리케이션은 자신을 인가 서버에 등록하기 시작한다. 그리고 클라이언트 자격증명은 쉽게 노출되지 않도록 메모리상에 유지된다. 여기서 구현한 방식은 사용자가 기기를 종료시킬 때마다 클라이언트의 자격증명이 사라져서 클라이언트가 그때마다 등록을 스스로 수행하는 방식이다 이는 애플리케이션에 대한 사용자 경험을 떨어뜨리게 된다.

이와 같은 문제를 피하기 위한 좀 더 좋은 처리 방법은 이미 존재하는 액세스 토큰이 있는지 확인하는 것이다. 그리고 액세스 토큰이 유효할 때마다 애플리케이션을 다시 등록하지 않으면 된다. 유효한 액세스 토큰이 있다면 클라이언트가 등록됐다고 판단할 수 있다. 추가적인 연습으로, 액세스 토큰과 클라이언트 자격증명을 검증하는 방법을 서로 전환하도록 애플리케이션을 변경할 수도 있다.

참고 사항

- 안드로이드 개발 환경 준비
- 시스템 브라우저로 인가 코드를 이용하는 안드로이드 OAuth 2.0 클라이언트 만들기

08

보안 취약점 방지

8장에서 다루는 내용은 다음과 같다.

- 리소스 서버에 대한 요청자 검증
- 권한 범위 검증을 통한 리소스 서버 보호
- 사용자의 리소스를 보호하기 위한 사용자 역할과 권한 범위 바인딩
- 인가 코드 삽입으로부터 클라이언트 보호
- 잘못된 리다이렉션으로부터 인가 서버 보호

소개

8장에서는 OAuth 2.0 생태계와 상호작용하는 애플리케이션을 좀 더 잘 보호하는 방법을 알아본다. OAuth 2.0의 모든 주요 구성 요소는 일반적인 이슈로부터 보호해야한다. 이런 보호 대상 구성 요소는 클라이언트와 인가 서버 및 리소스 서버로 구성되는 OAuth 프로바이더다.

 8장에서는 OAuth 2.0으로 작업할 때 일반적인 보안 취약점을 피하기 위한 모범 사례를 설명하지만, 실제 제품 환경에서는 항상 SSL/TLS로 OAuth 2.0 구성 요소 간의 연결을 보호해야 한다.

▌리소스 서버에 대한 요청자 검증

누구나 Bearer 액세스 토큰으로 OAuth 2.0 보호된 리소스에 접근할 수 있지만, 액세스 토큰의 접근 권한 범위를 특정 리소스로 제한할 수 있다. 즉, 액세스 토큰의 수신자를 설정하는 것이다. 리소스 서버 A를 위한 액세스 토큰이 있더라도 그것을 이용해서 리소스 서버 B의 리소스에 접근하지는 못할 것이다. 8장에서는 인가 서버가 여러 개의 리소스 서버와 상호작용할 때 사용할 수 있는 중요한 기능을 알아본다.

준비

자바 8과 Maven, Spring Web, Spring Security가 필요하다. 여기서는 세 개의 애플리케이션이 필요한데, 인가 서버와 두 개의 리소스 서버다. `authorization-server`라는 이름의 인가 서버와 `resource-server-a`와 `resource-server-b`라는 이름의 리소스 서버가 있으며, 모두 깃허브의 https://github.com/PacktPublishing/OAuth-2.0-Cookbook/tree/master/Chapter08/validate-audience에 소스코드가 있다. 프로젝트

를 간단히 만들기 위해 http://start.spring.io/에서 Spring Initializr를 이용하면 된다.
프로젝트의 종속성으로 Web과 Security를 설정한다. Artifact와 Group 이름을 설정해
야 한다는 것도 잊으면 안 된다.

예제 구현

authorization-server, resource-server-a, resource-server-b라는 이름의 프로
젝트를 만들고, IDE에 Maven 프로젝트로 임포트한다. 그다음에는 다음 절차를 수행
한다.

1. 각 프로젝트의 pom.xml 파일에 Spring Security OAuth2를 위한 추가적인 종
   속성을 추가한다.

```
<dependency>
    <groupId>org.springframework.security.oauth</groupId>
    <artifactId>spring-security-oauth2</artifactId>
    <version>2.2.0.RELEASE</version><!--$NO-MVN-MAN-VER$-->
</dependency>
```

2. authorization-server 프로젝트의 application.properties 파일에 다음 내용
   을 추가한다.

```
security.user.name=adolfo
security.user.password=123
```

3. resource-server-a 프로젝트의 application.properties 파일에 다음 내용을
   추가한다.

```
server.port=9000
```

```
security.oauth2.client.client-id=client-a
security.oauth2.client.client-secret=123
security.oauth2.resource.token-infouri=
    http://localhost:8080/oauth/check_token
```

4. resource-server-b 프로젝트의 application.properties 파일에 다음 내용을 추가한다.

```
server.port=9001
security.oauth2.client.client-id=client-b
security.oauth2.client.client-secret=123
security.oauth2.resource.token-infouri=
    http://localhost:8080/oauth/check_token
```

5. authorization-serve 프로젝트의 com.packt.example.authorizationserver.
   oauth 패키지 안에 다음과 같은 내용의 OAuth2AuthorizationServer 클래스
   를 선언한다.

```
@Configuration @EnableAuthorizationServer
public class OAuth2AuthorizationServer extends
        AuthorizationServerConfigurerAdapter {
    @Autowired
    private AuthenticationManager authenticationManager;
    @Override
    public void configure(AuthorizationServerEndpointsConfigurer
            endpoints) throws Exception {
        endpoints.authenticationManager(authenticationManager);
    }
    @Override
    public void configure(AuthorizationServerSecurityConfigurer
            security) throws Exception {
        security.checkTokenAccess("hasAuthority('introspection')");
```

```
    }
    @Override
    public void configure(ClientDetailsServiceConfigurer clients)
            throws Exception {
        clients.inMemory()
            .withClient("client-a").secret("123")
            .authorizedGrantTypes("password")
            .scopes("read_profile", "read_contacts")
            .authorities("introspection").resourceIds("resource-a")
            .and()
            .withClient("client-b").secret("123")
            .authorizedGrantTypes("password")
            .scopes("read_profile").authorities("introspection")
            .resourceIds("resource-b");
    }
}
```

6. 인가 서버는 동작할 준비가 됐다. 이제는 resource-server-a 프로젝트 안에
ResourceA 클래스를 만들어 리소스 서버 A를 구성해보자.

```
@Configuration @Controller @EnableResourceServer
public class ResourceA extends ResourceServerConfigurerAdapter {
    @Override
    public void configure(ResourceServerSecurityConfigurer resources)
            throws Exception {
        resources.resourceId("resource-a");
    }
    @Override
    public void configure(HttpSecurity http) throws Exception {
        http.authorizeRequests().anyRequest().authenticated().and()
            .requestMatchers().antMatchers("/res-a");
    }
    @RequestMapping("/res-a")
    public ResponseEntity<String> resourceA() {
```

```
        return ResponseEntity.ok("resource A with success");
    }
}
```

7. resource-server-b 프로젝트에 다음과 같은 클래스를 추가해서 리소스 서버 B를 구성한다.

```
@Configuration @Controller @EnableResourceServer
public class ResourceB extends ResourceServerConfigurerAdapter {
    @Override
    public void configure(ResourceServerSecurityConfigurer resources)
            throws Exception {
        resources.resourceId("resource-b");
    }
    @Override
    public void configure(HttpSecurity http) throws Exception {
        http.authorizeRequests().anyRequest().authenticated().and()
                .requestMatchers().antMatchers("/res-b");
    }
    @RequestMapping("/res-b")
    public ResponseEntity<String> resourceB() {
        return ResponseEntity.ok("resource B with success");
    }
}
```

예제 분석

인가 서버 안에 client-a와 client-b로 두 개의 클라이언트 설정을 선언했다. 각각은 별도의 프로젝트를 통해 선언된 각 리소스 서버를 참조하는 하나의 리소스 ID에 바인딩된다. 두 개의 리소스 서버가 개별적인 프로젝트로 구성됐기 때문에 토큰 액세스 엔드포인트를 확인할 수 있는 권한을 정의함으로써 원격 토큰 검증을 가능하게 해야 했다.

각 리소스 서버는 Spring Boot를 이용해 매우 간단한 방식으로 구성됐다. 다음과 같은 속성을 선언하면 RemoteTokenServices를 선언할 필요가 없다.

```
security.oauth2.client.client-id=client-id
security.oauth2.client.client-secret=secret
security.oauth2.resource.token-info-uri=http://localhost:8080/oauth/check
_token
```

두 리소스 서버는 /res-a와 /res-b라고 하는 엔드포인트를 제공하며, 리소스 서버 A나 B에 매핑되는 리소스 ID를 정의한다. 모든 애플리케이션을 실행시키고 client-a를 위한 액세스 토큰을 요청하면 해당 액세스 토큰으로는 resource-server-a 프로젝트의 /res-a 엔드포인트에만 접근할 수 있다.

토큰 요청자를 확인하는 방법을 좀 더 잘 이해하기 위해 세 개의 애플리케이션을 실행시키고, 다음 명령으로 client-a를 위한 액세스 토큰을 만든다.

```
curl -X POST --user client-a:123 -d
"grant_type=password&username=adolfo&password=123&scope=read_profile"
"http://localhost:8080/oauth/token"
```

그다음에는 앞선 명령으로 전달된 액세스 토큰을 다음의 명령으로 체크한다.

```
curl -X GET --user client-a:123
"http://localhost:8080/oauth/check_token?token=35a356f74dde"
```

그러면 다음과 유사한 결과를 볼 수 있다(aud 속성에 주목하라).

```
{
    "aud": ["resource-a"],
    "user_name": "adolfo",
```

```
    "scope": ["read_profile"],
    "active": true,
    "exp": 1506302223,
    "authorities": ["ROLE_USER"],
    "client_id": "client-a"
}
```

그리고 다음 명령으로 res-a 엔드포인트에 접근하면 성공적인 응답을 받게 될 것이다.

```
curl -X GET http://localhost:9000/res-a -H 'authorization: Bearer
35a35b85-2c66c6f74dde'
```

하지만 http://localhost:9001/res-b 엔드포인트에 접근하려고 하면 다음과 같은 응답을 받게 될 것이다.

```
{
    "error": "access_denied",
    "error_description": "Invalid token does not contain resource id
(resource-b)"
}
```

client-a가 리소스 B에 접근해야 한다면 자신의 클라이언트 정보에 바인딩된 해당 리소스 ID가 필요하다.

▌ 권한 범위 검증을 통한 리소스 서버 보호

일부 서드파티 애플리케이션이 리소스를 사용할 수 있도록 권한을 부여할 때 사용자가 승인할 수 있는 권한 범위를 인가 서버에서 선언해왔다. 하지만 지금까지 실제로는 승인된 권한 범위를 기반으로 리소스를 보호하지는 않았다. 따라서 리소스 서버의 여러 기능에 대한 권한 범위 검증을 시작하는 것이 좋다. 이번에는 Spring Security OAuth2와 Spring Security를 이용해 권한 범위를 검사하고 사용자의 리소스에 대한 정교한 보호를 추가하는 방법을 알아본다.

준비

자바 8과 Maven, Spring Web, Spring Security가 필요하다. 프로젝트를 간단히 만들기 위해 http://start.spring.io/에서 Spring Initializr를 이용하면 된다. 프로젝트의 종속성으로 Web과 Security를 설정한다. Artifact와 Group 이름을 설정해야 한다는 것도 잊으면 안 된다.

예제 구현

이 예제에서는 scope-validation 프로젝트를 만드는데, 깃허브의 Chapter08 폴더에 있다. IDE에 Maven 프로젝트로 임포트한다. 그다음에는 다음 절차를 수행한다.

1. pom.xml 파일을 열어 Spring Security OAuth2를 위한 종속성을 추가한다.

```
<dependency>
    <groupId>org.springframework.security.oauth</groupId>
    <artifactId>spring-security-oauth2</artifactId>
    <version>2.2.0.RELEASE</version>
</dependency>
```

2. application.properties 파일에 다음 내용을 추가한다.

```
security.user.name=adolfo
security.user.password=123
```

3. 여기서는 단순히 OAuth 2.0으로 보호되는 엔드포인트를 보호할 것이다. 해당 엔드포인트들은 컨트롤러 내에 선언된 메소드에 매핑되므로 메소드 보안 검증을 활성화시킬 수 있어 @PreAuthorize, @PreFilter, @PostAuthorize, @PostFilter로 애노테이션할 수 있다. 메소드 검증을 가능하게 하려면 다음과 같이 프로젝트의 메인 클래스에 EnableGlobalMethodSecurity 애노테이션하면 된다(메인 클래스는 @SpringBootApplication으로 애노테이션돼야 한다).

```
@SpringBootApplication
@EnableGlobalMethodSecurity(prePostEnabled = true)

public class ScopeValidationApplication {
    public static void main(String[] args) {
        SpringApplication.run(ScopeValidationApplication.class, args);
    }
}
```

4. 그다음에는 다음과 같은 컨트롤러를 만들어 특정 권한 범위를 위한 엔드포인트들을 선언한다(/api/x에 접근하려면 액세스 토큰은 read_x 권한을 필요로 하고, /api/y, read_y에 대한 접근도 그에 따른 권한이 요구된다).

```
@Controller

public class ApiController {
    @PreAuthorize("#oauth2.hasScope('read_x')")
    @RequestMapping("/api/x")
    public ResponseEntity<String> resourceX() {
        return ResponseEntity.ok("resource X");
    }
    @PreAuthorize("#oauth2.hasScope('read_y')")
    @RequestMapping("/api/y")
    public ResponseEntity<String> resourceY() {
        return ResponseEntity.ok("resource Y");
```

```
        }
    }
```

5. 마지막으로 인가 서버와 리소스 서버에 의해 보호될 엔드포인트와 사용자가
   인가해야 하는 권한 범위를 정의한다.

```java
@Configuration
public class OAuthConfiguration {
    @EnableAuthorizationServer
    public static class AuthorizationServer extends
            AuthorizationServerConfigurerAdapter {
        public void configure(ClientDetailsServiceConfigurer clients)
                throws Exception {
            clients.inMemory()
                .withClient("clientapp").secret("123")
                .scopes("read_x", "read_y")
                .authorizedGrantTypes("authorization_code");
        }
    }
    @EnableResourceServer
    public static class ResourceServer extends
            ResourceServerConfigurerAdapter {
        public void configure(HttpSecurity http) throws Exception {
            http.authorizeRequests().anyRequest().authenticated()
                .and().requestMatchers().antMatchers("/api/**");
        }
    }
}
```

예제 분석

이제는 보호된 리소스는 개별적인 권한 범위에 바인딩된다. 보다시피 클라이언트에 대한 세부 정보에 사용자가 승인할 수 있는 read_x나 read_y 권한 범위를 정의한다. 클라이언트 애플리케이션은 두 권한 범위를 모두 요청할 수 있지만 리소스 소유자가 read_x나 read_y만을 인가한다면 해당 권한 범위에 바인딩된 엔드포인트만 접근할 수 있게 된다.

좀 더 자세히 이해하기 위해 애플리케이션을 실행시키고, 브라우저로 다음과 같은 인가 URL로 이동한다.

```
http://localhost:8080/oauth/authorize?client_id=clientapp&redirect_uri=ht
tp://localhost:9000/callback&response_type=code&scope=read_x+read_y
```

adolfo와 123을 각각 사용자 이름과 패스워드로 사용해서 인증을 수행한다. 인증을 수행한 이후에 인가 서버는 인가 받을 권한 범위를 선택할 수 있는 화면을 보여준다. 모든 권한 범위 검증 결과를 볼 수 있게 read_x를 선택한다.

OAuth Approval

Do you authorize 'clientapp' to access your protected resources?

- scope.read_x: ● Approve ○ Deny
- scope.read_y: ○ Approve ● Deny

[Authorize]

Authorize를 클릭하면 브라우저 주소 표시줄에 인가 코드가 표시된다(이미 알고 있겠지만 파라미터로 code를 사용한다). 그리고 인가 코드를 이용해 다음과 같이 액세스 토큰을 요청한다.

```
curl -X POST "http://localhost:8080/oauth/token" --user clientapp:123 -H
"content-type: application/x-www-form-urlencoded" -d
"code=D0b0C5&grant_type=authorization_code&redirect_uri=http://localhost:
9000/callback&scope=read_x"
```

요청 결과 새로운 액세스 토큰을 받게 되고, 단지 read_x 권한 범위만을 가진 토큰일 것이다. 액세스 토큰을 복사해서 api/x 엔드포인트에 접근해본다.

```
curl -X GET http://localhost:8080/api/x -H "authorization:
Bearer1770ebcb01ed"
```

그러면 resource X라는 문자열을 응답으로 받을 것이다. /api/y 엔드포인트에 접근하면 다음과 같은 응답을 받게 될 것이다.

```
{
    "error": "access_denied",
    "error_description": "Access denied"
}
```

▌ 사용자의 리소스를 보호하기 위한 사용자 역할과 권한 범위 바인딩

권한 범위를 사용함으로써 사용자의 리소스에 대한 좀 더 세밀한 보호 기능을 추가할 수 있다. Spring Security는 또한 Spring Security OAuth2에 의해 정의되는 권한 범위와 교환이 가능한 역할이라는 개념을 제공한다. 데이브 시어[Dave Syer](Spring Securit OAuth2 프로젝트의 리더)가 설명했듯이 역할과 권한 범위는 동일한 것으로 간주될 수 있는 임의의 문자열이다(이에 대해서는 https://stackoverflow.com/questions/22417780/using-scopes-as-roles-in-spring-security-oauth2-provider에서 좀 더 자세히 읽을 수 있다).

이번에는 클라이언트의 세부 정보에서 사용할 수 있는 권한 범위를 리소스 소유자가 가질 수 있는 역할로 바인딩하는 방법을 알아본다. 역할을 이용하는 경우 리소스 소유자는 자신의 역할과 관련된 권한 범위를 승인할 수 있다.

준비

자바 8과 Maven, Spring Web, Spring Security가 필요하다. 프로젝트를 간단히 만들기 위해 http://start.spring.io/에서 Spring Initializr를 이용하면 된다. 프로젝트의 종속성으로 Web과 Security를 설정한다. Artifact와 Group 이름을 설정해야 한다는 것도 잊으면 안 된다.

예제 구현

이번 예제에서는 scope-binding 프로젝트를 만드는데, 깃허브의 Chapter08 폴더에서 이용할 수 있다. IDE에 Maven 프로젝트로 임포트한다. 그다음에는 다음 절차를 수행한다.

1. pom.xml 파일을 열고 Spring Security OAuth2를 위한 종속성을 추가한다. Web과 Security를 위한 것은 이미 임포트했다고 가정한다.

```
<dependency>
    <groupId>org.springframework.security.oauth</groupId>
    <artifactId>spring-security-oauth2</artifactId>
    <version>2.2.0.RELEASE</version>
</dependency>
```

2. application.properties 파일 안에 디폴트 사용자 설정을 정의하는 대신 UserDetails와 UserDetailsService를 위한 구현을 해보자. 리소스 소유

자를 위해서는 허용된 권한 범위와 관련된 사항을 정의해야 하는 것처럼 **AccessDecisionManager**(이는 AccessDecisionVoter 인스턴스에 의존하는 내부 Spring Security 클래스임)에 의해 수행되는 검증 때문에 필수적인 역할인 **ROLE_USER**를 정의해야 한다. 따라서 다음과 같이 CustomUser 클래스를 만들고 모든 불리언 메소드가 **true**를 반환하는지 확인한다.

```java
public class CustomUser implements UserDetails {
    private final String username;
    private final String password;
    private final List<String> authorities;
    public CustomUser(String username, String password, List<String>
            authorities) {
        this.username = username;
        this.password = password;
        this.authorities = authorities;
    }
    @Override
    public Collection<? extends GrantedAuthority> getAuthorities() {
        return authorities.stream()
            .map((item) -> new SimpleGrantedAuthority(item))
            .collect(Collectors.toList());
    }
    @Override public String getPassword() { return password; }
    @Override public String getUsername() { return username; }
    // 모든 boolean 메소드는 생략
}
```

3. 그다음에는 CustomUserDetailsService 클래스를 만든다.

```java
@Service
public class CustomUserDetailsService implements UserDetailsService,
        InitializingBean {
```

```
    private Map<String, CustomUser> users = new HashMap<>();
    public UserDetails loadUserByUsername(String username) throws
            UsernameNotFoundException {
        return users.get(username);
    }
    public void afterPropertiesSet() throws Exception {
        users.put("adolfo", new CustomUser("adolfo", "123",
                Arrays.asList("ROLE_USER", "read_x")));
    }
}
```

4. 앞의 scope-validation 프로젝트에서 했던 것처럼 메인 클래스를 다음과 같이 @EnableGlobalMethodSecurity로 애노테이션한다.

```
@SpringBootApplication
@EnableGlobalMethodSecurity(prePostEnabled = true)
public class ScopeBindingApplication {
    public static void main(String[] args) {
        SpringApplication.run(ScopeBindingApplication.class, args);
    }
}
```

5. 인가 서버와 리소스 서버의 기능을 제공하는 OAuth 프로바이더를 구성하고 있으므로 동일한 클래스(내부 클래스) 안에 두 기능을 모두 선언한다.

```
@Configuration
public class OAuthConfiguration {
    @EnableAuthorizationServer
    public static class AuthorizationServer extends
            AuthorizationServerConfigurerAdapter {
        @Autowired
        private ClientDetailsService clientDetailsService;
```

```
        @Override
        public void configure(AuthorizationServerEndpointsConfigurer
                endpoints) throws Exception {
            DefaultOAuth2RequestFactory factory = new
                    DefaultOAuth2RequestFactory(clientDetailsService);
            factory.setCheckUserScopes(true);
            endpoints.requestFactory(factory);
        }
        public void configure(ClientDetailsServiceConfigurer clients)
                throws Exception {
            clients.inMemory()
                .withClient("clientapp").secret("123")
                .scopes("read_x", "read_y")
                .authorities("read_x", "read_y")
                .authorizedGrantTypes("authorization_code");
        }
    }
    @EnableResourceServer
    public static class ResourceServer extends
            ResourceServerConfigurerAdapter {
        public void configure(HttpSecurity http) throws Exception {
            http.authorizeRequests().anyRequest().authenticated()
                .and().requestMatchers().antMatchers("/api/**");
        }
    }
}
```

6. 마지막으로 OAuth 2.0 권한 범위로 보호되는 API를 제공하는 컨트롤러를 만든다.

```
@Controller
public class ApiController {
    @PreAuthorize("#oauth2.hasScope('read_x')")
    @RequestMapping("/api/x")
```

```
    public ResponseEntity<String> resourceX( ) {
        return ResponseEntity.ok("resource X");
    }
    @PreAuthorize("#oauth2.hasScope('read_y')")
    @RequestMapping("/api/y")
    public ResponseEntity<String> resourceY( ) {
        return ResponseEntity.ok("resource Y");
    }
}
```

7. 이제 애플리케이션을 실행시킬 준비가 됐다.

예제 분석

클라이언트의 세부 정보를 통해 등록된 클라이언트의 권한을 메모리상에 구성할 수
도 있지만, 자신의 역할과 관련된 권한 범위만을 인가할 수 있도록 리소스 소유자를
위한 권한을 구성할 수도 있다. 이를 위해 DefaultOAuth2RequestFactory 클래스의
checkUserScopes 메소드를 사용한다.

애플리케이션을 실행시켜 인가 플로우를 시작하면 리소스 소유자가 권한이나 역할(역
할은 특별한 형태의 권한이며, 권한 문자열은 ROLE 접두사로 시작한다)로 설정한 권한 범위
만을 포함한 사용자 승인 페이지를 볼 수 있다. clientapp 클라이언트를 위해 read_x
와 read_y 권한 범위를 선언했지만 실제로 사용자는 사용자 승인 페이지에서 read_x
만을 선택할 수도 있다.

OAuth Approval

Do you authorize 'clientapp' to access your protected resources?

- scope.read_x: ○ Approve ● Deny

[Authorize]

read_x 권한 범위를 인가하고 브라우저의 주소 표시줄에 반환되는 인가 코드를 복사해 /oauth/token 엔드포인트에 새로운 액세스 토큰을 요청한다. 그러면 다음과 유사한 결과를 얻는다(액세스 토큰에는 read_x 권한 범위만 포함돼 있다).

```
{
    "access_token": "8d5dd151-bffc-4698-b8a8-380a8825b25d",
    "token_type": "bearer",
    "expires_in": 43199,
    "scope": "read_x"
}
```

전달된 액세스 토큰을 이용해 http://localhost:8080/api/x 엔드포인트에 접근하면 성공이 응답으로 전달돼야 한다. 그리고 동일한 액세스 토큰으로 http://localhost:8080/api/y에 접근하면 다음과 같은 응답을 받게 된다.

```
{
    "error": "access_denied",
    "error_description": "Access denied"
}
```

참고 사항

- 권한 범위 검증을 통한 리소스 서버 보호

인가 코드 삽입으로부터 클라이언트 보호

이번에는 방지하는 것이 매우 쉽지만 많은 기업에서 여전히 주의를 기울이지 않는 보안 결함을 살펴본다. 그것은 CSRF^{Cross-Site Request Forgery} 공격으로, 리소스 소유자의 리소스를 침해하기 위해 위조한 인가 코드를 삽입하는 것이다. 인가 코드 그랜트 타입을 이용할 때 state 파라미터가 얼마나 중요한지 보여줄 것이다(암시적 그랜트 타입을 이용할 때도 마찬가지다).

준비

자바 8과 Maven, Spring Web, Spring Security가 필요하다. 공격이 어떻게 이뤄지는 시뮬레이션하려면 Firefox와 NoRedirect 애드온을 설치해야 한다.

프로젝트를 간단히 만들기 위해 http://start.spring.io/에서 Spring Initializr를 이용하면 된다.

예제 구현

이번 예제에서는 OAuth 프로바이더를 위해 oauth2-provider-state 프로젝트를 만들고 클라이언트 애플리케이션을 위해 client-state 프로젝트를 만든다. 두 애플리케이션 모두 깃허브의 state-param/Chapter08 폴더에서 볼 수 있다.

1. Spring Initializr에서 oauth2-provider-state 프로젝트를 만들고, 종속성으로 Web, Security, JPA, H2를 정의한다.
2. 만들어진 프로젝트를 다운로드해 IDE에 Maven 프로젝트로 임포트한다.
3. auth2-provider-state 프로젝트의 pom.xml 파일에 다음과 같은 종속성을 추가한다. Web과 Security는 이미 임포트했다고 가정한다.

```
<dependency>
    <groupId>org.springframework.security.oauth</groupId>
    <artifactId>spring-security-oauth2</artifactId>
    <version>2.2.0.RELEASE</version>
</dependency>
```

4. 인가 서버에서 리소스 소유자를 표현하기 위한 클래스를 만든다(UserDetails 인터페이스로 인해 구현해야 하는 모든 불리언 타입의 값을 조회하는 메소드가 true 를 반환).

```
@Entity @Table(name = "custom_user")
public class CustomUser implements UserDetails {
    @Id @GeneratedValue(strategy = GenerationType.IDENTITY)
    private Long id;
    private String username;
    private String password;
    @Override
    public Collection<? extends GrantedAuthority> getAuthorities() {
        return Arrays.asList(new SimpleGrantedAuthority("ROLE_USER"));
    }
    @Override
    public String getPassword() { return password; }
    @Override
    public String getUsername() { return username; }
    // boolean 메소드는 설명을 간단히 하기 위해서 생략
}
```

5. CustomUser 클래스를 위한 Repository 인터페이스를 만든다.

```
public interface CustomUserRepository extends
        JpaRepository<CustomUser, Long> {
    Optional<CustomUser> findByUsername(String username); }
```

6. CustomUser 인증을 허용하기 위한 CustomUserDetailsService 클래스를 만든다.

```java
@Service
public class CustomUserDetailsService implements UserDetailsService {
    @Autowired
    private CustomUserRepository repository;
    @Override
    public UserDetails loadUserByUsername(String username) throws
            UsernameNotFoundException {
        Optional<CustomUser> user = repository.findByUsername(username);
        return user.orElseThrow(() ->new UsernameNotFoundException("user
                does not exists"));
    }
}
```

7. oauth2-provider-state 프로젝트 안에 다음 코드처럼 OAuth2Provider 클래스를 만들어 간단한 OAuth 2.0 프로바이더를 구성한다. 다음 클래스는 인가 서버와 리소스 서버 모두를 선언한다.

```java
@Configuration
public class OAuth2Provider {
    @EnableAuthorizationServer
    public static class AuthorizationServer extends
            AuthorizationServerConfigurerAdapter {
        public void configure(ClientDetailsServiceConfigurer clients)
                throws Exception {
            clients.inMemory()
                .withClient("clientapp").secret("123")
                .scopes("read", "write")
                .authorizedGrantTypes("authorization_code");
        }
    }
```

```
@EnableResourceServer
public static class ResourceServer extends
        ResourceServerConfigurerAdapter {
    public void configure(HttpSecurity http) throws Exception {
        http.authorizeRequests().anyRequest().authenticated()
            .and().requestMatchers().antMatchers("/api/**");
    }
}
}
```

8. oauth2-provider-state 프로젝트에 OAuth 2.0으로 보호되는 간단한 API를 만든다.

```
@Controller
public class ApiController {
    @GetMapping("/api/read")
    public ResponseEntity<String> read() {
        CustomUser user = (CustomUser) SecurityContextHolder
                .getContext().getAuthentication().getPrincipal();
        return ResponseEntity.ok("success " + user.getUsername());
    }
}
```

9. 클라이언트 애플리케이션을 만들기 전에 oauth2-provider-state 프로젝트의 src/main/resources 디렉토리에 다음과 같은 내용의 data.sql 파일을 만든다.

```
insert into custom_user (username, password) values ('victim', '123');
insert into custom_user (username, password) values ('attacker',
        '123');
```

10. OAuth 2.0 프로바이더는 됐고 이제는 Spring Initializr에서 client-state 프로젝트를 만들 차례다. 종속성으로 Web, Thymeleaf, Security를 정의한다.

11. 만든 프로젝트를 다운로드해서 IDE에 Maven 프로젝트로 임포트한다.

12. client-state 프로젝트의 pom.xml 파일에 다음과 같은 종속성을 추가한다.
    Web과 Security는 이미 임포트했다고 가정한다.

```xml
<dependency>
    <groupId>org.springframework.security.oauth</groupId>
    <artifactId>spring-security-oauth2</artifactId>
    <version>2.2.0.RELEASE</version>
</dependency>
```

13. client-state 프로젝트의 application.properties 파일에 다음 내용을 추가
    한다.

```
server.port=9000
server.session.cookie.name=client_session
security.user.name=adolfo
security.user.password=123
```

14. OAuth 2.0 클라이언트를 구성하기 위한 클래스를 만든다.

```java
@Configuration @EnableOAuth2Client
public class OAuth2Configuration {
    @Bean
    public OAuth2ProtectedResourceDetails authorizationCode() {
        AuthorizationCodeResourceDetails details = new
                AuthorizationCodeResourceDetails();
        details.setId("oauth2server");
        details.setClientId("clientapp");
        details.setClientSecret("123");
        details.setUseCurrentUri(true);
        details.setUserAuthorizationUri(
                "http://localhost:8080/oauth/authorize");
```

```
        details.setAccessTokenUri(
            "http://localhost:8080/oauth/token");
        return details;
    }
    @Bean
    public OAuth2RestTemplate restTemplate(OAuth2ClientContext
            context) {
        return new OAuth2RestTemplate(authorizationCode(), context);
    }
}
```

15. 사용자가 클라이언트 애플리케이션과 상호작용할 수 있도록 컨트롤러를 만
    든다.

```
@Controller
public class HomeController {
    @Autowired
    private OAuth2RestTemplate restTemplate;

    @GetMapping("/")
    public ModelAndView home() {
        User user = (User) SecurityContextHolder.getContext()
                .getAuthentication().getPrincipal();
        ModelAndView mv = new ModelAndView("home");
        mv.addObject("username", user.getUsername());
        return mv;
    }

    @GetMapping("/resource")
    public ModelAndView resource() {
        String result = restTemplate.getForObject(
                "http://localhost:8080/api/read",String.class);
        ModelAndView mv = new ModelAndView("resource");
        mv.addObject("result", result);
```

```
        return mv;
    }
}
```

16. 이제 홈과 OAuth 2.0 프로바이더와 상호작용하기 위한 페이지 템플릿을 만들어야 한다. src/main/resources/templates 안에 다음과 같은 내용의 home.html 파일을 만든다.

```html
<!DOCTYPE html>
<html xmlns="http://www.w3.org/1999/xhtml"
    xmlns:th="http://www.thymeleaf.org">
<body>
<div style="border: 3px solid black; width: 30%; padding: 10px">
    <h1>Hello</h1>
    <span th:text="${username}"></span>
    <div>
        <a th:href="@{/resource}">Get resource</a>
    </div>
</div>
</body>
</html>
```

17. 그리고 마지막으로 home.html과 동일한 디렉토리에 다음과 같은 내용의 resource.html 파일을 만든다.

```html
<!DOCTYPE html>
<html xmlns="http://www.w3.org/1999/xhtml"
    xmlns:th="http://www.thymeleaf.org">
<body>
<div style="border: 3px solid black; width: 30%; padding: 10px">
    <h1>That's the result</h1>
    <p>result:<span th:text="${result}"></span></p>
```

```
</div>
</body>
</html>
```

18. 애플리케이션을 실행시키기 전에 CSRF 공격을 시뮬레이션해보기 바란다. Firefox를 설치(설치돼 있지 않다면)하고 NoRedirect 애드온을 설치한다. 애드온 관리자를 열고 NoRedirect 애드온의 Preferences를 클릭한다.

19. http://localhost:8080/* 패턴을 포함하는 룰을 추가하고 Source 체크박스가 선택돼 있는지 확인한다.

20. 새로 만든 룰을 Rule 리스트의 최상단으로 가게 만든다. 그러면 localhost: 8080에 의한 모든 리다이렉트 요청을 가로챌 것이다.

예제 분석

이미 알고 있겠지만 OAuth 2.0 프로바이더에서 state 파라미터를 처리하는 데 다른 방법을 사용하지 않았다. Spring Security OAuth2가 이미 state 파라미터를 지원하기 때문이다. 즉, 클라이언트가 일단 /oauth/authorize 엔드포인트에 state 파라미터를 전달해 인가 과정이 끝나면 그것이 다시 되돌아 올 것이다. 따라서 인가 서버에 전달하는 state 파라미터를 만드는 것과 사용자가 자신의 리소스에 대한 접근 권한을 부여한 이후에 전달되는 state 값이 동일한 것인지 확인하는 것은 전적으로 클라이언트에게 달려있다. 악의적인 인가 코드로 URL을 위조하기 위해 CSRF 공격을 적용하는 방법을 이해하려면 다음 다이어그램을 살펴보기 바란다.

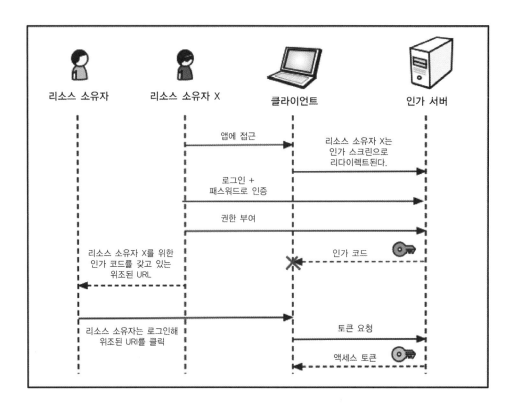

기본적으로 유효한 인가 코드를 갖고 있는 인가 링크를 위조하기 위해 악의적인 사용자(리소스 소유자 X)는 자신이 클라이언트 애플리케이션으로 인가 코드와 함께 리다이렉트될 때까지 인가 과정을 수행한다. 그때 사용자는 Firefox의 `NoRedirect` 앤드온 같은 것을 이용해 웹 브라우저에 의해서 자동으로 리다이렉트되는 것을 멈출 수 있다.

 사용자는 Firefox의 NoRedirect 애드온을 이용해 자동으로 리다이렉트되지 않기 위한 URL을 설정할 수 있다. 그리고 NoRedirect 설정을 하면 Location HTTP 헤더 응답으로 전달되는 URI에 대한 브라우저의 렌더링을 사용자가 계속해서 진행시킬 것인지 여부를 결정할 수 있다.

일단 악의적인 사용자가 인가 코드와 리다이렉션 URI에 접근할 수 있게 되면 URI를 복사해서 또 다른 사용자에게 전달할 수 있다. 클라이언트 애플리케이션에서의 공격

508

대상자의 세션을 이용해 공격 대상자가 링크를 클릭하면 클라이언트는 액세스 토큰을 요청하게 되고 결국 액세스 토큰과 공격 대상자의 계정이 클라이언트 애플리케이션에서 바인딩된다. 이를 통해 클라이언트가 공격 대상자를 대신해서 수행하는 모든 작업이 리소스 소유자 X(공격자)에게 적용된다. 공격 대상자의 계좌로 돈을 이체하는 것이라면 돈은 공격자의 계좌로 이체된다.

다행스럽게도 클라이언트 애플리케이션이 **OAuth2RestTemplate**을 사용하는 경우에도 Spring Security OAuth2는 자동으로 **state** 파라미터를 생성하고 그것을 올바로 검증한다. CSRF 공격을 수행해보자. 두 애플리케이션을 모두 실행시키고 Firefox에서 다음과 같은 요청을 전달한다.

```
http://localhost:8080/oauth/authorize?client_id=clientapp&redirect_uri=
http://localhost:9000/resource&response_type=code&scope=read+write
```

attacker와 **123**을 각각 사용자 이름과 패스워드로 사용해서 스스로 인증한다. **NoRedirect** 애드온을 올바로 사용한다면 브라우저는 다음과 같이 리다이렉트 URI 링크를 렌더링할 것이다.

Firefox에서 링크를 복사하고 깨끗한 세션을 가진 또 다른 브라우저로 http://localhost:9000에 접근한다. 클라이언트 애플리케이션에 정의한 디폴트 사용자 계정인 **adolfo**와 **123**을 사용자 이름과 패스워드로 이용해서 인증을 수행한다. 그런 다음 URL http://localhost:9000/resource?code=SCIdwG(code 값은 실제로 여러분과 다를 것이다)에 접근하면 다음과 같은 에러 페이지를 볼 수 있다.

Possible CSRF detected – state parameter was required but no state could be found

---

Spring Security OAuth2가 state 파라미터 검증 기능을 제공하지 않았다면 사용자 adolfo는 공격자가 자신의 계정에 바인딩하기 위해 필요한 액세스 토큰을 갖게 됐을 것이다. 프로젝트에서 Spring Security를 사용하지 않는다면 반드시 state 파라미터 를 만들고 검증하는 과정을 수행해야 한다.

▌ 잘못된 리다이렉션으로부터 인가 서버 보호

이번에는 클라이언트 애플리케이션을 등록할 때 정의하는 리다이렉션 URI의 중요성 에 대해 알아본다. 클라이언트는 인가 요청을 할 때 항상 리다이렉션 URI를 전달해야 하며, 인가 서버는 그것을 검증해야 한다. 암시적 그랜트 타입을 사용할 때 리다이렉 션 URI 검증은 매우 중요하다. 클라이언트가 사용자를 리다이렉트시킬 때 사용자 인 증 없이 사용자 리소스에 대한 접근 권한을 부여하기 때문이다.

준비

자바 8과 Maven, Spring Web, Spring Security가 필요하다. 프로젝트를 간단히 만들 기 위해 http://start.spring.io/에서 Spring Initializr를 이용하면 된다. 프로젝트의 종 속성으로 Web과 Security를 설정한다. Artifact와 Group 이름을 설정해야 한다는 것 도 잊으면 안 된다.

예제 구현

uri-validation 프로젝트를 만드는데, 깃허브의 Chapter08 폴더에서 이용할 수 있다. IDE에 Maven 프로젝트로 임포트한다. 그다음에는 다음 절차를 수행한다.

1. pom.xml 파일을 열어 Spring Security OAuth2를 위한 종속성을 추가한다. Web과 Security는 이미 임포트했다고 가정한다.

```
<dependency>
    <groupId>org.springframework.security.oauth</groupId>
    <artifactId>spring-security-oauth2</artifactId>
    <version>2.2.0.RELEASE</version>
</dependency>
```

2. application.properties 파일을 열어 다음 내용을 추가한다.

```
security.user.name=adolfo
security.user.password=123
```

3. 다음과 같이 OAuth2Provider 클래스를 만든다(암시적 그랜트 타입을 사용하고 리다이렉션 URI를 등록한다).

```
@Configuration
public class OAuth2Provider {
    @EnableAuthorizationServer
    public static class AuthorizationServer extends
            AuthorizationServerConfigurerAdapter {
        public void configure(ClientDetailsServiceConfigurer clients)
                throws Exception {
            clients.inMemory()
                .withClient("clientapp").secret("123")
                .scopes("read", "write")
```

```
                    .redirectUris("http://localhost:9000/callback")
                    .authorizedGrantTypes("implicit");
        }
    }
    @EnableResourceServer
    public static class ResourceServer extends
            ResourceServerConfigurerAdapter {
        public void configure(HttpSecurity http) throws Exception {
            http.authorizeRequests().anyRequest().authenticated()
                    .and().requestMatchers().antMatchers("/api/**");
        }
    }
}
```

4. OAuth 2.0로 보호되는 API를 시뮬레이션하기 위해 **ApiController** 클래스를 만든다.

```
@Controller
public class ApiController {
    @GetMapping("/api/read")
    public ResponseEntity<String> read() {
        return ResponseEntity.ok("success");
    }
}
```

예제 분석

누군가 악의적으로 웹 애플리케이션을 만든 다음 보호되지 않는 OAuth 프로바이더를 이용해서 사용자 데이터를 유출하기 위한 목적으로 인가 서버에 애플리케이션을 등록하는 것이 가능하다. 예를 들어 OAuth 프로바이더가 애플리케이션을 등록할 때 사용자에게 리다이렉션 URI를 등록하라고 요구하지 않고, 클라이언트가 암시적 그랜트 타입을 사용할 수 있다면 치명적인 결과가 초래될 수도 있다.

등록되지 않은 리다이렉션 URI로 인가 URI를 위조하고 리소스 소유자가 클라이언트 애플리케이션에게 접근 권한을 인가하면 악의적인 엔드포인트로 다시 리다이렉트돼 인가되지 않은 클라이언트에게 액세스 토큰이 전달된다(이는 인가 서버에 대한 인증을 요구하지 않는 암시적 그랜트 타입의 클라이언트에 해당하는 것이다).

웹 브라우저로 `clientapp` 클라이언트의 리다이렉션 URI로 등록한 http://localhost: 8080/callback으로 가면 액세스 토큰을 받을 수 없을 것이다. 다음의 URL에 접속해서 디폴트 사용자 자격증명(사용자 이름과 패스워드가 각각 adolfo와 123)으로 인증을 수행 해보기 바란다.

```
http://localhost:8080/oauth/authorize?client_id=clientapp&redirect_uri=ht
tp:// localhost:9000/malicious&response_type=token&scope=read+write
```

그러면 다음과 같은 에러 응답을 받는다.

```
error="invalid_grant",
error_description="Invalid redirect: http://localhost:9000/malicious does
not match one of the registered values: [http://localhost:9000/callback]"
```

`AuthorizationServer` 클래스에서 다음과 같이 리다이렉션 URI 설정을 제거한 다음 동일한 인가 URL에 접근해보기 바란다.

```
@EnableAuthorizationServer
public static class AuthorizationServer extends
    AuthorizationServerConfigurerAdapter {
  public void configure(ClientDetailsServiceConfigurer clients) throws
      Exception {
    clients.inMemory()
```

```
            .withClient("clientapp").secret("123")
            .scopes("read", "write")
            .authorizedGrantTypes("implicit");
    }
}
```

그러면 액세스 토큰이 http://localhost:9000/mailicious URI로 전달된다.

| 찾아보기 |

에이콘출판의 기틀을 마련하신 故 정완재 선생님 (1935-2004)

OAuth 2.0 쿡북

Spring Security를 이용한 OAuth 애플리케이션 개발

발 행 | 2018년 10월 31일

지은이 | 아돌포 엘로이 나시멘토
옮긴이 | 윤 우 빈

펴낸이 | 권 성 준
편집장 | 황 영 주
편 집 | 조 유 나
디자인 | 박 주 란

에이콘출판주식회사
서울특별시 양천구 국회대로 287 (목동)
전화 02-2653-7600, 팩스 02-2653-0433
www.acornpub.co.kr / editor@acornpub.co.kr

한국어판 ⓒ 에이콘출판주식회사, 2018, Printed in Korea.
ISBN 979-11-6175-221-1
ISBN 978-89-6077-210-6 (세트)
http://www.acornpub.co.kr/book/oauth-2-cookbook

이 도서의 국립중앙도서관 출판시도서목록(CIP)은 서지정보유통지원시스템 홈페이지(http://seoji.nl.go.kr)와
국가자료공동목록시스템(http://www.nl.go.kr/kolisnet)에서 이용하실 수 있습니다.(CIP제어번호: CIP2018033465)

책값은 뒤표지에 있습니다.